中國學術思想 研究輯刊

三八編

林慶彰 主編

第16冊

沉香齋經學文存（下）

龐光華 著

花木蘭文化事業有限公司

國家圖書館出版品預行編目資料

沉香齋經學文存（下）／龐光華 著 -- 初版 -- 新北市：花木
蘭文化事業有限公司，2023〔民 112〕
目 2+192 面；19×26 公分
（中國學術思想研究輯刊 三八編；第 16 冊）
ISBN 978-626-344-404-1（精裝）
1.CST：經學 2.CST：訓詁學 3.CST：文集
030.8   112010425

ISBN-978-626-344-404-1

9 786263 444041

中國學術思想研究輯刊
三八編 第十六冊   ISBN：978-626-344-404-1

沉香齋經學文存（下）

作　　者　龐光華
主　　編　林慶彰
總 編 輯　杜潔祥
副總編輯　楊嘉樂
編輯主任　許郁翎
編　　輯　張雅淋、潘玟靜　美術編輯　陳逸婷
出　　版　花木蘭文化事業有限公司
發 行 人　高小娟
聯絡地址　235 新北市中和區中安街七二號十三樓
　　　　　電話：02-2923-1455 ／傳真：02-2923-1452
網　　址　http://www.huamulan.tw 信箱 service@huamulans.com
印　　刷　普羅文化出版廣告事業
封面設計　劉開工作室
初　　版　2023 年 9 月
定　　價　三八編 16 冊（精裝）新台幣 42,000 元

沉香齋經學文存(下)

龐光華 著

目

次

《論語》「屢空」新考

提要：

　　《論語》「屢空」的「屢」和「空」是一個意思，訓為貧乏、貧困，不當訓為「數、多次」。

關鍵詞：論語　屢　空

　　《論語・先進》：「子曰：回也其庶乎？屢空。賜不受命，而貨殖焉，憶則屢中。」另外，《史記・伯夷列傳》、《漢書・貨殖列傳》、《鹽鐵論・地廣》、《後漢書・賈逵傳》引述《論語》此文也都是作「屢空」，則可知兩漢時代的《論語》也是作「屢空」，沒有重要的異文〔註1〕。但公元前55以前抄寫的《定州漢墓竹簡》本《論語》的「屢」作「居」（所從的『古』沒有最下的一橫，以下用 A 來表示該字形）〔註2〕，注解稱其字可能是「屢」的省體。遍考「居」的各種異體字，都無「A」字形。但「屢」的上古音是來母侯部，「居」是見母魚部，魚部與侯部上古音相近可通，見母與來母在上古關係密切〔註3〕，因此「屢」與「居」上古音相通，A 很可能是西漢晚期「居」的一種草體俗字寫法〔註4〕。

〔註1〕參看楊樹達《論語疏證》266頁。上海古籍出版社，2006年。《楊樹達文集》本。以及劉寶楠《論語正義》、程樹德《論語集釋》。

〔註2〕參看《定州漢墓竹簡》本《論語》，文物出版社，1997年。51頁。

〔註3〕參看龐光華《上古音及相關問題綜合研究》第三章第一節的討論。暨南大學出版社，2015年。「屢」為來母侯部，而「屨」為見母侯部，二者都從「婁」得聲，足見上古音的來母與見母可通。

〔註4〕正因文 A 是西漢時期的一種極不正規的俗字，所以被東漢以來所廢棄，沒有傳承下來。《論語》的這個異文並不重要，誇大這個異體俗字的作用是不對的。

　　何晏《集解》稱：「言回庶幾聖道。雖數空匱，而樂在其中矣。賜不受教命，唯財貨是殖，億度是非。蓋美回，所以勵賜也。一曰：屢猶每也，空猶虛中也。以聖人之善教，數子之庶幾，猶不至於知道者，各內有此害也。」云云。則《集解》一以「屢空」為「數空匱」，一以「屢」為「每」，則與訓「數」義近；以「空」為「虛中」，則與「匱乏」義不相近。梁代皇侃《論語義疏》〔註5〕的注解引述何晏集解與今本不同，很值得注意：「解釋此義者凡有二通：一云：庶，庶幾也。屢，每也。空，窮匱也。顏子庶慕於幾，故匱忽財利，所以家每空貧而簞瓢陋巷也。故王弼云：『庶幾慕聖，忽忘財業，而屢空匱也。』又一通云：『空，猶虛也。』……云云。」皇侃顯然也是釋「屢」為「每、數」。但皇侃注出現的「空，窮匱也」，其實「窮匱」就相當於何晏《集解》的「空匱」。這個細微的注解非常重要，為各家所忽視。皇侃實際上是將「空」音訓為「窮」。這是極為精確的訓詁。後有詳說。邢昺《論語注疏》基本上同於何晏、皇侃之說，但沒有對「屢空」作專門的訓詁，沒有注意到皇侃注的「空，窮匱也」這一關鍵性的訓詁。朱子《四書章句集注》〔註6〕：「屢空，數至空匱也。不以貧窶動心而求富，故屢至於空匱也。言其近道，又能安貧也。」朱子也釋「屢」為「數次、多次」，釋「空」為「空匱」，與何晏《集解》的第一解無別。黃式三《論語後案》〔註7〕採取朱子注，解釋曰：「顏子苟有心求富，何至任其屢空。」這實際上對「屢空」沒有專門的訓詁。劉寶楠《論語正義》〔註8〕引《詩經·節南山》毛傳：「空，窮也。」闡釋道：「引申之，凡貧窮無財者，亦謂之空。」劉寶楠隨後引證《史記·伯夷列傳》、《鹽鐵論·地廣》、《後漢書·賈逵傳》皆引作「屢空」。劉寶楠做結論道：「是漢人借『屢空』皆為『空匱』。注前說是也。」〔註9〕程樹德《論語集釋》〔註10〕引翟灝《論語考異》之說稱：「近人以空匱別讀去聲，據《小雅》『不宜空我師』，空訓窮，音苦貢反。意猶可通。」即翟灝依據《詩經》毛傳認為「空」當音訓為「窮」。這個見解非常精闢。楊伯峻《論語譯注》〔註11〕解釋「屢空」為「常常窮得沒

〔註 5〕高尚榘點校，中華書局，2013 年。279～208 頁。
〔註 6〕中華書局點校本，1989 年版。127 頁。
〔註 7〕張涅、韓嵐點校，鳳凰出版社，2008 年。310 頁。
〔註 8〕高流水點校，中華書局點校本，1990 年版。459 頁。
〔註 9〕筆者按，這個「前說」是指何晏《集解》的第一個注解。「注」是指何晏《集解》。
〔註10〕中華書局點校本，第三冊。1990 年版。779～784 頁。
〔註11〕中華書局，2007 年。163 頁。

辦法。」顯然是將「屢」訓為「常常」。〔註12〕楊逢彬《論語新譯新注》〔註13〕：
「屢空，常常空乏困頓。」也是將「屢」解釋為「每、數」。同書 214～215 頁
對「屢空」做了詳細的考證，反駁了前人的各種觀點。楊伯峻、楊逢彬都忽視
了劉寶楠、翟灝訓「空」為「窮」的觀點。

黃懷信等《論語彙校集釋》〔註14〕在按語中採用段玉裁《說文解字注》和
俞樾《群經評議》的觀點，稱：「舊解不可通。屢空，即『婁空』，俞說甚是。
《說文》『婁，空也』。段注曰：『凡中空曰婁』。然則，屢空即中空、空洞之義。
庶乎婁空，形容顏回於夫子之所授無所不受，正與賜不受命相對。不受命，謂
不受教命、不聽講。」另如《廣韻》：「婁，空也。」《集韻》：「婁，空也。」
〔註15〕按照黃懷信的解釋，則「庶乎屢空」當連讀。黃懷信之說與舊注皆不相
同，本來很精闢，但結論卻是錯誤的。因為《論語》此文明顯是將顏回的「屢
空」與子貢的「貨殖」相對照，子貢善於做生意，因而致富（即貨殖），而顏
回雖近於道，卻貧窮（即屢空）。孔子的這個意思很明顯，自何晏以來的學者
一般都沒有大的錯誤。《文選》陶淵明《始作鎮軍參軍經曲阿作》：「屢空常晏
如。」劉良注：「屢空，謂貧無財也。」〔註16〕其說可信。楊逢彬對黃懷信之
說已經做了批評。

更考《詩經·北門》：「終窶且貧。」鄭箋：「君於己祿薄，終不足以為禮。」
分明釋「窶」為「無財難為禮」。陸德明《釋文》：「窶，謂貧無可為禮。」《倉
頡篇》：「無財曰貧，無財備禮曰窶。」《爾雅》：「窶，貧也。」馬瑞辰《毛詩
傳箋通釋》〔註17〕引《說文》：「婁，空也」為釋，分明以《詩經》的「窶」與
《說文》「婁」同源，且曰：「蓋窶與貧對文則異，散文則通」。又曰：「《論語》
『屢空』當作『婁空』，婁、空皆空乏，即貧也。窶從婁聲，故為無禮居。」
可見馬瑞辰已經很清楚地知道「屢」不當訓為「每、數」，而當訓為「貧」，與
「窶、婁」同源。《論語》的「屢」就是《說文》訓「空」的「婁」，《爾雅》
訓「貧」的「窶」，《說文》訓為「無禮居」的「窶」。孔子說顏回「屢」就是

〔註12〕 楊伯峻在注解中闡釋道：「財貨的缺少叫貧；生活無著落，前途無出路叫窮。
　　　　『空』字卻兼有這兩方面的意思，所以用『窮得沒有辦法』來譯它。」
〔註13〕 北京大學出版社，2016 年。214 頁。
〔註14〕 上海古籍出版社，2008 年。
〔註15〕 參看《故訓匯纂》527 頁，商務印書館，2004 年。
〔註16〕 見宋刊明州本六臣注《文選》406 頁，日本足利學校藏。人民文學出版社，2011
　　　　年版。
〔註17〕 見中華書局點校本 152 頁，1992 年版。

說他「貧困得無法遵守禮節」，如同《倉頡篇》所言。因此，《論語》的「屢」當讀為「窶」，這才是最精確的訓詁，不可訓為「每、數」，即不是屢次的屢。更考《禮記・曲禮上》：「客嚌醢，主人辭以窶。」鄭玄注：「優賓。」孔疏：「窶，無禮也。」引述《詩經・北門》的毛傳鄭箋。鄭玄注並非以「優賓」專門解釋「窶」，而是解釋上面兩句話整體的含義。《廣韻》：「窶，貧無禮也。」《希麟音義》卷九「貧窶」條注引《切韻》：「窶，貧無禮也。」《詩經・邶風・北門》朱熹《集傳》：「窶者，貧而無以為禮也。」《漢書・霍光傳》：「又諸儒生多窶人子。」顏師古注：「窶，貧而無禮。」《爾雅》：「窶，貧也。」郭璞注：「窶謂貧陋。」

　　「屢空」的「空」當如皇侃《論語義疏》、劉寶楠《論語正義》、翟灝《論語考異》訓為「窮」。《詩經・小雅・節南山》：「不宜空我師。」毛傳：「空，窮也。」《集韻》：「空，窮也。」《孟子・告子下》：「空乏其身行。」〔註18〕朱子《四書章句集注》：「空，窮也。」「空」與「窮」音義皆通。另如，「空」與「穹」古音相通，而「穹」與「窮（竆）」都從「弓」聲（竆從穹）。二者古音相同。《詩經・小雅・白駒》：「在彼空谷。」《文選・西都賦》李善注、《文選》陸機《苦寒行》李善注都引「空」作「窮」；《周禮・考工記》：「穹者三之一。」鄭玄注：「鄭司農云『穹讀為志無空邪之空』。」因此，「空」與「窮」必能相通。

〔註18〕筆者按，「身行」當連讀。「身行」為一詞，本為主謂結構，在戰國時代就凝聚為一名詞。考《韓詩外傳》卷四：「古之人君，身行禮義。」《禮記・祭統》：「是故君子之事君也。必身行之。」《大戴禮記・曾子立事》：「身言之，後人揚之；身行之，後人秉之。」《春秋繁露》卷十七：「身行正道。」《晏子春秋・內篇問下》：「世行之則亂，身行之則危。」《荀子・大略》：「口言善，身行惡，國妖也。」《莊子・漁父》：「性服忠信，身行仁義。」（又見《孔子集語》卷十七）。《說苑》卷九：「臣誠願大王孰計而身行之。」《新語・明誡》：「斯乃口出善言，身行善道之所致也。」以上是主謂結構的用法，但在戰國文獻開始就有明顯為一詞的用例。《管子・侈靡》曰：「不動則望有廧，句身行。」（見黎翔鳳《管子校注》，中華書局，2004年版。中冊726頁；又見顏昌嶢《管子校釋》316頁，嶽麓書社，1996年版）。其「身行」必為一詞，是由主謂結構的「身行」固化而來。《管子・形勢解》：「人主身行方正，使人有禮，遇人有理。」同篇又曰：「身行不正，使人暴虐，遇人不信。」《荀子・王制》：「雖庶人之子孫也，積文學，正身行。」《荀子・富國》：「仁人之用國，將脩志意，正身行。」《荀子・王霸》：「仲尼無置錐之地，誠義乎志意，加義乎身行。」《晏子春秋・內篇問上》：「身行順，治事公，故國無阿黨之義。」以上用例中的「身行」都已經是一個名詞了。《孟子》的「身行」也是一個名詞，不可斷開。

「窮」當訓「困」。如《戰國策・秦策二》：「公孫衍欲窮張儀。」高誘注：「窮，困也。」《荀子・富國》：「亂則窮矣。」楊注：「窮，困也。」《戰國策・趙策四》：「而窮臣也。」鮑彪注：「窮猶困也。」《尚書・蔡仲之命》：「終以困窮。」蔡沈《集傳》：「窮，困之極也。」或如《廣雅》：「窮，貧也。」《荀子・大略》：「多有之者富，少有之者貧，至無有者窮。」《左傳・昭公十四年》：「分貧振窮。」孔疏：「窮謂全無生業。」可見「窮」是貧困之極。

綜上所述，「屢空」當讀為「窶窮」，意思是生活極度貧窮，難以遵守正常的禮節。前人的注解大都沒有能做出訓詁學上的精確解釋。

從漢語史再論《論語》早於《老子》

提要：

　　《論語》和《老子》的時代先後問題一直是學術界非常關注的重要問題，前人做了很多的論述。但從漢語史的角度來考證這個問題還很少見。本文列舉二十五個漢語史上的證據論證《論語》的成立要早於《老子》。戰國時代的楚簡本、西漢早期的馬王堆帛書本和今本《老子》都有明顯的戰國時代的語言特徵，不能上推至春秋以前。因此，各本《老子》的成立都在《論語》之後。

關鍵詞：論語　老子　郭店楚簡　帛書

　　胡適在 1919 年出版《中國哲學史大綱卷上》〔註1〕第三篇《老子》提出老子比孔子更老的觀點。這個觀點於 1922 年受到梁啟超《評胡適之中國哲學史大綱》〔註2〕的批評，梁啟超認為孔子的年代更早於老子。1930 年馮友蘭在《中國哲學史》〔註3〕第八章《老子及道家中之老學》中支持梁啟超之說。馮友蘭晚年在《中國哲學史新編》〔註4〕（上）第十一章《道家哲學體系的形成和發展：〈老子〉的客觀唯心主義哲學體系》將《老子》放在孔子、墨子、商鞅之後，再孟子之前，在道家中，甚至放在楊朱之後。從此學術界關於《老子》

〔註1〕商務印書館，1919 年初版。商務印書館 1987 年重印。
〔註2〕收入葛懋春、蔣俊編選《梁啟超哲學思想論文選》，北京大學出版社，1984 年版。
〔註3〕參看馮友蘭《中國哲學史》，中華書局，1992 年版。
〔註4〕人民出版社，1999 年第一版，2007 年第二版。

年代性的討論一直貫穿了整個二十世紀〔註5〕。韋政通《中國思想史》〔註6〕（上）第五章《老子》將《老子》放在孔子墨子之後，莊子、惠子、公孫龍、孟子之前。勞思光《新編中國哲學史》（增訂本）〔註7〕卷一（上）第四章《道家學說》對老子其人其書考證頗詳，也是放在孔子之後。直到 1998 年《郭店楚墓竹簡》出版以來，郭店簡本《老子》十分引人矚目，學術界關於古本《老子》的時代性又產生了特別的興趣，《老子》古老性似乎得到出土文獻的證明。在郭店簡本《老子》出現以前，陳鼓應《老學先於孔學》等論文〔註8〕多方舉證論證《老子》產生於《論語》之前。隨後李學勤先生發表《申論老子的年代》一文〔註9〕申論《老子》早出，補充論證了陳鼓應的觀點〔註10〕。近年，裘錫圭先生《說〈老子〉中的「無為」和「為」》〔註11〕堅持老子就是春秋晚期的老聃，年輩早於孔子，同時認為孔子的無為的觀點不是受了老子的影響〔註12〕。這實際上也是《史記·老子列傳》的觀點，只是《史記》把話說得比較靈活，沒有肯定老子是哪一個人。然而從漢語史上看，郭店簡本《老子》、馬王堆帛書本《老子》和今本《老子》都明顯帶有戰國時代的語言特徵。與《論語》相比較，有堅強的語言學證據表明各本《老子》肯定產生在《論語》之後。今主要從漢語史等角度舉二十五證以明之。

〔註5〕關於《老子》的作者和成書年代的討論參看《古史辨》第四冊和第六冊。任繼愈主編《中國哲學發展史·先秦卷》（人民出版社，1998 年版）《老子的哲學思想》章 237〜243 頁。張豈之主編《中國思想學說史》（廣西師範大學出版社，2008 年）《先秦卷》下第一章《老子的思想》485〜493 頁。張豈之主編《中國學術思想編年》（陝西師範大學出版社，2005 年）《先秦卷》210〜216 頁。張立文主編《中國學術通史》（人民出版社，2004 年）《先秦卷》第四章《道家學術》二《老子學術思想》。現代學者壓倒多數主張《老子》產生在《論語》之後，如康有為、梁啟超、馮友蘭、錢穆、劉汝霖、張岱年、顧頡剛、張壽林等等。各家論證互有不同，但從語言學的角度論證得尚不充分。本文的論證可補前人之未備。

〔註6〕吉林出版集團有限責任公司，2009 年版。

〔註7〕三聯書店，2019 年版。

〔註8〕陳鼓應的這些論文都收入其所著《老莊新論》（修訂本，商務印書館，2008 年版）一書。

〔註9〕收入李學勤《古文獻叢論》（上海遠東出版社，1996 年）。

〔註10〕李學勤先生此文列舉數證說明帛書本《黃帝書》抄襲《老子》，從而證明《老子》早出。其實這最多只能證明《老子》早於《黃帝書》，不能證明《老子》早於《論語》。

〔註11〕見《中華文史論叢》2019 年 4 月，總第 136 期。

〔註12〕見《中華文史論叢》總第 136 期 22 頁。

1.《老子》多言及「自然」一詞，「自然」是《老子》極其重要的概念，楚簡本《老子》已經多有這個詞，此為常識，無需舉證。但「自然」這個概念是戰國時代才有的，廣泛見於戰國文獻，如《荀子》、《管子》、《孫子》、《呂氏春秋》、《韓非子》、《慎子》、《鶡冠子》、《戰國策》等書，而完全不見於春秋以前的典籍，如《易經》、《尚書》、《詩經》、《左傳》、《論語》、《逸周書》、《國語》〔註13〕，更不見於春秋及以前的金文。可見「自然」一詞與戰國文獻相合，與春秋文獻不合。因此，即使楚簡本《老子》也應是產生於《論語》之後。

2. 今本《老子》五十七章：「法令滋彰，盜賊多有。」其中的「法令」，郭店簡本、帛書甲乙本《老子》作「法物」。毫無疑問作「法物」為古本。考上古文獻沒有「法物」一詞，尤其是十三經中沒有「法物」。《尚書》、《詩經》、《左傳》、《論語》有「法度」，《左傳》有「法制」，《論語》有「法語」，《孝經》有「法言」、「法服」〔註14〕。而郭店簡本《老子》將「法度、法制、法語、法服」等等全部總括為「法物」，意思是可為準則之物、可被效法之物、美好之物，相當於《老子》第八十章的「什百之器」、第十二章的「難得之貨」。考《老子》一書的「法」都是動詞的「效法、取法」，例如今本《老子》第二十五章：「人法地，地法天，天法道，道法自然。」其中的「法」都是「效法」，無關法令、法制。因此，楚簡本的「法物」應該是「被效法之物、高貴之物、美好之物」。此章是說「美好的東西越多了，就會產生更多的盜賊（去搶劫這些好東西）」，並不是說「法令越完備，盜賊越多」。簡本、帛書本的「法物滋彰，盜賊多有」，以《老子》內證言之，可以對應《老子》第三章：「不貴難得之貨，使民不為盜。」可見《老子》認為「難得之貨」這樣的「法物」能夠使民為盜賊，與「法物滋彰，盜賊多有」的意思完全吻合。《老子》第十二章：「難得之貨，令人行妨。」也是認為「難得之貨」對人有害。第五十三章：「服文采，帶利劍，厭飲食，財貨有餘，是為盜誇，非道也哉！」這幾句完全可以為「法物滋彰，盜賊多有」作疏證，其中的「文采，利劍，飲食，財貨」都是「法物」，這正是盜賊所喜歡的。第十九章：「絕巧棄利，盜賊無有。」「巧」是生產「什百之器、難得之貨」的技術，「利」就是具有價值的珍貴之物（法物），《老子》

〔註13〕只是《國語》的《越語》應是戰國時代的作品，與《國語》的其他部分明顯有用詞上的不同，帶有戰國時代的特徵。此不詳及。

〔註14〕從上古文獻考察這些詞語產生的歷史序列是：法度→法制→法語→法言。

認為這些可以產生盜賊。仔細考察《老子》中的「盜」字，都是與「財寶、難得之貨」之類的概念相聯繫。而「法物」正是與「盜賊」相關聯，因此只有解釋為「難得之貨、什百之器」才能與《老子》全書的思想相合，不可做其他解釋。

　　郭店簡《老子》中的「法物」一詞為許多學者所誤解。《郭店楚墓竹簡》〔註15〕對「法物」無解。劉釗《郭店楚簡校釋》〔註16〕讀「法」為「乏」。陳偉等《楚地出土戰國簡冊【十四種】》〔註17〕150頁注解（101）引裘錫圭（釋為：很可能確是指法令一類事物而言的）、魏啟鵬（釋為：當指錢幣，其義同於『法化（貨）』）、劉國勝（讀「法」為「廢」）、李零（釋為：乏物，猶今所謂稀缺之物）各家之說。義皆不可通。各家說參看廖名春《郭店楚簡老子校釋》〔註18〕、彭裕商等《郭店楚簡老子集釋》〔註19〕，似乎無一可通，文繁不錄。我們這裡的解釋不同於諸家之說。

　　「法物」這個詞與春秋文獻不合，只出現於戰國時代的楚簡本文獻，是戰國本《老子》獨有的詞彙，這種用法後來沒有流傳下來。在西漢前期成書的《淮南子·道應》引《老子》已經作「法令滋彰，盜賊多有」，與今本《老子》同。景龍本、河上本《老子》都作「法物」，與楚簡本、帛書本合，可見此二本存古較多，較其餘各本有更大的版本價值。儒家十三經中，只有《禮記》才開始有「法令」一詞，應是戰國中期以後才有的語辭。今本《老子》作「法令」也應是西漢初期以後所改，當在帛書乙本以後、《淮南子》以前。由於帛書乙本不避漢文帝諱「恒」，因此帛書乙本應該在文帝之前，可知《老子》的「法物」改為「法令」應該在文帝和景帝時代，尤其可能是在漢文帝時期。文帝和竇皇后都提倡清靜無為的黃老之學，厭惡法家的嚴苛政治，這時今本《老子》為了迎合朝廷對法家嚴酷政治的厭惡，於是改「法物」為「法令」，表示自己厭惡「法令滋彰」的法家政治，尤其是申不害、商鞅、韓非的法家思想和暴秦的嚴苛法制。所以，我推斷《老子》「法物」改為「法令」應該在漢文帝時期。然而漢文帝時代的黃老學者不知《老子》原本的「法物」和「法令」本來不是一個意思，這樣一改，古本《老子》的思想就因為迎合漢文帝的黃老之治而變異

〔註15〕文物出版社，1998年。
〔註16〕福建人民出版社，2003年。
〔註17〕經濟科學出版社，2009年。
〔註18〕清華大學出版社，2003年。305～307頁。
〔註19〕巴蜀書社，2011年。314～319頁。

了。許抗生《初談郭店楚簡老子》〔註20〕稱:「可見『法物』並不就是『法令』。在《老子》中沒有講到『法』的問題,也說明《老子》一書出現較早。」許抗生前面一句話是對的,後面的結論是錯誤的。「法物」一詞不能證明《老子》早出,與春秋以前文獻不合,而恰恰只能證明《老子》晚出。更考《老子》中的「令」字都是用作動詞,同「使」。如第十二章:「五色令人目盲;五音令人耳聾;五味令人口爽;馳騁畋獵,令人心發狂;難得之貨,令人行妨。」第十九章:「此三者以為文,不足。故令有所屬。」第三十二章:「天地相合,以降甘露,民莫之令而自均。」這些「令」都是「使」的意思,與法令無關。

為什麼這種變異一定不會在漢景帝時期呢?因為《淮南子》是淮南王於公元前139年上奏朝廷,這是漢武帝即位的第二年,當時熱衷於黃老之術的竇太后秉政,不喜歡儒學,丞相竇嬰、太尉田蚡都於前140年被免官〔註21〕。儒學大師申公八十餘歲也免職退官。丞相衛綰於漢武帝建元元年(漢武帝即位初年)奏請罷黜所舉賢良中的治申商韓之術的人,漢武帝接受了〔註22〕。淮南王迎合竇太后的意志,奏獻黃老思想的集大成之作《淮南子》,顯然是為了影響漢武帝朝的政策走向。而《淮南子》是鴻篇巨著,不可能短時間寫成,有十餘年的寫作時間是正常的。如此倒推,《淮南子》開始寫作時所依據的《老子》至少應該是漢文帝時期的版本,而不是漢景帝時期,因為漢景帝在位僅僅16年。

3.《老子》十八章:「大道廢,有仁義;智慧出,有大偽;六親不和,有孝慈;國家昏亂,有忠臣。」此文也見於帛書《老子》甲乙本和楚簡本《老子》丙,文字略有異同。楚簡本沒有「智慧出,有大偽」這兩句(但帛書《老子》甲乙本都有)。且「忠臣」在楚簡本作「正臣」,在帛書本作「貞臣」。今考「忠臣、正臣、貞臣」三詞乃是戰國以降才有的用語,不見於春秋及以前的文獻。《詩經》、《易經》、《尚書》、《左傳》、《論語》〔註23〕、《國語》、《逸周書》皆無「忠臣、貞臣、正臣」一詞,甚至戰國文獻都很少見「正臣」。《論語·八佾》:

〔註20〕見《中國哲學》第20輯,遼寧教育出版社,1999年。

〔註21〕參看司馬光等《資治通鑒》第二冊《武帝建元元年》564～565頁,中華書局點校本,2012年版。

〔註22〕見《漢書·武帝記》,不見於《漢書·衛綰傳》。

〔註23〕考《論語·八佾》:「君使臣以禮,臣事君以忠。」但整部《論語》沒有「忠臣」一詞。《論語·先進》:「今由與求也,可謂具臣矣。」《論語》有「具臣」一詞,這個詞後來的文獻很少使用。

「孔子對曰:「君使臣以禮,臣事君以忠。」但是《論語》沒有「忠臣」一詞。《左傳》有「純臣」,《孟子》有「良臣」,都沒有「正臣、貞臣、忠臣」的提法,直到《商君書》、《國語·越語下》和《戰國策》才有「忠臣」一詞〔註24〕,但也沒有「正臣」一詞。《商君書》多次使用「忠臣」。考《商君書·農戰》:「下賣權,非忠臣也。」《商君書·修權》:「授官予爵,不以其勞,則忠臣不進。」《商君書·賞刑》:「忠臣孝子有過,必以其數斷。」《商君書·畫策》:「所謂治主無忠臣,慈父無孝子。」《商君書·慎法》:「故有明主忠臣產於今世,而能領其國者,不可以須臾忘於法。」同篇又曰:「孝子難以為其親,忠臣難以為其君。今欲驅其眾民,與之孝子忠臣之所難,臣以為非劫以刑,而驅以賞莫可。」足見「忠臣」一詞是《商君書》慣用的語彙。《國語·越語》也是戰國時代的文獻,所以出現「忠臣」一詞〔註25〕。更考《楚辭·七諫·沉江》:「正臣端其操行兮,反離謗而見攘。」《七諫》是西漢東方朔所作,時代甚晚。《說苑》卷八《尊賢》:「賊臣除,正臣進」。這兩例還是在文獻中可以找到的較早的「正臣」的例子,都已經是西漢時代的文獻了。「貞臣」一詞在古文獻中最早見於《楚辭·九章》。考《楚辭·九章·惜往日》:「國富強而法立兮,屬貞臣而日娭」。同篇又曰:「何貞臣之無罪兮,被離謗而見尤!」又曰:「獨鄣壅而蔽隱兮,使貞臣為無由。」整部《楚辭》只有《九章·惜往日》用了三次「貞臣」。帛書本的「貞臣」顯然是承襲了戰國楚地語詞的傳統〔註26〕。「貞」與「正」古音相通,「貞臣」和「正臣」是同源詞,二者都是戰國時代楚系語詞(但不好說是方言)。因此楚簡本《老子》的「正臣」,帛書本《老子》的「貞臣」和今本《老子》的「忠臣」都是戰國才有的概念,在戰國以前的文獻中完全沒有「忠臣、貞臣、正臣」的提法。從此可知《老子》成立的年代應在《論語》之後。

4.《老子》十八章:「大道廢,有仁義;智慧出,有大偽;六親不和,有孝慈;國家昏亂,有忠臣。」此文也見於帛書《老子》甲乙本和楚簡本《老子》丙,文字略有異同。楚簡本沒有「智慧出,有大偽」這兩句,但帛書《老子》甲乙本都有。今考先秦文獻,儒家《十三經》中只有戰國時代的《孟子·公孫

〔註24〕《戰國策》用了很多次「忠臣」,可知在《戰國策》時代,「忠臣」的觀念已經很普及。其來源應該是出自論語·八佾:「君使臣以禮,臣事君以忠。」

〔註25〕《國語·越語》與《商君書》哪個產生的年代更早?尚待專文考證。

〔註26〕參看姜亮夫《楚辭通故》(雲南人民出版社,2000年)第二輯《貞臣》條457～458頁。

丑上》有「智慧」一詞：「齊人有言曰：『雖有智慧，不如乘勢；雖有鎡基，不如待時』。」其餘各經都沒有「智慧」一詞。春秋以前的個別文獻資料不可誤讀。例如《逸周書·度訓》：「分次以知和，知和以知樂，知樂以知哀。哀樂以知慧，內外以知人。」其中的「知慧」是動賓結構，與名詞的「智慧」無關。《逸周書》中並沒有「智慧」一詞。因此，「智慧」一詞應是戰國時代的詞彙，還見於戰國時代的《墨子》、《荀子》、《商君書》、《韓非子》、《鶡冠子》、漢初的《賈誼新書》、《淮南子》，因而不可能是春秋的語言。從此可證，簡本《老子》也是成書於戰國，而不是春秋，晚於《論語》。

　　5.《論語》中的「玄」字都是用作顏色，沒有哲學意義上的「玄妙」之義。如《論語·鄉黨》：「羔裘玄冠不以弔。」《堯曰》：「予小子履敢用玄牡，敢昭告於皇皇后帝。」《易經》、《尚書》、《詩經》、《左傳》、《國語》〔註27〕都是如此。而《老子》多有用作「玄妙、神玄」義的「玄」。如《老子》第一章：「玄之又玄，眾妙之門。」《老子》第十五章：「微妙玄通，深不可識。」《老子》第五十一章：「生而不有，為而不恃，長而不宰。是謂玄德」。《老子》第五十六章：「挫其銳，解其紛，和其光，同其塵，是謂『玄同』。」《老子》第六十五章：「常知稽式，是謂『玄德』。『玄德』深矣遠矣，與物反矣，然後乃至大順。」其中的「玄同」也見於《莊子·胠篋》；「玄德」也見於《莊子·天道》。郭店簡《老子》甲已有「玄達」一詞〔註28〕。從純粹顏色的「玄」到玄妙的「玄」，這顯然是時代變遷的結果。因此，《老子》的成立當在《論語》之後。

　　6.《論語》中只言「百物」，沒有「萬物」。如《陽貨》：「天何言哉？四時行焉，百物生焉，天何言哉？」此與《左傳》相合。考《左傳·宣公三年》載王孫滿對楚子言：「昔夏之方有德也，遠方圖物，貢金九牧，鑄鼎象物，百物而為之備。」《左傳》也只有「百物」而無「萬物」。《逸周書·度訓解》：「土宜天時，百物行治。」《逸周書·程典解》：「百物鳥獸魚鱉無不順時。」《逸周

〔註27〕《詩經·商頌·長發》：「玄王桓撥」。有「玄王」一詞，毛傳：「玄王，契也」。指商的始祖契。這裡的「玄」是上古表示祖孫關係相隔很遠的一個詞，考《爾雅·釋親》：「曾孫之子為玄孫」。郭璞注：「玄者，言親屬微昧也」。因此，「玄王」的意思是遠古的先王。又，《國語·越語下》：「至於玄月，王召范蠡而問焉」。玄月的意思是九月。考《爾雅·釋天》：「九月為玄」。這些特殊的用法都與「玄妙、神玄」無關。

〔註28〕例如《老子》十五章：「古之善為道者，微妙玄通，深不可識」。楚簡本《老子》甲「玄通」作「玄達」。「微妙」作「非溺」。帛書《老子》甲本「通」皆作「達」。顯然以作「達」為古本。楚簡本《老子》甲也有「玄同」一詞。

書‧文傳解》：「百物以平其利。」《逸周書‧寶典解》：「三人治百物。」〔註29〕
但《老子》都言「萬物」，如「萬物之母」、「萬物之奧」、「萬物之宗」等等
〔註30〕，非常多，而且《老子》中的「萬」只與「物」連用，構成「萬物」一
詞，不與其他詞搭配。《老子》一次都沒有用「百物」。「萬物」一詞在戰國時
代的典籍中廣泛出現，如《莊子》等，但絕不出現於春秋及以前的典籍。在金
文中也沒有「萬物」一詞（雖然「萬」字出現得很早，萬方、萬邦、萬壽等詞
都出現在春秋以前，但沒有「萬物」）。從「百物」到「萬物」，這是春秋到戰
國時代演變的結果。因此，《老子》的成立應在《論語》之後〔註31〕。

　　從《國語》各篇的用詞可以進一步證明「百物」與「萬物」有時代性的區
別。考《國語》中凡是出現「百物」一詞的各篇都是春秋時代的文獻，所記明
顯為春秋以前的事。如《周語上》：「夫利，百物之所生也，天地之所載也，而
或專之，其害多矣。天地百物，皆將取焉，胡可專也？所怒甚多，而不備大難，
以是教王，王能久乎？夫王人者，將導利而布之下者也，使神人百物無不得其
極，猶曰怵惕，懼怨之來也。」《周語下》：「三曰姑洗，所以修潔百物，考神
納賓也。」《魯語上》：「國急矣！百物唯其可者，將無不趨也。」《魯語上》：
「黃帝能成命百物，以明民共財，顓頊能修之。」《晉語一》：「以役心目，故
能治事，以制百物。」《鄭語》：「伯翳能議百物以佐舜者也。」類例頗多，「百
物」還見於《楚語》。只有戰國時代的《越語》中才出現「萬物」。例如《越語
下》范蠡答越王：「唯地能包萬物以為一，其事不失。生萬物，容畜禽獸。」
《越語》中只有「萬物」，沒有「百物」。而《越語》的用詞明顯有戰國時代的
特徵。因此，《周語》、《魯語》、《晉語》、《鄭語》、《楚語》都用「百物」，無一
處用「萬物」，而戰國時代的文獻《越語》只用「萬物」，不用「百物」。這表
明「百物」是春秋以前就產生的詞彙，而「萬物」是戰國時代才產生的詞彙。
《老子》只有「萬物」，沒有「百物」，這只能證明《老子》是戰國時代的產物。

〔註29〕《逸周書》各篇的時代性很複雜，非盡屬於春秋以前的作品，有的成於戰國。
　　　　要注意的是《逸周書》中凡是有「百物」的各章，一定沒有「萬物」；凡是有
　　　　「萬物」的地方，一定沒有「百物」。其時代區分甚為明顯。《尚書》只有戰國
　　　　時代傳本的《泰誓》有「萬物」一詞，當為戰國時混入的流變。其餘各篇沒有
　　　　「萬物」。
〔註30〕楚簡本「萬物」作「萬勿」，義同。
〔註31〕附帶言及，學者們常常爭論《周禮》的時代性，一般意見以為是出於戰國。今
　　　　考《周禮》一書多處言及「百物」，沒有一次用「萬物」。則《周禮》一書的產
　　　　生不可能晚於戰國早期。

7.《論語》中沒有「神不死」的觀念。考《易經‧豫》：「六五，貞疾，恒不死。」《象》曰：六五貞疾，乘剛也。恒不死，中未亡也。單單只有「不死」一詞，未明言什麼不死，但「不死」的觀念和用語已經出現。《左傳‧昭公二十年》：「公曰：『古而無死，其樂若何？』晏子對曰：『古而無死，則古之樂也，君何得焉？昔爽鳩氏始居此地，季萴因之，有逢伯陵因之，蒲姑氏因之，而後大公因之。古者無死，爽鳩氏之樂，非君所願也』。」可見春秋時的人們只說「古而無死、古者無死」，也是說的人不死，並不說「神」不死。《楚辭‧天問》提到古老的傳聞而發問：「何所不死？長人何守？」只說有不死的地方，即不死之鄉，非關神不死。《天問》又曰：「延年不死，壽何所止？」這是針對仙人長生思想而發的疑問。《老子》第六章稱：「谷神不死。」帛書甲乙本同，只是「谷」作「浴」。此章不見於楚簡本《老子》。《列子‧天瑞》稱此語出自《黃帝書》，而漢代以來人所稱述的黃帝書都是六國時出現的，沒有早至春秋的說法。古來關於「谷神」的解釋眾多，但其核心觀念是將「神」與「不死」相關聯。《老子》一書必定是在神能不死的觀念產生以後才可能出現，這種思想觀念完全不見於春秋及以前。所以《老子》的產生應在《論語》之後。

8.《論語》中沒有「長久」的觀念，十三經中完全沒有「長久、天長地久」這樣的觀念（《詩經》中只說「萬壽無疆」這類的話）。而《老子》第七章：「天長地久。天地所以能長且久者，以其不自生，故能長生」《老子》第四十四章：「故知足不辱，知止不殆，可以長久」。帛書甲本同。楚簡本《老子》甲與此略同，最後一句作：「可以長舊（久）」。考古文獻，「長久」一詞在《老子》外，見於《國語》中屬於戰國文獻的《國語‧越語下》，還有《戰國策》、《晏子春秋》、《大戴禮記》、《荀子》等，都是戰國文獻，因此「長久」一詞屬於戰國時代的語詞。可知《老子》應在《論語》之後。

9.《論語》中有「王」、「公」、「諸侯」，但無「王公」、「王侯」、「侯王」並稱之例，而《老子》言及「王公」、「王侯」，「侯王」，如《老子》四十二章：「人之所惡，唯孤、寡、不穀，而王公以為稱。」《老子》三十九章：「故貴以賤為本，高以下為基。是以王侯自稱孤、寡、不穀。」《老子》三十二章：「侯王若能守之。」〔註32〕這是戰國時代的語言特徵〔註33〕。因此，《老子》

〔註32〕今本《老子》此語見於楚簡本《老子》，也作「侯王」。郭店簡《老子》只有「侯王」，沒有「王侯」，似乎「侯王」一詞要早於「王侯」。但都是戰國時代的語言特徵。

〔註33〕如「王侯」一詞見於《禮記》和《戰國策》，而不見於《左傳》。「王公」一詞

應在《論語》之後。

10.《老子》十一章：「三十輻，共一轂，當其無，有車之用。」王弼本、河上公本、想爾注本、傅奕本皆同。北大本「三十」作「卅」，「共」作「同」；帛書甲本存「卅」字，帛書乙本比較完整，三十也作「卅」字，「共」作「同」。郭店簡本缺此文。車有三十輻是戰國時代的特徵，春秋及以前的車沒有三十輻的。這已經得到考古學的確認〔註34〕。因此，《老子》的成立只能在戰國時期，應在《論語》之後。

11.《論語》中有「仁」字和「義」字，但沒有「仁義」一詞。《周易》、《詩經》、《尚書》、《左傳》、《國語》都無「仁義」一詞〔註35〕。而《老子》十八章：「大道廢，有仁義。」帛書甲乙本、楚簡本《老子》同。各本《老子》都已經出現「仁義」一詞，這與戰國時代典籍的用語相合〔註36〕，明顯是戰國時代的語言特徵，不能上推至春秋。馮勝君《二十世紀古文獻新證研究》〔註37〕第七章《根據出土文獻判斷古書真偽及年代》第二節稱：在郭店楚簡出土後，「由此鐵證，認為《老子》一書晚出觀點就完全站不住腳了。值得注意的是，上引梁啟超文中『第六可疑』的『仁義』對舉、『偏將軍居左，上將軍居右』等處，一般認為具有較明顯的戰國晚期的特點，這是連一些主張《老子》早出說的學者也承認的，但是卻都見於郭店《老子》，這更加說明過去主張《老子》晚出的一些論據是不足為〔註38〕憑的。」馮勝君的論斷不可信，因為他根本沒有將

見於《戰國策》和《左傳》中的「君子曰」，而不見於《左傳》正文。足見「王侯、王公」二詞是戰國時代才有的詞彙，不見於春秋時代。又，梁啟超《評胡適之〈中國哲學史大綱〉》（收入梁啟超《飲冰室文集》，又見《梁啟超哲學思想論文選》，北京大學出版社，1984年）已經提到《老子》中的「侯王、王侯、王公、萬乘之君、取天下、偏將軍、上將軍、仁義」都是戰國時代才有的用語，洵為卓見。另參看許地山《道教史》第二章《道家思想底建立者老子》。

〔註34〕 參看陳夢家《殷虛卜辭綜述》（中華書局，1988年版）第十六章第九節558頁。楊寶成《殷代車子的發現和復原》（見《考古》1984年第6期）。張長壽《殷周車制略說》（收入張長壽《商周考古論集》，文物出版社，2007年）。陳振中《先秦手工業史》（福建人民出版社，2009年）第七章第一節一《造車》，583～596頁。這條證據與漢語史無關，屬於文化史，但是很重要，也在這裡一起討論。

〔註35〕 《殷周金文集成》也沒有「仁義」一詞。

〔註36〕 如《孟子·梁惠王上》：「亦有仁義而已矣」。《戰國策·齊策四·齊宣王見顏斶》：「天下之士，仁義皆來役處」。還見於《管子》、《荀子》、《韓非子》、《晏子春秋》等等戰國時代的典籍。

〔註37〕 齊魯書社，2006年版。243～244頁。

〔註38〕 原文的「為」訛為「偽」，逕改。

「仁義」等詞與上古春秋時代的文獻和戰國時代的文獻作全面系統的比較考察，僅僅因為出現在郭店楚簡，就斷定其早出，但郭店楚簡是公認為公元前 300 年左右的文獻，也是在戰國中後期，絕對不能因為見於郭店簡就將《老子》的年代過分提前。由於「仁義」一詞只能是戰國時代才有的詞彙，因此楚簡本《老子》的時代應在《論語》之後。

　　12.《老子》六十四章：「九層之臺，起於累土。」郭店簡本、帛書本「九層」作「九成」。九層之臺的觀念和建築不見於春秋以前（包含春秋）。儒家經典中言及「九成」本是指音樂。如《尚書·益稷》：「簫韶九成，鳳皇來儀。」《左傳》有「九歌」之說。《離騷》：「啟《九辨》與《九歌》兮，夏康娛以自縱」。而《楚辭·天問》稱：「增城九重，其高幾里？」九重即九層。九層之山或九層之臺都是戰國時代楚文化的觀念。這種觀念很可能是脫胎於戰國時代楚國流行的「九天」（即九重天）的宇宙觀〔註39〕。《楚辭》中頗多「九天」的記錄，考《離騷》：「指九天以為正兮。」《九歌·少司命》：「登九天兮撫彗星。」《天問》：「九天之際，安放安屬？」《天問》：「圜則九重，孰營度之？」《天問》

〔註39〕《爾雅·釋天》沒有「九天、九重天」之說：「春為蒼天，夏為昊天，秋為旻天，冬為上天。」春夏秋冬是四種不同的天，這是按照季節的變遷來稱呼天的不同的名稱，與「九天」的觀念完全無關。九重天的宇宙觀有可能是從齊國的稷下學者首唱出來的，後流行於楚國。這個問題尚待深考，現在不好說死。《楚辭·離騷》：「指九天以為正兮，夫唯靈修之故也。」王逸注：「九天謂中央八方也。」東漢王逸注稱九天是中央八方的天，這是平行關係，可能依據了《呂氏春秋·有始》謂天有九野：「中央曰鈞天，東方曰蒼天，東北曰變天，北方曰玄天，西北曰幽天，西方曰顥天，西南曰朱天，南方曰炎天，東南曰陽天。」但《呂氏春秋》說的是「天有九野」，不是說「九天」。因此，《呂氏春秋》的「天有九野」的觀念與《楚辭》「九天」的觀念應該是不同的，王逸注不可信。另外一種解釋是「九天」是九層天，是垂直高低的關係，這是可信的。《楚辭》和《孫子兵法》的「九天」都是九重天，是有高低關係的垂直的九層天。《孫子兵法·形篇》：「善攻者，動於九天之上。」明顯是說天的最高處。九層之臺，也是高低關係的九層建築，不可能是平行關係的中央八方的九臺。楊雄《太玄·太玄數》（見鄭萬耕《太玄校釋》，中華書局，2014 年。《新編諸子集成續編》本。290 頁）：「九天：一為中天，二為羨天，三為從天，四為更天，五為睟天，六為廓天，七為減天，八為沈天，九為成天。」從《太玄》此篇的論述來看，「九天」應該上下垂直高低的關係，因為下文接著所述的「就地」明顯是高低上下的關係，「九體」從手足到顁，也是從下到上的高低關係。「九屬」從玄孫到高祖父，也是輩分的高低關係。因此，《太玄》的「九天」應該是高低關係，鄭萬耕的注釋以為是季節的變遷順序，似不妥當。

這兩句也是說的九重天〔註40〕。《孫子兵法‧軍形》：「善守者藏於九地之下，善攻者動於九天之上。」「九天」的宇宙觀完全不見於春秋以前的文獻。由於楚簡本《老子》都有「九成之臺」的表述，則楚簡本《老子》也應是產生於楚地「九天」的宇宙觀流行之後，因此楚簡本《老子》的時代應在《論語》之後。今本《孫子兵法》有「九天」的觀念，必是產生於戰國時代，可能受到《老子》的影響。

　　13.《老子》第二十章：「美之與惡，相去若何？」「若何」，帛書本甲乙本作「何若」、楚簡本《老子》乙作「可（何）若」。當以作「何若」或「可若」為古本。考《易經》、《尚書》、《詩經》、《左傳》、《論語》皆無「何若」一詞。「何若」一詞出現於戰國時代的《孟子‧盡心上》：「不恥不若人，何若人有？」《戰國策‧秦策四》：「趙氏亦嘗強矣。曰趙強何若？」《墨子‧天志下》：「順天之意何若？」《戰國策‧齊策六》：「女以為何若？」在戰國時代的「何若」以前，皆作「何如」。雖然二者的意思一樣，但卻有時代先後的不同。考《論語‧學而》：「子貢曰：貧而無諂，富而無驕，何如？」《論語‧公冶長》：「子貢問曰：賜也何如？」同篇：「求也何如？」同篇：「赤也何如？」同篇：「子曰：臧文仲居蔡，山節藻梲，何如其知也。」《論語‧雍也》：「子貢曰：如有博施於民而能濟眾，何如？可謂仁乎？」類例甚多，可知「何如」一詞在《論語》中極為普遍，沒有一例作「何若」。更考《左傳》也有完全同樣的情形。《左傳》只有「何如」，沒有「何若」。例如《左傳‧僖公九年》：「三怨將作，秦、晉輔之，子將何如？」《左傳‧文公十八年》：「與厽其父而弗能病者何如？」《左傳‧成公九年》：「公曰：君王何如？」《成公十年》：「公曰：何如？」《成公十六年》：「師其何如？」類例尚多，絕無一例「何若」。《國語》中多有「何如」，絕無「何若」。〔註41〕可見「何如」→「何若」的演變是春秋時代到戰國時代的演變。其中的變遷似微妙而實顯著〔註42〕。因此楚簡本《老子》的「何若」是戰國時代的語言特徵，應在《論語》之後。

〔註40〕但先秦子書中的《孫子兵法》有「九天」之說，但《孫子兵法》出於戰國時代已經是學術界的共識。從多方面考察，今本《孫子兵法》應該是出於戰國的楚文化圈，也就是說應該是在楚滅越之後。

〔註41〕從此也可見《國語》一書成書極早，至少在春秋末期，非戰國學者所為。

〔註42〕有些古籍辨偽學者如康有為等人稱《左傳》是劉歆偽造，然而《左傳》只用「何如」，與《論語》合；不用戰國時代的「何若」。這等微妙的地方豈是作偽者所能為？

14. 郭店楚簡本《老子》所表現出的戰國楚系文字的一大特點是許多本來不從「心」的字寫成了從「心」旁，這只是文字裝飾的需要，與精神心態無關。這樣的文字特徵從古文字學上看主要流行於戰國中期以後，並非春秋以前（含春秋）的文字特徵。在文字學中，如果一個字有從心和不從心兩種寫法，那麼從心的形體一般都是後起的。如『忻』古作『欣』；『恤』古作『卹』；今本《老子》第五章：「動而愈出。」馬王堆帛書甲乙本的『愈』都作『俞』。『憲』在金文中不從『心』，而在小篆中已經明顯有『心』旁了；《戰國策・中山策》的『司馬喜』的『喜』別本作『憙』，為後起形體。『馮河』的『馮』後又寫作『憑』。『懸』的古字本是『縣』；『怡』的古字本是『台』。《說文》『宛』字條稱『宛』或從『心』，此為後起或體。據《廣韻》，『各』又作『恪』，此異體字為後起字形。據《集韻》，『拘』又從『心』（上下結構），為後起異體字。馬王堆帛書《老子》乙本『惡』不從『心』作『亞』，此為古體。據《龍龕手鑒》，『和』或從『心』從『和』作『惒』，此為後起或體。在甲骨文中『悔』都寫作『每』。《集韻》稱：「巧，偽也，或從心。」《集韻》稱「固」字古從『古』從『心』（上下結構）。《集韻》稱「弼」字或從『弗』從『心』（上下結構），從「心」的都是後起或體。『寧』在甲骨文中沒有『心』旁，金文《寧女父丁鼎》的『寧』也沒有『心』旁，但更多的金文『寧』已經從『心』。可注意的是先秦的貨幣文中的『寧』有許多不從『心』，與甲骨文字形很近似。從此可知貨幣文字有存古的傾向。今本《老子》第二章：「音聲相和。」馬王堆帛書甲本「音」作「意」，帛書整理者認為這是帛書傳寫之誤，當以作「音」為確。其實，帛書本《老子》並沒有誤，在帛書中的「意」是「音」的繁化寫法，只是在「音」的下面加了一個「心」旁而已，這是從戰國中期以來的慣例，是楚文字的一種帶有規律性的文字現象（漢武帝及之前的漢代文化受楚文化影響很大）。《詩經・邶風・谷風》：「既阻我德。」阜陽漢簡本《詩經》『德』（古文作『悳』）作『直』。《史記・夏本紀》：「輔德。」《尚書・益稷》『德』作『直』，皆無『心』旁。類例極多。錢大昕《十駕齋養心錄》卷一《愬風》條稱：「《桑柔》『如彼遡風』，唐石經本作『愬』，今改作『遡』者，宋人為之也。」《郭店楚墓竹簡・語叢二》中的『谷（欲）』字都把其中的『口』旁寫作了『心』旁。劉釗《古文字構形學》〔註43〕第十六章342頁稱：「戰國文字中一些文字可以加心旁繁化。」《說文》的『嚮』字在敦煌木簡的《急就篇》中不從『口』，而從『心』，

〔註43〕福建人民出版社，2006年。

此為後起或體。『哲』或從『心』作『悊』。『唯』與『惟』在古書中常常相通。王力主編《古代漢語》〔註44〕第二冊 549 頁有一個考察有意義:「《左轉》和《論語》比較喜歡用『唯』,《孟子》用『惟』,《詩經》用『維』。《詩經・大雅・文王》『其命維新』,《孟子》引用時寫成『其命惟新』。」據此我們稍作推論:春秋以前習慣用『維』,春秋和戰國初期習慣用『唯』,戰國中期以後習慣用『惟』。從這個現象,我們可以看出一個字如果有『口』字旁和『心』字旁兩個異體字,那麼『口』字的字形一般要早於『心』字旁的字形。郭店楚簡中『心』字旁的字形很多,這正是戰國時代文字的特點。更考《墨子・明鬼下》:「矧佳人面。」畢沅注:「佳,古惟字。」從此可以推測原文作『佳』的《墨子》是保存了戰國初期以前的文字特徵。尤其值得注意的是在先秦古文字中居然沒有發現『惟』字,只有『維』和『唯』,可參看黃德寬等《古文字譜系疏證》第三冊 2938〜2955 頁。這表明『惟』字肯定產生於『維』和『唯』之後。綜上所述,從古文字學上看,楚簡本《老子》的產生也應在《論語》之後。再如,郭店簡《老子》的「難、易、為」等字往往從「心」(上下結構),例證極多,這都是戰國中期後的文字特徵。因此,從古文字學的角度看,郭店簡本《老子》也肯定是在今本《論語》之後。

15.《老子》第十九章:「絕聖棄智,民利百倍。」「民利百倍」見於帛書甲本、乙本、郭店《老子》甲,應是古本所有。王弼本、河上公本、想爾注本、傅奕本都作「倍」。帛書乙本和北大漢簡本作「倍」,帛書甲本作「負」,郭店簡本作從「人」從「不」(左右結構),也讀為「倍」,各家無異說。但「百倍」一詞是戰國時代才有的詞彙,不見於春秋以前的任何文獻。十三經和《逸周書》中沒有「百倍」一詞,而廣泛見於戰國時代的文獻,如《墨子》、《戰國策》、《荀子》、《管子》、《呂氏春秋》,西漢前期的《淮南子》、《韓詩外傳》。因此,各本《老子》都應該出現在戰國時代,不可能早到春秋。

16. 還有音韻學上的證據。今本《老子》第三十四章:「功成而不居,衣被萬物而不為主。」《老子》此章頗多異文。江有誥《先秦韻讀・老子》〔註45〕斷定「主」與「居」是侯魚合韻。考察各本《老子》,王弼本、河上公本、想爾注本都作「有」,只有傅奕本作「居」。而北大漢簡本、馬王堆帛書甲乙本都作「有」,郭店簡本無此文。《文子・道原》引《老子》也作「有」。《老子》此

〔註44〕中華書局,2007 年版。
〔註45〕見江有誥《音學十書》,中華書局,1993 年版。164 頁。

文明顯當以作「有」為古本，而不是以「居」為古本〔註46〕。因此這裡不存在侯魚合韻的現象。「有」是之部，與「主」是之侯合韻。據孫雍長《老子韻讀研究》〔註47〕，《老子》第五十五章：「含德之厚，比於赤子。」「厚、子」是侯之合韻；各本作「厚、子」，沒有明顯異文。這個結論比較可信。《老子》第七十三章：「不召而自來，繟然而善謀。天網恢恢，疏而不漏。」其中的「來、謀、恢、漏」是之侯合韻。但孫雍長先生這裡沒有詳細考究各本的異文，結論有些武斷。其中，關鍵的「漏」字王弼本、河上公本、想爾注本、傅奕本、北大漢簡本、帛書乙本都作「失」，郭店簡本、帛書甲本缺此文。因此，各主要版本都是作「失」，而不是「漏」。唯獨朱謙之《老子校釋》〔註48〕依據嚴可均說和《群書治要》本採取「漏」字，但朱謙之此書寫成於20世紀50年代，未能看到馬王堆帛書本和北大漢簡本也是作「失」，因此朱先生在此取捨失當，孫雍長先生採取朱先生此說，不顧馬王堆帛書本作「失」，這是不應該的〔註49〕。

更考《楚辭·九章·惜往日》存在「廚、牛、之」這樣的之侯合韻〔註50〕，而之侯合韻不見於《詩經》。另外，據汪啟明《先秦兩漢齊語研究》〔註51〕，先秦兩漢的齊語中也不存在之侯合韻的現象。因此古本《老子》的用韻與《楚辭》相合，與《詩經》和先秦北方語系的齊語不合，有戰國楚方言的特徵。更考《郭店楚墓竹簡·語叢四》〔註52〕以「狗（苟）、耳、已」合韻，也就是侯部（狗、苟）與之部（耳、已）合韻。西漢前期的楚文化的名著《淮南子》也有之侯合韻的現象。張雙棣師《淮南子用韻考》〔註53〕三《〈淮南子〉韻譜》103頁指出在《淮南子》中，之侯合韻之例有三處。可見，之侯合韻是戰國以

〔註46〕 龍宇純先生《先秦散文中的韻文》（收入龍宇純《絲竹軒小學論集》，中華書局，2009年）208頁沒有見到漢簡本和馬王堆帛書《老子》，依據傳世它本認為「居」為「名」之誤，後脫「有」。龍宇純也是認為作「有」為古本，不贊成江有誥之說。

〔註47〕 見《廣州大學學報》2002年1月，第一期。

〔註48〕 中華書局點校本，1991年版。288頁。

〔註49〕 孫先生此文發表於2002年，這時北大漢簡本《老子》還沒有被發現。

〔註50〕 見洪興祖《楚辭補注》，白化文等點校，中華書局，2000年版。151頁。

〔註51〕 巴蜀書社，1999年。

〔註52〕 見《郭店楚墓竹簡》，文物出版社，1998年。217頁。裘錫圭先生注：「此篇文字多有韻。」另參考趙彤《戰國楚方言音系》131頁，中國戲劇出版社，2006年。

〔註53〕 商務印書館，2010年。

降楚方言的用韻特徵。在戰國晚期的北方方言中不存在之侯合韻。考張雙棣師《呂氏春秋詞彙研究》（增訂本）〔註54〕附錄《〈呂氏春秋〉用韻及韻讀》，在《呂氏春秋》中有很多合韻的現象，但是沒有之侯合韻之例。可見之侯合韻在北方方言或通語中不存在。以上可以證明古本《老子》的之侯合韻是戰國時代的產物，不可能早到春秋時代，應在《論語》之後。

　　17.《老子》第十八章：「六親不和，有孝慈。」「六親」一詞見於王弼本、河上公本、想爾注本、傅奕本、北大漢簡本、郭店簡本、帛書甲乙本，可知其必為古本《老子》所有。考「六親」一詞也是戰國時代才有的詞彙，不見於儒家《十三經》，也不見於《逸周書》、《國語》。倒是見於戰國文獻的《管子》。考《管子·牧民》：「上服度則六親固。」還廣泛見於漢初的《賈誼新書》。《管子·牧民》的「六親」的觀念很可能是來自《老子》。《左傳·昭公二十五年》鄭國的子太叔給趙簡子詳細解釋「禮」的巨大功能，其中稱：「為父子、兄弟、姑姊、甥舅、昏媾、姻亞，以象天明。」杜預注：「六親和睦。」但是《左傳》原文沒有「六親」一詞，只在西晉杜預的注解中出現。因此，《老子》應是戰國時代的文獻，在《論語》之後。

　　18.《老子》第十章：「載營魄抱一，能無離乎？」王弼本、河上公本、想爾注本、傅奕本、北大漢簡本、帛書乙本都作「抱一」，郭店簡本和帛書甲本缺乏「載營魄抱一」這句。《淮南子·道應》引述《老子》此文。但可見「抱一」為古本《老子》所有。第二十二章：「是以聖人抱一為天下式。」王弼本、河上公本、想爾注本都作「抱一」，傅奕本作「褒一」，這個「褒」顯然要讀為「抱」，因此在詞彙層面各本並無不同。北大漢簡本、帛書甲乙本都作「執一」，且「式」作「牧」。郭店簡缺此文。這裡似當以作「執一」為古本。但無論是「抱一」還是「執一」都是戰國時代以後才有的語言和觀念。春秋以前是沒有的。其中的「一」是「道」，是最根本的原理。但春秋以前根本沒有用「一」來表示「道」的，也沒有將堅持大道說成「抱一」或「執一」的。「抱一」或「執一」是《老子》自創的語言和觀念，是戰國時代才有的。考《莊子·庚桑楚》：「老子曰：衛生之經，能抱一乎！能勿失乎！」明顯受《老子》影響，也可見「抱一」為古本《老子》所有。《孟子·盡心上》：「執中為近之，執中無權，猶執一也。所惡執一者，為其賊道也，舉一而廢百也。」《孟子》的「執一」與《老子》的「抱一」意思比較接近，但《孟子》的「執一」是貶義，被

〔註54〕商務印書館，2008年。

否定。與《老子》的「抱一」完全不同。可見「抱一、執一」都是戰國時代的語言和觀念。《尚書》、《左傳》、《論語》中有許多「一」，沒有一例是「大道」的意思，也沒有「抱一、執一」這樣的語言。據此，《老子》是戰國時代產生的文獻，應在《論語》之後。

19.《老子》第五十八章：「其政悶悶，其民淳淳；其政察察，其民缺缺。」其中的「察察」，王弼本、河上公本、想爾注本均同。傅奕本的異體字作「詧」也讀為「察」。帛書甲本作「竊竊」，讀為「察察」〔註55〕。帛書乙本也作「察察」（第二個「察」用重文號），北大漢簡本作「計計」（第二個「計」用重文號）〔註56〕。郭店簡無此文。《淮南子·道應》引《老子》此文也作「察察」。當以作「察察」為古本。而「察察」一詞是戰國時代的詞彙，不見於春秋時代的任何文獻和春秋以前的古文字。但見於戰國時代的《楚辭·漁父》、《荀子·榮辱》、漢初的《尚書大傳》卷四。因此，《老子》應是戰國時代的文獻，晚於《論語》。

20.《老子》第五十七章：「天下多忌諱。」王弼本、河上公本、想爾注本、傅奕本、北大漢簡本、帛書乙本、郭店簡本都作「忌諱」（簡本的「忌」是異體字，讀為「忌」），帛書甲本奪「忌」字，有「諱」。而遍考先秦古文獻，「忌諱」是戰國時代以降的詞彙，不見於春秋以前的文獻，最早見於《周禮》。《周禮·小史》：「有事則詔王之忌諱。」鄭注：「先王死日為忌，名為諱。」則《周禮》的「忌諱」是比較具體的名詞，當是本義，與後世一般的「忌諱」含義不同，與《老子》「忌諱」是廣義的用法大不相同〔註57〕。《周禮》也被學術界公認為是戰國早期的文獻。「忌諱」還見於戰國時代的《荀子》、《管子》、《鬼谷子》、西漢前期的《淮南子》，戰國時代的特徵很明顯。因此，《老子》應是戰國時代的文獻，晚於《論語》。

〔註55〕裘錫圭主編《長沙馬王堆漢墓簡帛集成》（中華書局，2014年）第四冊5頁釋文作「竊竊」，讀為「察察」，這是對的。高明《帛書老子校注》（中華書局，1996年）五十八章108頁直接寫為「察察」，雖然不錯，但這不是整理古籍的規範。

〔註56〕北京大學出土文獻研究所《北京大學藏西漢竹簡貳》（上海古籍出版社，2012年）133頁整理者注稱：「計」、「察」，音義皆近可通，「計」應讀為「察」。筆者按，這是錯誤的，二者古音不能相通假。「計計」當讀為「稽稽」，「稽」訓「考」，與「察」義近。

〔註57〕我們據此也可以推斷《周禮》成書早於《老子》。這個詞彙上的例子是很有說服力的。

21.《老子》第二十九章：「將欲取天下而為之，吾見其不得已。」王弼本、河上公本、想爾注本、傅奕本、北大漢簡本都作「不得已」；「不得已」，在帛書甲本只存「弗」字，帛書乙本只存「得已」。郭店簡本缺此文。

第三十章：「果而不得已。」王弼本、河上公本、想爾注本、傅奕本都作「果而不得已」。北大漢簡本作「果而毋不得已」；「不得已」，在帛書甲乙本都作「果而毋得已」。郭店簡本正好缺此句。

第三十一章：「兵者不祥之器，非君子之器，不得已而用之。」王弼本、河上公本、想爾注本、傅奕本、北大漢簡本、帛書甲乙本都作「不得已」。郭店簡《老子丙》作「得已」，奪「不」或「毋」字。

以上的「不得已」是戰國時代才有的詞語，不見於任何春秋以前的文獻，也不見於今本《論語》。而見於戰國時代的《孟子·梁惠王下》：「國君進賢，如不得已。」同篇：「非擇而取之，不得已也。」《公孫丑下》：「不得已而之景丑氏宿焉。」同篇又：「豈予所欲哉？予不得已也。」《滕文公下》：「予豈好辯哉？予不得已也。」可知「不得已」一詞常見於《孟子》。馬王堆帛書《十大經·本伐》〔註58〕：「道之行也，繇不得已。繇不得已，則無窮。」而《十大經》公認是戰國時代的文獻。還廣泛見於《莊子》〔註59〕、《韓非子》、《呂氏春秋》，其例甚多。因此，《老子》應是戰國時代的文獻，晚於《論語》。

22.《老子》五十三章：「使我介然有知，行於大道。」其中的「介然」一詞，河上公本、嚴尊本、傅奕本同，郭店簡無此章。北大漢簡本、帛書乙本「介然」作「介」，無「然」字。帛書甲本作「撠」。「介然」是戰國時代才開始有的詞語，不見於春秋以前的文獻和古文字材料，但還見於戰國中後期的《孟子·盡心》：「孟子謂高子曰：山徑之蹊間，介然用之而成路。」《十三經》中只見於《孟子》，不見於它書，也不見於《逸周書》、《國語》。戰國末期的《荀子·修身》：「善在身，介然必以自好也。」西漢以後流行起來，見於《鹽鐵論》、《漢書》、《前漢紀》等。北大本和帛書乙本的「介」是「介然」縮略。「介」當訓「大」〔註60〕，因此，下文接著說「行於大道、大道甚夷」。「介」與「大」相呼應。帛書乙本、北大本都成書於西漢，晚於《孟子》、《荀子》，因此不能

〔註58〕參看陳鼓應《黃帝四經今注今譯》第二篇，商務印書館，2013年。308頁。
〔註59〕《莊子》中「不得已」的用例特別多，不詳錄。
〔註60〕參看《故訓匯纂》79頁，商務印書館，2003年。

認為《老子》古本作「介」，而不是「介然」。應該認為「介」是「介然」縮略，而不是「介然」是「介」的擴張。由於「介然」是戰國時代才有的詞語，所以《老子》應該在《論語》之後。

23. 從古文獻看，《左傳》記載了孔子，《國語》引述了孔子的言論，但《左傳》、《國語》都沒有提到老子。可見《左傳》和《國語》的作者知道有孔子而不知道有老子其人和《老子》這本書，這表明老子其人在孔子之後。

24. 李學勤《〈語叢〉與〈論語〉》〔註61〕考證了郭店楚墓竹簡中的《語叢》引述《論語·述而》「志於道，據於德，依於仁，游於藝」。郭店簡中有戰國竹簡本的《老子》，與楚簡本《老子》同時出土的《語叢》引述了今本《論語》，這也證明今本《論語》要早於郭店楚簡《老子》。

25. 李學勤《〈語叢〉與〈論語〉》〔註62〕此文還提到：陳偉 1999 年秋在武漢大學召開的「郭店楚簡國際學術研討會」上指出《語叢一》第 31 號簡和第 97 號簡應連讀，釋讀為「禮，因人之情而為之即文者也。」〔註63〕並引廖名春之說，以為出自《禮記·坊記》：「禮者，因人之情而為之節文者也。」與楚簡本《老子》同時出土的《語叢》已經引用到了戰國時代子思所作的《禮記·坊記》，可知《語叢》的年代在今本《坊記》之後。而且《坊記》還引述到了今本《論語·學而》稱：「《論語》曰：三年無改於父之道，可謂孝矣。」因此，與《語叢》同時出土的郭店楚簡本《老子》應該在今本《論語》之後。

以上二十五例都表明即使楚簡本《老子》的產生也應在今本《論語》之後。陳鼓應《老學先於孔學》等論文〔註64〕所說的《老子》產生於《論語》之前。李學勤先生《申論老子的年代》〔註65〕在討論了馬王堆帛書的《黃帝書》襲用《老子》之文句〔註66〕，並據此推斷《老子》成書在《黃帝書》之前，而《黃

〔註61〕收入李學勤《中國古代文明研究》，華東師範大學出版社，2005 年。參看 223 ～224 頁。

〔註62〕收入李學勤《中國古代文明研究》，華東師範大學出版社，2005 年。參看 225 頁。

〔註63〕楚簡此處的「文」字寫法很複雜，此以通假字直接書寫。另參看李學勤《試解郭店簡牘「文」之字》，收入李學勤《中國古代文明研究》，華東師範大學出版社，2005 年。參看 229～230 頁。

〔註64〕陳鼓應的這些論文都收入其所著《老莊新論》（修訂本，商務印書館，2008 年版）一書。

〔註65〕收入李學勤《古文獻叢論》（上海遠東出版社，1996 年）。

〔註66〕見李學勤《古文獻叢論》（上海遠東出版社，1996 年）139～140 頁。

帝書》的產生不晚於戰國中期〔註67〕，於是稱：「《老子》其書不晚於戰國早期」，且申論陳鼓應先生所討論過的老子早於孔子的證據，表態贊成陳鼓應之說：「從這些情形來看，古書所記老子長於孔子，《老子》之書先成之事，可以認為是確實可據的。」〔註68〕

這些把《老子》過於提前的觀點現在看來應該站不住。本文專門從漢語史和語言學上舉證，已經足以證明今本《論語》與春秋時代文獻的語言相合，而包括郭店簡《老子》在內的各本《老子》都與戰國時代文獻的語言相合，與春秋時代的語言不合。

裘錫圭先生《郭店〈老子〉簡初探》〔註69〕稱：「唐蘭先生在《老子時代新考》中推測，《老子》的形成與《墨子》的形成同時，當在戰國早期。《老子》的形成是否與《墨子》同時，是很難說的。但是把《老子》形成的時代定在戰國早期，還是比較合理的。如果《老子》確為老聃的弟子或再傳弟子所編成，其成書年代很可能在公元前5世紀中葉或稍晚一些的時候，下距郭店《老子》簡的時代一百幾十年。」李學勤先生、裘錫圭先生都把最早《老子》產生推斷在戰國早期，還是比較合理的，只是我們認為不是在公元前五世紀，而是在公元前四世紀中前期，具體在公元前374年，即秦獻公十一年〔註70〕。李零先生《郭店楚簡校讀記》（增訂本）〔註71〕稱：《老子》最有可能成書於公元前400年至公元前300年之間。這個估計是正確的，與我們的考證相合，當然我們的研究結論更加具體，考證更加精密。

〔註67〕見李學勤《古文獻叢論》（上海遠東出版社，1996年）140頁。
〔註68〕李學勤先生此文沒有提到郭店楚簡的《老子》，因為當時楚簡《老子》還沒有出版。
〔註69〕收入《裘錫圭學術文集》2《簡牘帛書卷》，復旦大學出版社，2012年。286頁。
〔註70〕參看龐光華《史記‧老子列傳》「孔子問禮於老子」新考，見澳門文獻信息學會編《澳門文獻信息學刊》第十期，2014年1月。18頁。
〔註71〕中國人民大學出版社，2007年。40頁。

《左傳》「大叔完聚」新解

提要：

　　本書對《左傳》中的一個疑難問題提出了獨到的解釋，認為《左傳》中的「大叔完聚」的「完聚」是準備好糧草的意思，而不是象傳統解釋的那樣。

關鍵詞：左傳　完　聚

　　《左傳·隱公元年》：「大叔完聚。」杜注：「完城郭，聚人民。」《正義》：「服虔以聚為聚禾黍也。段欲輕行襲鄭，不作固守之資。知聚為聚人，非聚糧也。完城者，謂聚人而完之，非欲守城。」楊伯峻《春秋左傳注》以聚為聚糧食，如《襄公三十年傳》：「聚禾粟。」「完」字，楊氏從杜注，並點讀為：「大叔完、聚。」

　　今按：眾說均非。服虔以為聚為聚糧之意當無可疑。『聚』此處當用為名詞，意為所聚集的糧食。漢代以前的典籍中頗有其例。《左傳·哀公十七年》：「殺王不祥，焚庫無聚，將何以守矣？」『焚庫無聚』就是燒掉倉庫中聚集的糧食。『聚』為名詞。同章又曰：「可以得祥，且有聚也」。『聚』也是名詞，指聚集的糧食。《左傳·昭公二十年》：「斬刈民力，輸掠其聚。」「聚」明顯是糧食的意思，不包括人民，因為前面正好有「民力」與「聚」對舉。

　　有時是『積聚』用作名詞。《左傳·襄公九年》：「輸積聚以貸。」《管子·輕重甲》：「不能散積聚、調高下、分並財，君雖強本趣耕，發草立幣而無止，民猶若不足也。」同篇又載桓公問於管子曰：「今欲調高下，分並財，散積聚；不然，則世且並兼而無止，蓄餘藏羨而不息，貧賤鰥寡獨老不與得焉，散之有

道，分之有數乎？」《管子‧國蓄》：「然則人君非能散積聚。」《呂氏春秋‧懷寵》：「不掘墳墓，不伐樹木，不燒積聚。」《淮南子‧兵略》：「毋燒五穀，毋焚積聚。」《淮南子‧時則》：「命司徒行積聚、修城郭」《鹽鐵論‧散不足》：「故國病聚不足即政怠，人病聚不足則身危。」《史記‧五帝本紀》：「便在伏物。」《索隱》：「謂人畜積聚等冬皆藏伏」《史記‧秦本紀》：「秦繆公示以宮室、積聚。」《史記‧項羽本紀》：「使劉賈將兵佐彭越，燒楚積聚。」《史記‧齊太公世家》：「薄賦斂，振孤問疾，虛積聚以救民，民亦大說。」《史記‧貨殖列傳》：「其俗剽輕，易發怒，地薄，寡於積聚。」《貨殖列傳》又曰：「偷生，無積聚。」《漢書‧食貨志上》：「然俗奢侈，不以蓄聚為意」。此數例中的『聚』也是名詞，「積聚」是積聚的糧食，不包含有人民。

我們在這裡之所以對作為名詞的『聚』要詳加引證，就是因為有很多人把這裡的『聚』當作了動詞。我在下面還要論證『大叔完聚』的『聚』不可能是動詞，在這裡只能是名詞，是糧食（包含草料）的意思。

「完」字舊注為「完城郭」，這是不妥當的。雖然在語法上「完」字有時可以省略賓語，但在這個特定的語言環境裏，『完』不可釋為「完城郭」。因為如《正義》引服虔所言，叔段志在起兵襲鄭，不作固守之資，本非為防備鄭莊公的討伐，故無需完城郭。我在下面還有詳細的闡釋。我認為謂「完」當訓「治」。《孟子‧萬章上》：「父母使舜完廩。」趙氏注：「完，治。」完廩言治廩，完聚言治聚，準備好糧食草料。古書中「完」訓「治」之例甚多。《孟子‧離婁上》：「城郭不完，兵甲不多，非國之災也。」城郭不完言城郭不治。《墨子‧節葬下》正言：「城郭不修。」《墨子‧備城門》：「我城池修」。《墨子‧辭過》：「修其城郭。」足見「完」訓「修」，與「治」同意。《左傳‧襄公三十年》：「繕完葺牆。」完亦訓治。繕、完、葺三字義近重疊。《左傳‧成公元年》：「修賦繕完。」杜注：「治完城郭。」治與完同義。惟杜注增「城郭」一詞則非。《左傳‧昭公二十三年》：「完其守備，以待不虞。」言治其守備。《左傳‧襄公十年》：「閉府庫，慎閉藏，完守備。」完亦訓治。《左傳‧襄公八年》：「完守以老楚，杖信以待晉。」《左傳‧襄公十八年》：「完守入保。」完守言治守。保同於堡。杜注訓保守，非是。《禮記‧月令》：「完堤坊。」同書同章又曰：「完要塞。」完皆當訓治。《周禮‧典瑞》：「以治兵守。」治兵守」猶如《左傳》之「完守」、「完守備」。

《周禮・懷方氏》：「治其委積館舍飲食。」此亦可比較《左傳・襄公三十一年》：「是以令吏人完客所館。」杜注：「館，舍也。」足見「治」與「完」同義。

《詩・叔于田》毛序曰：「叔處於京，繕甲治兵。」以繕與治互文同義。《戰國策・中山策・昭王既息民繕兵》章曰：「繕治兵甲以益其強。」（《戰國策・秦策一》曰：「足以富民繕兵。」《左傳》多言「治兵」。繕兵與治兵同意）。而《左傳》以「繕完」為同義反覆。「大叔完聚」下文即言「繕甲兵」亦以「完」與「繕」對舉。明明是以「完」同於「治」。另如《韓非子・五蠹》：「修治苦窳之器，聚弗靡之財」。佛經中的《十二緣生祥瑞經》卷下：「王受灌頂，修治聚落。」修與治同義疊言。

這裡的問題是怎樣才能證明前人所說的『完聚』的『聚』並非動詞呢？另外我們有什麼理由可以確認『聚』不是聚人民而是聚糧草呢？我們又有何證據說『完』不能解釋為『完城廓』呢？我們這裡可以舉出堅強的證據。今論證如次：

1. 正如上文已言，《左傳》的孔穎達《正義》所引服虔之言曰：「段欲輕行襲鄭，不作固守之資」。『不作固守之資』就包含有不修城廓的意思。因為太叔段一心是要起兵襲擊鄭莊公，而不是為了要防備鄭莊公的討伐，所以太叔段根本就無需『完城廓』。

2. 古人要進行戰爭時，慣於將戰爭與糧草相聯繫，而與『完城廓、聚人民』沒有必然聯繫。觀以下各例就可以很清楚。《詩經・大雅・公劉》：「迺積迺倉，乃裹餱糧。弓矢斯張，干戈戚揚，爰方啟行。」鄭箋曰：「公劉之去邰，整其師旅，設其兵器。」餱糧猶如今之乾糧，隨軍攜帶。《左傳・文公十二年》：「裹糧坐甲，固敵是求。敵至不擊，將何俟焉？」《左傳・襄公八年》：「楚師遼遠，糧食將盡，必將速歸。」《左傳・襄公九年》：「甲戌，師於氾。令於諸侯曰：『修器備，盛餱糧，歸老幼，居疾於虎牢，肆眚圍鄭』。鄭人恐，乃行成。」《孟子・梁惠王下》：「師行而糧食；饑者弗食，勞者弗息。」《左傳・僖公二十五年》：「晉侯圍原，命三日之糧。原不降，命去之」。《左傳・宣公十五年》：「莊王圍宋，軍有七日之糧爾。盡此不勝，將去而歸爾」。《尚書・費誓》：「甲戌，我惟征徐戎。峙乃糗糧，無敢不逮；汝則有大刑。」孔傳：「皆當儲峙汝糗糒之糧，使足食。」可知古人在有軍旅之事的時候，都要治糧食，而往往不提『完城廓、聚人民』。這是非常清楚的。甚至古人在狩獵的時候也要有相當

的糧食和其他準備。如《左傳・宣公十一年》：「令尹蒍艾獵城沂，使封人慮事，以授司徒。量功命日，分財用，平板幹，稱畚築，程土物，議遠邇，略基趾，具餱糧，度有司。事三旬而成，不愆於素。」杜注：「餱，乾食也。」因為古人狩獵也是一種軍事性的行動，所以必須考慮糧草的問題。

3. 古人所言之「完」與「治」用法甚廣，不可以今人之文法強相比附。《周禮・里宰》：「以治稼穡。」農事亦可言「治」。《周禮・廩人》：「凡邦有會同師役之事，則治其糧與其食。」《周禮》此言正可為《左傳》「大叔完聚」作注腳，「完聚」正是「治其糧與其食」之義。因太叔欲起兵襲擊鄭莊公，故要治其糧與食。漢代文獻中有『治聚』一詞，正是《左傳》的『完聚』之意。如《鹽鐵論》卷六《散不足》：「丞相曰『治聚不足，奈何？」此處的『治聚』正相當於《左傳》的『完聚』。另如後代的《資治通鑒》卷 231 有曰：「但索簿書，治糧儲」。《齊民要術・雜說》：「凡人家秋收後治糧。」宗黃倫《尚書精義》卷五十：「伯禽講武治糧，申令於費。費非戰地也。」『治糧』、『治聚』與『完聚』同義。得此五證，更能支持我的觀點。

4. 古人築城或修繕城廓是專門的工程，不一定與戰爭有直接關係。如《左傳・昭公三十二年》：「士彌牟營成周，計丈數，揣高卑，度厚薄，仞溝洫，物土方，議遠邇，量事期，計徒庸，慮材用，書餱糧，以令役於諸侯。屬役賦丈，書以授帥，而效諸劉子。韓簡子臨之，以為成命。」這是記錄修建成周的事情，與軍事行動無關。這也可證明太叔要襲擊鄭國的都城而無需自己『完城廓』。

我們根據以上四證，足可以論證『太叔完聚』不是指太叔『完城廓、聚人民』，而是指太叔準備糧草以供行軍攻鄭之用。前人與今人的注釋都未能意識到這點。

《國語》訓詁舉例

提要：

　　《國語》是先秦重要的經典，文辭古奧，前輩學者有許多訓詁學和校勘學的研究，但還是有許多問題不能解決。本文討論《國語》的十個訓詁問題，有助於進一步精確理解《國語》。

關鍵詞：觀兵　天官　雕言　道　鹿臺

　　東漢學者稱《國語》為《春秋外傳》，與《左氏春秋》並為輔翼孔子《春秋》之書。其文奧衍，漢儒韋昭為之解詁，尚多有疑竇。王引之《經義述聞》發明數十條，皆極精審。汪中《國語校訛》、《國語校文》〔註1〕、陳瑑《國語翼解》〔註2〕、董增齡《國語正義》、汪遠孫《國語校注本三種》、《國語發正》、《國語考異》、劉台拱《國語校補》、姚鼐《國語補注》〔註3〕胥為清儒研究成果。徐元誥《國語集解》〔註4〕收集前人材料較多，他自己也時有見解。現代學者如劉申叔《左盦集》卷二有《國語賈注補輯自序》一文，然而整部《劉申叔先生遺書》未見《國語賈注補輯》〔註5〕；張以仁畢生研治《國

〔註1〕俱見《新編汪中集》，廣陵書社，2005年。

〔註2〕《叢書集成初編》本，中華書局，1991年。

〔註3〕以上幾種書的版本參看張之洞《書目答問二種》（錢鍾書主編，朱維錚執行主編，三聯書店，1998年）91頁。

〔註4〕中華書局點校本，2002年。

〔註5〕《劉申叔遺書》（江蘇古籍出版社，1997年）；萬仕國點校《儀徵劉申叔遺書》（廣陵書社，2014年版）。張之洞《書目答問二種》（錢鍾書主編，朱維錚執

語》，著有《國語斠證》〔註6〕、《〈國語〉舊注輯校》和《〈國語〉集證〈周語〉上中二卷》〔註7〕；畏友蕭旭《國語校補》〔註8〕十餘萬言，廣徵博引，頗多發明，文前《緒論》列舉了重要的《國語》學前輩專家〔註9〕；畏友郭萬青多年窮盡心力於《國語》的校勘，遍考各種版本異文，收羅相關材料極為博贍，多達數百萬言，所撰《國語考校》〔註10〕一書僅是其小部分研究業績〔註11〕。我近來瀏覽《國語》，撰訓詁新解若干則，雖不免負薪獻曝之譏，亦照古之志也〔註12〕。

（1）《周語上》：「先王耀德而不觀兵。夫兵戢而時動，動則威。觀則玩，玩則無震。」韋注：「耀，明也；觀，示也。明德，尚道化也。不示兵者，有大罪惡然後致誅，不以小小示威武也。」據此，觀兵猶言檢閱軍隊，舉行閱兵式。徐元誥《國語集解》、蕭旭《國語校補》、郭萬青《國語考校》皆未明確指出這點。《漢語大詞典》：「觀兵，顯示兵力。」這是對的，但沒有具體明確為「舉行閱兵式、檢閱軍隊。」《吳語》：「寡君未敢觀兵身見。」韋注：「觀，示也。」《穀梁傳·隱公五年》：「常事曰視，非常曰觀。」可見「觀兵」並不是國家每年要定期舉行的，是在非常時期才舉行觀兵。這裡的「兵」是軍隊，不是「兵器」的意思〔註13〕，不能將「觀兵」解釋為「兵器展覽」。

　　　　行主編，三聯書店，1998年）91頁范希曾補注稱劉申叔《國語賈注補輯》一書未刊。後來的張以仁《〈國語〉舊注輯校》實際上就是劉申叔先生早年所欲完成的工作。

〔註6〕臺灣商務印書館，1969年。

〔註7〕此二種收入張以仁《張以仁先生先秦史論集》，上海古籍出版社，2010年。

〔註8〕收入蕭旭《群書校補》第一冊，廣陵書社，2011年。

〔註9〕然而未能詳細列舉書名和版本，稍嫌不足。

〔註10〕上下冊，臺灣花木蘭文化出版社，2015年。

〔註11〕郭萬青還有《蕭旭〈國語校補〉〈周魯部分〉部箋》（原文「部分」作「部分」，徑改。發表於《澳門文獻信息學刊》第八期，2013年4月），對蕭旭《國語校補》的部分內容提出商榷。郭萬青還有《俞著〈國語韋昭注辯證〉獻疑》（見《古籍整理研究學刊》，2010年第5期）。另外，郭萬青關於《國語》校勘的系列論文尚多，難以縷述。

〔註12〕本文所據《國語》為上海古籍出版社1998年3月版。

〔註13〕《國語·晉語一》：「亂必自女戎，三代皆然。」韋注：「女戎，女兵也」。同篇又曰：「有男戎必有女戎。若晉以男戎勝戎，而戎亦以女戎勝晉，其若之何？」韋注：「戎，兵也。女戎，言其禍由姬也」。今按：韋昭注的「兵」就是「兵器」。女戎一詞可見我國古人修辭之妙。這是比喻說法，謂女色如同兵器，可以傷害人。

更考《左傳・宣公十二年》：「觀兵以威諸侯，兵不戢矣。」《左傳・宣公三年》：「楚子伐陸渾之戎遂至於雒，觀兵於周疆。」《左傳・昭公五年》：「楚子遂觀兵於坻箕之山。」杜注：「觀，示也。」《左傳・襄公十一年》：「六月，諸侯會於北林，師於向，右還次於瑣。圍鄭，觀兵於南門。」杜注：「觀，示也。」《法言・寡見》：「所謂觀，觀德也。如觀兵，開闢以來，未有秦也」。「觀兵」有同義詞「觀師」。考《左傳・僖公二十年》：「晉侯登有莘之虛以觀師，曰『少長有禮，其可用也』。」觀師同於觀兵，即檢閱軍隊。《左傳・僖公四年》：「齊侯陳諸侯之師，與屈完乘而觀之。」《左傳・襄公二九年》：「吳子餘祭觀舟。」言吳王檢閱戰船。吳國處於江南，戰爭必賴水師和戰船。另如《左傳・襄公三十一年》：「僑聞文公之為盟主也，宮室卑，無觀臺榭，以崇大諸之館。」「觀」有炫耀之義。

（2）《國語・晉語二》：「舟之僑曰『……君不度而賀大國之襲……』。」韋注：「度，揆也。」今按：韋注非是。《釋名・釋典藝》：「圖，度也。」《廣雅・釋詁》：「圖，度也。」《春秋說題辭》：「度者圖也。」朱駿聲《說文通訓定聲》謂圖與度通。《說文》：「圖，劃計難也。」《晉語二》：「伯氏苟出而圖吾君。」注：「圖，為之謀也。」《晉語一》：「寇知釁而歸圖焉。」韋注：「圖，謀也」。《國語》之「君不度」乃言「君不圖、君不謀劃」。「度」當訓「圖、謀劃」，不當訓「揆」。訓「揆」（推測）則意思不可通。

（3）《晉語二》又曰：「如君之言，則蓐收也。天之刑神也，天事官成。」韋注：「官成，禍福各以官象成也。」今按：韋注之「官象」乃言「天官天象。」《史記》不言《天文志》而稱《天官書》，實有所本。《史記・太公自序》：「自上世嘗顯功名於虞夏，典天官事。」又曰：「太史公學天官於唐都。」又曰：「太史公既掌天官」。而天官皆有天象。考《周易・繫辭上》：「在天成象，在地成形。」又《繫辭上》：「天垂象，見吉凶。」又《繫辭上》：「是故法象莫大於天地。」其中「法」對應地，「象」對應天。又《繫辭上》：「懸象著明莫大乎日月。」「懸象」就是天象。古人認為日月也是天象，而且是最重要的天象。《繫辭下》：「故者庖犧氏之王天下也，仰則觀象於天。」知「天」必有「象」。《國語・晉語四》：「天事必象。」《國語・越語下》：「聖人因天。」韋注：「天垂象，聖人則之。」《越語下》又曰：「天地形之。」韋注：「見其吉凶之象」。《國語・周語上》：「天事恒象。」韋注：「事善象吉，事惡象凶也。」天象預兆人間吉凶。《左傳・昭公十七年》同。《尚書・胤征》：「昏迷于天象，以干先

王之誅。」《史記・樂書》：「在天成象。」《荀子・天論》：「所志於天者，已其見象之可以期者矣。」《鶡冠子・學問》：「天官者表儀祥兆，下之應也。」表儀就是天象。《淮南子・天文》高注：「文者象也，天先垂文象。」

又，《國語》「天事官成」的「成」訓為「定」，言人間禍福由天官天象所定。《晉語二》：「謀既成矣。」韋注：「成，定也。」〔註14〕董立章《國語譯注辨析》〔註15〕釋「官」為「主」，非是。畏友蕭旭《群書校補》〔註16〕之《國語校補》138頁也贊成韋昭注，反駁吳曾祺、徐元誥之說，然而語焉不詳。

（4）《晉語二》：「死其君而殺其孤，吾有死而已，吾蔑從之矣。」此為荀息對里克語。韋注：「死其君，死蓄吾君也。」據韋注，則「死」當為「尸」之借，訓「陳」。《說文》：「尸，陳也。」《左傳・宣公十二年》：「荆尸而舉。」杜注：「尸，陳也。」〔註17〕言尸陳晉獻公，即晉獻公的屍體還陳放在靈堂供人弔唁，尚未安葬。故下文荀息言：「葬死者，養生者」云云，後文載子犯言：「父死在堂而求利。」明謂晉獻公尚未下葬。荀息說的「死」不是「為國君而死」的意思。

（5）《晉語二》：「吾請為子鉥。」韋注：「鉥，道也。」則韋昭以「鉥」為「術」之借。《說文》：「術，邑中道也。」《廣雅・釋宮》：「術，道也。」《國語・魯語上》：「皆其術也」。韋注：「術，道也。」《國語・晉語六》：「盡戒之術也。」韋注：「術，道也。」《國語・吳語》：「道將不行。」韋注：「道，術也。」古訓甚多。蕭旭兄《群書校補》〔註18〕139～140頁引朱駿聲、汪遠孫之說，讀「鉥」為「訹」，訓「誘」（據《說文》）或「引」（據《玄應音義》），並稱：「韋解『道』與『導』同，與『誘』同義。」今按，蕭兄之說不可通。讀「鉥」為「訹」，訓「誘」，與《國語》原文的意思不合，里克派屠岸夷去勸說逃亡在外的重耳回國繼承君位，怎麼會說「我來引誘你」？韋注的「道」用作動詞，就是「開路、鋪路」的意思，里克說「我為您鋪路」。也可解釋為「導」，訓「導引」或「引（路）」〔註19〕，意思是「我來為您作引導」。「鉥」不可訓「誘」。

〔註14〕類例頗多，參看《故訓匯纂》（商務印書館，2004年）840頁「成」字條。
〔註15〕暨南大學出版社，1993年。
〔註16〕共四冊。廣陵書社，2011年。第一冊。
〔註17〕參看《故訓匯纂》（商務印書館，2004年）616頁「尸」字條。
〔註18〕廣陵書社，2011年版。
〔註19〕參看《故訓匯纂》（商務印書館，2004年）606頁「導」字條。

（6）《晉語二》：「仁置德，武置服。」此為公子縶對秦穆公所言。韋注服為服從。《國語・晉語三》：「昔君之不納公子重耳而納晉君，是君之不置德而置服也。」此為孫枝對秦穆公之言，稱晉惠公為「服」，與「德」相對，則「服」當訓為「畏服」或「悅服」。公孫枝乃言不置有德之人，而置畏服（或悅服）自己（秦穆公）之人。考《淮南子・說林》：「烏力勝日而服於䲡禮。」高注：「服，猶畏也。」《爾雅》：「悅，服也。」郭璞注：「謂喜而服從。」《大戴禮記・誥志》：「眾服以立天下。」王聘珍《解詁》：「服，悅服也。」《詩經・大雅・板》：「我言維服。」陳奐《詩毛氏傳疏》：「服，亦為說。」這個意思的「服」雖與「服從」義近，但還是有微妙的區別，不宜混同。

（7）《晉語三》：「慶鄭曰『不可。已賴其地，而又愛其實』。」韋注：「賴，贏也。」今按：韋注非是。晉惠公本允諾回國後割地與秦，以謝秦助已回國之恩。但回國後又反悔，不願割地。故稱「賴其地」。此「賴」與貪義近。《左傳・昭公十二年》：「今鄭人貪賴其田。」賴與貪同義反覆。徐元誥《國語集解》〔註20〕引吳曾祺之說，訓「賴」為「貪賴」。徐元誥贊同其說，稱：「今猶有『賴債』語。」更按，「賴」訓「貪」，當與「利」同源。《晉語九》：「臣何賴於鼓」。韋注：「賴，利也」。〔註21〕利訓貪，常見於故訓〔註22〕。

（8）《楚語下》：「周言棄德，不淑也。」韋注：「取周以言，而不以德。」徐元誥《國語集解》、董立章《國語譯注辨析》、蕭旭《國語校補》、郭萬青《國語考校》無別解。《漢語大詞典》釋周言為美言，乖於訓詁，「周」在訓詁上無「美」義。據韋昭注，周當訓忠信，常見於古訓，言取忠信之人只以其言，不以其德。今按，眾說均非。周言與棄德對舉，「周」當為動詞。「周」應為「雕」之借（嚴格來說是「彫」之借）。「彫、雕」從「周」得聲，例可通假，訓「雕飾」。《爾雅・釋器》：「玉謂之雕。雕謂之琢。」《論語・公冶長》：「朽木不可雕也。」包曰：「雕，雕琢刻畫。」漢古詩有曰：「雕文各異類。」〔註23〕《文選》卷三十一劉楨《感遇》詩：「敢不自雕飾。」注引古詩曰：「竊獨自雕飾。」

〔註20〕中華書局點校本，2002年。308頁。

〔註21〕「賴」訓「利」為訓詁常談，參看《故訓匯纂》（商務印書館，2004年）2194頁「賴」字條。

〔註22〕參看《故訓匯纂》（商務印書館，2004年）224～225頁「利」字條的40～48注。

〔註23〕見逯欽立《先秦漢魏晉南北朝詩》（中華書局，2011年）卷十二《漢詩》之《古詩五首》之《四坐且莫喧》。334頁。又見《藝文類聚》卷70所引。

「雕」與「飾」同義。賈誼《新書‧瑰瑋》曰：「夫雕文刻鏤周用之物繁多。」《玉函山房輯佚書》〔註24〕錄有《三蒼》曰：「雕，飾也」。〔註25〕

「周言」乃「雕言」，即不顧事實而包裝語言、美飾語言，硬把壞事說成美德。古書常有「飾言、飾辭」之類的說法，正是「雕言、彫言」的意思。「彫、雕」與「飾」同義。詳細舉證如下：

《中論‧貴驗》：「故君子服過也，非徒飾其辭而已。」《論衡‧對作》：「非苟調文飾辭，為奇偉之觀也。」〔註26〕《論衡‧超奇》：「豈徒雕文飾辭，苟為華葉之言哉？」《論衡‧自紀》：「調行者不飾辭。」又曰：「謂之飾文偶辭。」《法苑珠林》卷24引《感應緣》曰：「業尚純樸，不表辭飾。」《大唐西域記》卷十二：「多飾虛談。」《鬼谷子‧揣篇》：「此揣情飾言，成文章而後論之也。」同書《權篇》：「飾言者，假之也。」《荀子‧宥坐》：「言談足以飾邪營眾。」《禮記‧緇衣》：「言從而行之，則言不可飾也。」《左傳‧襄公二十二年》杜注曰：「實朝言觀畔，飾辭也。」「飾辭、飾言」同於《國語》之「周言」。《鄧析子‧無厚》：「若飾詞以相亂。」《文心雕龍‧情采》：「文采所以飾言。」《史記‧蒙恬列傳》：「非敢飾辭以避死也。」《史記‧李斯列傳》：「飾虛言以亂實。」《史記‧殷本紀》：「言足以飾非」。《左傳‧文公十八年》：「毀信廢忠，崇飾惡言。」《漢書‧路溫舒傳》：「故囚人不勝痛，則飾辭以視之。」〔註27〕《漢書‧楚元王傳》：「緣飾文字，巧言醜詆。」《漢書‧蓋寬傳》：「言足以飾君之辭。」《漢書‧宣帝紀》：「增辭飾非，以成其罪。」《漢書‧王嘉傳》：「獄有飾辭。」注：「假飾之辭，非其實也。」《漢書‧夏侯勝傳》：「牽引以次章句，具文飾說。」《六韜》卷一《文韜‧文師》：「言語應對者，情之飾也。」《墨子‧非攻下》：「則夫好攻伐之君，又飾其說以非子墨子曰。」《禮記‧表記》：「有其辭而無其德。」這就是「飾言」。《魏書‧蕭寶夤傳》：「皆飾假說，用相褒舉。」《魏書‧李諡傳》：「可謂因偽飾辭，順非而澤。」同篇：「弗飾辭而背理。」《韓非子》有《飾邪》篇，「飾邪」的意思是用語言包裝邪惡之事。《韓非子‧解老》：「夫君子，……好質而惡飾。」據以上眾多例證，可知《楚語》的意思是：飾

〔註24〕共八冊，江蘇廣陵古籍刻印社，1990年。第六冊。《涅槃經疏三德指歸》卷2引《三蒼》：「雕，飾也。」此其原始出處。

〔註25〕參看《故訓匯纂》（商務印書館，2004年）738頁「彫」字條和2447頁「雕」字條。

〔註26〕其中的「調」也應為「彫」之借。

〔註27〕亦見《魏書‧刑罰志》。

言而棄德，故不善也（不會有好結果）〔註28〕。《楚語》上文「直而不衷，周而不淑」，韋昭注：「周，密也。淑，善。」周也當為「彫、彫」之借，不當訓「密」。

（9）《楚語下》：「若來而無寵，速其怒也。」韋昭注：「速，疾也。」徐元誥《國語集解》、郭萬青《國語考校》均無別解。今按，《楚語下》：「而蓄聚不厭，其速怨於民多矣。積貨滋多，蓄怨滋厚，不亡何待。」韋昭注：「速，召也。」是為確解。「速怨」的「速」應同義於「速其怒」之「速」，皆當訓「召」，即「不速之客」之「速」。蕭旭《群書校補》197頁訓為「招致」，甚確。韋昭注得於此而失於彼，甚不可解。「速」訓「召」，常見於古訓。〔註29〕

（10）《吳語》：「市無赤米，而囷鹿空虛。」韋注：「員曰囷，方曰鹿。」徐元誥《國語集解》〔註30〕引汪遠孫之說，據《說文》「方謂之京」以駁韋昭注。徐元誥自己稱「鹿」當為「簏」之借，為盛穀之器。朱駿聲與徐元誥之說相同。《太平御覽》卷35正引作「簏」。〔註31〕今按：朱駿聲、徐元誥之說非是。今考論「鹿臺」如下：

《國語》之「鹿」蓋相當於殷紂王的鹿臺，是錢財的府庫。「囷」和「鹿」空虛，猶言國庫空虛。考《史記‧殷本經》：「帝紂……厚賦稅以實鹿臺之錢，而盈鉅橋之粟。」鹿臺是國家聚集錢財的府庫。《新序》卷十《善謀》：「發鉅橋之粟，散鹿臺之錢，以賜貧贏。今陛下能散府庫以賜貧贏乎？」《史記‧周本紀》：「命南宮括散鹿臺之財，發鉅橋之粟。」《史記‧殷本紀》：「紂走入，登鹿臺。」《集解》引徐廣曰：「鹿，一作廩」。〔註32〕作「廩」亦通，且更易解。《管子‧山至數》：「鹿臺之布，散諸濟陰。」「布」是布幣，即鹿臺之錢。《呂氏春秋‧慎大》：「賦鹿臺之錢，以示民無私。」高注：「鹿臺，紂錢府。

〔註28〕更考《國語‧周語下》：「器無彫鏤，儉也。」汪中《國語校文》：「彫，乃彫之誤。《賈誼書‧禮容語》正作彫。」（見《新編汪中集》44頁，廣陵書社，2005年）。《國語‧楚語上》：「不聞其以土木之崇高、彫鏤為美。」韋昭注：「彫，丹楹也。」汪中《國語校文》：「彫鏤，疑彫鏤之誤。韋氏亦從為之辭，已見《周語》。」（見《新編汪中集》46頁）。汪中之言當為可信，古有「雕鏤」一詞。考《禮記‧哀公問》：「然後治其雕鏤文章黼黻，以嗣。」

〔註29〕參看《故訓匯纂》（商務印書館，2004年）2286頁「速」字條的第7～15注。「招」古作「召」。

〔註30〕中華書局點校本，2002年。555頁。

〔註31〕參看蕭旭《群書校補》206頁。

〔註32〕瀧川資言《史記會注考證》（楊海崢整理，上海古籍出版社，2016年）145頁此處沒有別的考證。

賦，布也。」這個「布」是布散的意思。《逸周書・克殷解》：「乃命南忽振鹿臺之財、巨橋之粟。」同篇又稱：「商辛奔內，登於鹿臺之上。」鹿一作廩。《列女傳》卷七《殷紂妲己》條作：「紂乃登廩臺。」不作「鹿臺」。〔註33〕《說苑・指武》：「散鹿臺之財金錢，以與士民。」〔註34〕《藝文類聚》卷六十六引《六韜》曰：「武王入殷，發鉅橋之粟，散鹿臺之金錢，以與殷民。」另參看王念孫《讀書雜志》〔註35〕之《史記第一》卷「散鹿臺之財」條〔註36〕、章太炎《膏蘭室札記》〔註37〕卷二《鹿臺》條，對「鹿臺」考證頗詳。章太炎稱：「鹿當借為錄。《尚書大傳》『致天下於大麓之野』。注：『麓，錄也』。《魏受禪表》及《公卿上尊號表》皆作大鹿，是錄鹿通之證。《說文》『錄，金色也。』古謂銅為金。《荀子・性惡》篇『文王之錄』。注：『劍以色名，古劍亦以銅為之也』。是銅有錄色者，錄臺則取銅錢之色為名。」湖北大冶有「銅彔山」。章太炎之說雖可通，但不能解釋「鹿」往往有「廩」的異文這一現象。我們認為「鹿」與「祿」通，為俸祿、食祿之義，故鹿臺為錢府。祿與錢財義近。《水經注》卷三十九《灕水注》：「余謂漉、淥聲相近。」可見鹿聲字與彔聲字可通。更考《荀子・強國》：「官人益秩，庶人益祿。」楊注：「秩、祿，皆謂廩食也。」《孝經・士章》：「然後能保其祿。」邢昺疏：「祿謂廩食。」《集韻・屋韻》：「祿，居官所給廩。」可見在故訓中，「祿」可訓「廩（食）」。而《史記・殷本紀》、《逸周書・克殷解》的「鹿臺」都有異文作「廩臺」，《列女傳》卷七《殷紂妲己》條直接作「廩臺」。「祿」有「廩」義，因此，「鹿臺」的「鹿」只能訓為「祿」，才會有「廩」這樣的異文〔註38〕。從而可推知並非如章太炎所說「鹿」讀為「錄」，因為如果作「錄」，則不會有「廩」字的異文〔註39〕。

〔註33〕參看《列女傳補注》（《龍溪精社叢書》第一冊824頁，中國書店，1991年）。此書根據清朝學者臧庸序和馬瑞辰序，可知並非郝懿行所作，而是郝懿行之妻王婉佺所撰，所以《郝懿行集》（齊魯書社，2010年）沒有收錄此書。

〔註34〕其「財」字疑衍。

〔註35〕江蘇古籍出版社，2000年。73頁。

〔註36〕王念孫舉十證考論「財」本當作「錢」，精確不易。

〔註37〕《章太炎全集》本，上海人民出版社，1982年版。202頁。

〔註38〕錢大昕《廿二史考異》（《嘉定錢大昕全集》本第二冊6頁，江蘇古籍出版社，1997年）卷一稱：「廩、鹿聲相近。」這是錢大昕以雙聲認為二者相通，這是不妥當的，這裡不當言音轉。另參看王叔岷《史記斠證》（一）卷三108頁。中華書局，2007年。

〔註39〕考《故訓匯纂》（商務印書館，2004年）2378頁「錄」字條，所收各義皆與「廩」無關。

論《金人銘》的產生時代

提要：

　　本文研究了《金人銘》產生的時代問題，並對有關學者的意見提出了商榷。本文從各個方面提出證據，論證了《金人銘》不可能產生於孔子時期，而應該是黃老思想流行後的產物。

關鍵詞：金人銘　　銘文　　金人

　　我國古人非常強調說話要小心謹慎，必須慎言，否則一定要惹禍上身。善於說話，是人生的智慧。《尚書·說命上》：「王宅憂，亮陰三祀。既免喪，其惟弗言。」孔傳：「信默三年不言。」《尚書·周書·無逸》：「作其即位，乃或亮陰，三年不言。其惟不言，言乃雍。」《論語·憲問》：「子張曰：《書》云：『高宗諒陰，三年不言。』何謂也？」《呂氏春秋·重言》：「高宗，天子也，即位，諒闇三年不言。」〔註1〕《禮記·喪服》：「《書》曰：『高宗諒闇，三年不言。』善之也。王者莫不行此禮。」殷高宗即位，三年不言，是說剛剛即位，不熟悉國政，也沒有治國理政的經驗，所以三年時間不對國家政治發號施令，一方面是丁憂，更重要的是三年學習治國理政。殷高宗武丁不是完全不說話，而是不在國家政治上下達指令〔註2〕，政務由總理大臣主持，與其餘大臣商量

〔註1〕參看王先謙《尚書孔傳參正》，中華書局點校本，何晉點校，2011 年。468～469 頁。

〔註2〕郭沫若《駁〈說儒〉》（收入《郭沫若全集·歷史編》第一卷《青銅時代》，人民出版社，1982 年。參看 439～441 頁）三《高宗諒陰的新解釋》說殷高宗三

決定。所以《論語‧憲問》孔子回答說：「何必高宗，古之人皆然。君薨，百官總己以聽於冢宰三年。」冢宰相當於總理。《國語‧楚語上》白公子張對楚靈王說：殷高宗武丁「於是乎三年，默以思道。卿士患之，曰：『王言以出令也，若不言，是無所稟令也。』武丁於是作書，曰：「以余正四方，余恐德之不類〔註3〕，茲故不言。」〔註4〕白公子張解釋殷高宗三年不言之事，極為精準。《呂氏春秋‧重言》篇應該是引述了《楚語》之言：「人主之言，不可不慎。高宗，天子也，即位諒闇，三年不言。卿大夫恐懼，患之。高宗乃言曰『以余一人正四方，余唯恐言之不類也，茲故不言。』古之天子，其重言如此，故言無遺者。」《呂氏春秋》此篇因為是強調「重言」，所以將《國語》「德之不類」改為「言之不類」。〔註5〕

《詩經‧抑》：「慎爾出話。」毛傳：「話，善言也。」《論語‧學而》：「君子食無求飽，居無求安，敏於事而慎於言。」《荀子‧榮辱》：「故與人善言，暖於布帛；傷人之言，深於矛戟。」《荀子‧非十二子》：「言而當，知也；默而當，亦知也。」楊雄《法言‧修身》：「言輕則招尤。」《老子》八十一章：「信言不美，美言不信。」《老子》六十二章：「美言可以市尊。」《孔子家語‧顏回》：「言人之惡，非所以美己；言人之枉，非所以正己。」《呂氏春秋》有《重言》篇，專門論述作為國君必須慎言。古人主張慎言的名篇還有西漢末年劉向編撰的《說苑》中的《金人銘》。

《說苑‧敬慎》〔註6〕載有《金人銘》，先錄原文，再加討論：

「孔子之周，觀於太廟。右陛之前，有金人焉，三緘其口〔註7〕，而銘其

年不言，是得了不能說話的啞病「不言症」（即「諒陰」）。郭說當不可信。因為三年後，在群臣的要求下，高宗開始說話了。

〔註3〕「不類」當訓「不善、不法」，參看本書《〈論語〉「有教無類」新解》。

〔註4〕參看徐元誥《國語集解》（修訂本）503頁，中華書局點校本，2015年版。

〔註5〕前輩學者有的妄疑古書（如康有為《新學偽經考》），說今本《國語》是漢代以後人偽造的，這實在是亂說。先秦的《呂氏春秋》已經引述了今本《國語》，所以今本《國語》絕不可能是漢代以後人偽造。而且李守奎《〈國語〉故訓與古文字》（見《漢字漢語研究》2018年第2期）指出了今本《國語》的語言有的與甲骨文相吻合，這是漢代人絕對偽造不了的。

〔註6〕參看向宗魯《說苑校證》，中華書局點校本，2022年版。258～259頁。

〔註7〕「三緘其口」的意思是用三根繩子將口勒住，封住口不讓說話。「緘」訓「約束、束」。《說文》：「緘，束篋也。」段氏增字改為「所以束篋也」。《莊子‧胠篋》：「則必攝緘縢。」《經典釋文》引《廣雅》：「緘、縢，皆繩也。」「緘」字也用作動詞，義為用緘捆繫。如《漢書‧楊王孫傳》：「昔帝堯之葬也，窾木為

背曰：古人之慎言人也，戒之哉！戒之哉！無多言，多言多敗；無多事，多事多患。安樂必戒，無行所悔。勿謂何傷，其禍將長。勿謂何害，其禍將大。勿謂何殘，其禍將然。勿謂莫聞，天妖伺人。熒熒不滅，炎炎奈何。涓涓不壅，將成江河。綿綿不絕，將成網羅。青青不伐，將尋斧柯。誠不能慎之，禍之根也。口是何傷〔註8〕，禍之門也。強梁者不得其死，好勝者必遇其敵。盜怨主人，民害其貴。君子知天下之不可蓋也，故後之、下之，使人慕之。執雌持下，莫能與之爭者。人皆趨彼，我獨守此。眾人惑惑，我獨不徙。內藏我知，不與人論技。我雖尊高，人莫我害。夫江河長百谷者，以其卑下也。天道無親，常與善人。戒之哉！戒之哉！」

《說苑‧敬慎》的《金人銘》明顯是黃老學派的思想。學者們的研究早已指出《金人銘》與《老子》有關，如向宗魯的《說苑校證》〔註9〕、日本學者武內義雄的《老子原始》〔註10〕、黃方剛的《老子年代之考證》〔註11〕都已經指出。近年來，鄭良樹先生的《〈金人銘〉與〈老子〉》〔註12〕一文也將《老子》與《金人銘》在文本上的關係進行列表考察，一目了然。鄭良樹先生在該文中進行一番比較考察之後，得出結論說：「《金人名》的時代應該在《語》及《席》等之前，它甚至於是它們所依據者。」〔註13〕鄭先生認為《金人銘》的產生在先，《黃帝語》、《席銘》等產生較後，後者參照利用了《金人銘》中的語句。鄭先生完全相信這篇《金人銘》是孔子在周廟裏發現的，他說《金人銘》的產生時代「應該在春秋之季」。

鄭先生的這篇文章寫得相當綿密，自成一家之言。但我卻頗有些異議。我認為《金人銘》的產生可能在漢代初年，最早不會早於戰國後期，斷然不會是春秋時的作品，也不曾被孔子見到過。我有如下的考察：

匵，葛藟為緘。」師古曰：「緘，束也。」《後漢書‧王符傳》：「葛采為緘。」注：「緘，束也。」《墨子‧節葬下》：「穀木之棺，葛以緘之。」（據吳毓江《墨子校注》謂「穀」一作「款」）。《漢書‧楊王孫傳》：「昔帝堯之葬也，窾木為匵，葛藟為緘。」《釋名‧釋喪制》：「棺束曰緘。」

〔註 8〕「口」，別本作「曰」，參看向宗魯《說苑校證》（中華書局點校本，2022 年版）259 頁。

〔註 9〕中華書局點校本，2022 年版。

〔註10〕收入江俠庵編譯《先秦經籍考》，上海文藝出版社，1990 年。

〔註11〕見《哲學評論》第 2 卷第 2 期，1928 年。

〔註12〕收入鄭氏《諸子著作年代考》，北京圖書館出版社、2001 年 9 月。

〔註13〕鄭氏所簡稱的《語》指《太公兵法》中所引的《黃帝語》，《席》指《大戴禮記》卷六《武王踐阼》所引的《席銘》。

　　《金人銘》不僅與《老子》有關係，而且相傳與黃帝有關係。嚴可均《全上古三代文》卷一已稱：「(《金人銘》)舊無撰人名，據《太公陰謀》、《太公金匱》，知即《黃帝六銘》之一。」鄭良樹先生也提到《太公兵法》引《黃帝語》「與《金人銘》意思不但相同，用字也異常接近」。《群書治要》卷 31 引有太公《陰謀》中的尚父之言，呂尚以《金人銘》作於黃帝。我們據此可以順理成章推定：《金人銘》的產生與戰國後期至漢初流行的黃老思想有關，很可能是出自黃老學派的學者之手。黃老學派發端於戰國後期，經暴秦虐政之後，漢初大盛。「黃老」一詞廣泛播傳於漢初人之口。王利器先生《〈文子〉與〈淮南子〉相輔相成》〔註14〕與王先生《文子疏義‧序》〔註15〕徵引闡釋甚為詳悉。王利器先生在《文子疏義‧序》有曰：「戰國之末，已流傳有黃老家所依託之老子，與著《道德》五千之老子，顯為二人。一者道原，一者緒餘，故予倡為兩個老子之說。黃老之學，最初十口相傳。後乃殺青繕寫，當在漢惠帝之世，其說盛行於兩漢，故韓愈有『黃老於漢』之說。」今觀《金人銘》之文，顯然為黃老學派所為。姑舉一例：

　　《金人銘》：「強梁者不得其死，好勝者必遇其敵。」不僅與《老子》第 42 章相合：「強梁者不得其死，吾將以為教父。」而且合於《文子》、《淮南子》。《文子‧上德》：「故勇武以強梁死，辯士以智慧困。」《文子‧九守‧守弱》：「強梁者死。」《淮南子‧繆稱》：「故子路以勇死，萇弘以智困。」眾所周知，《文子》、《淮南子》皆是在黃老學派的影響下產生的。杜道堅稱《文子》乃《道德經》之疏義。王利器稱《淮南子》乃《文子》之疏義〔註16〕。又如《金人銘》：「夫江河長百穀者，以其卑下也。」此語明是脫化自《老子》第 66 章：「江海之所以能為百谷王者，以其善下之，故能為百谷王。」我們可以考證一下到底是《金人銘》抄襲《老子》？還是《老子》抄襲《金人銘》？

　　（1）先比較《金人銘》：「強梁者不得其死，好勝者必遇其敵。」與《老子》第 42 章相合：「強梁者不得其死，吾將以為教父。」我們可以明確說是《金人銘》引述了《老子》。因為《金人銘》用的對仗的語句，有對偶的修辭，上下兩句意思差不多。而《老子》不使用對偶句，時代更古老。其中《老子》的

〔註14〕見《王利器學述》、浙江人民出版社，1999 年。

〔註15〕中華書局，2000 年。收入《新編諸子集成》(中華書局)。

〔註16〕當然，此說可以商榷。《淮南子》與《文子》的關係比較複雜，學術界有不同的觀點。

「吾將以為教父」是非常古奧玄妙的語言，對於戰國時代和西漢早期的學者來說都是不自然的，「教父」的意思是最高的智慧、首要的思想。「教父」這種用詞對《金人銘》的作者來說已經難以理解，不習慣使用，便採用了與「強梁者不得其死」相類似的語句「好勝者必遇其敵」。因此，從文體上看，《金人銘》「強梁者不得其死」只能是出自《老子》42 章，源流不可能相反。

（2）《金人銘》：「夫江河長百谷者，以其卑下也。」此可比對《老子》第66 章：「江海之所以能為百谷王者，以其善下之，故能為百谷王。」從漢語史考察，在春秋以前已經有「江海」一詞，沒有「江河」一詞，「江河」是戰國時代才有的詞彙，較早的文獻是《孟子·盡心上》：「及其聞一善言，見一善行，若決江河。」而《尚書·禹貢》：「沿于江海，達于淮泗。」有「江海」連用之例，肯定早於《孟子》。《老子》一書的產生年代也在《孟子》之前，郭店楚簡本《老子》的發現就證明至少在公元前四世紀前就有古本《老子》。《老子》只有「江海」，沒有「江河」，與《尚書·禹貢》的用詞相合。另如《老子》32 章：「譬道之在天下，猶川谷之於江海。」《老子》甚至沒有「河」字。在漢語史上，把「江海」改為「江河」是比較正常的，而將「江河」改為「江海」，這不正常。我們認為《金人銘》的「江河」晚於《老子》的「江海」。從意思上講，江河皆東流到「海」，所以「海」可以為百谷之王（谷中有水），「海」的地勢比「百谷」低。《老子》的「江海」是偏義複詞，重在「海」，「江」只是一個陪襯，沒有實際的意思。把「江海」改成「江河」，意思有點不通，因為「江河」相對於「百谷」，並不「卑下」，「谷」倒是很「卑下」。《淮南子·說山》：「江河所以能長百穀者，能下之也。」已經改「江海」為「江河」。《孔子家語》作「江海雖左，長於百川，以其卑也。」將《老子》的「百谷」改為「百川」，這並不是率意而為。「百谷」的地勢比「百川」更低。考《莊子·胠篋》：「川竭而谷虛。」川的水流入空谷，川是谷的水源，如果川的水枯竭了，谷自然也沒有水了，也就虛空了。《莊子》此言表明「谷」的地勢低於「川」。江河的地勢低於「川」。所以《莊子·秋水》：「百川灌河。」說明百川的水流向地勢更低的黃河。《孔子家語》改「百谷」為「百川」，很可能是因為《孔子家語》的作者已經不大瞭解「谷」是有水的低窪地帶，以為僅僅是山谷，不知道在先秦文化中，「谷」是有水的低谷。河北定縣八角廊西漢墓出土的竹簡《文子》作：「江海以此道為百谷王，故能久長功。」依然是作「百谷」，《淮南子·說山》也是「百谷」，保留了先秦古老的觀念，要早於《孔子家語》。《老子》41

章：「上德若谷。」其「谷」正有「卑下」的意思，與「上」相對應，極為明顯，「最高上的德顯得很卑下」。

另外，我們認為將《金人銘》的「卑下」改為《老子》的「善下」是不可能的，只可能是將《老子》的「善下」（「善」是意動用法，以「下」為「善」）改為《金人銘》的「卑下」。「善下」是《老子》很有個性的語言，不常用的，怎麼可能將常用詞「卑下」改為富有哲理而罕見的「善下」呢？只可能是相反，是《老子》的「善下」被改為《金人銘》的「卑下」。而且通考儒家十三經，沒有「卑下」一詞，足見其產生在戰國以後。詳考古文獻，「卑下」一詞最早出現於戰國末期的《呂氏春秋》和《韓非子》，後來出現在西漢前期的《淮南子》〔註17〕，沒有更早的用例。《老子》的年代總比《呂氏春秋》、《韓非子》要早。《金人銘》的「卑下」一詞與戰國末期的《呂氏春秋》、《韓非子》相合，與此前的任何文獻不合，因此，從語言學上考察，《老子》的產生年代肯定在《金人銘》之前。這是不可置疑的。

另外，《老子》此數句所用的句式也是古老的。「江海之所以能為百谷王者，以其善下之，故能為百谷王。」前後重複「能為百谷王」，以為照應。這是戰國以前的古老句式，後世不常用，所以才在《金人銘》中被改換成簡潔流暢的「夫江河長百谷者，以其卑下也」。《金人銘》的語言肯定要晚於《老子》。因此，《金人銘》的產生年代必然在《老子》之後。王中江《根源、制度和秩序：從老子到黃老》〔註18〕第三章《老子的學說與〈金人銘〉和黃帝記憶》：「回顧有關《老子》同《金人銘》兩者關係的研究，看起來還比較有限，大都通近對兩者的初步的對比，認為《老子》受到了《金人銘》的影響。」這是我不能同意的，我認為二者的影響關係正好相反，是《老子》影響了《金人銘》，不可能是《金人銘》影響《老子》，因為《金人銘》的語言在漢語史上比《老子》要晚。

（3）《金人銘》：「天道無親，常與善人。」這完全是因襲了《老子》第79章：「天道無親，常與善人。」二者一模一樣。考《尚書·太甲下》：「惟天無親，克敬惟親。」《尚書·周書·蔡仲之命》：「皇天無親，惟德是輔。」《尚書》都是說「皇天、天」無親，沒有說過「天道」無親。《尚書·湯誥》：「天道福

〔註17〕《淮南子》當是承襲了《呂氏春秋》的用詞。《淮南子》受《呂氏春秋》的影響很大。
〔註18〕中國人民大學出版社，2018年。55頁。

善禍淫。」《老子》正是從《尚書》的以上各篇概括出了「天道無親，常與善人」。我們仔細研讀《金人銘》全篇，完全沒有論述到「天道、善人」，而最後突然出現的「天道無親，常與善人」，與《金人銘》的上下文脈沒有任何邏輯關係，顯得很突兀和孤立。而《老子》79章的全文是：「和大怨，必有餘怨；報怨以德，安可以為善？是以聖人執左契，而不責於人。有德司契，無德司徹。天道無親，常與善人。」《老子》這章的全文是在討論「善、德」的問題，上下文脈渾然一體，聯繫緊密，最後得出「天道無親，常與善人」的總結，十分自然。因此，從《金人銘》和《老子》第79章各自的全文來作整體的考察，只能是《金人銘》因襲了《老子》，不可能是《老子》抄襲《金人銘》。

（4）從文體上考察，《金人銘》有的部分押韻很嚴整，而且有穿插變換，不可能是西周以前的古老文體。考《金人銘》：「勿謂何傷，其禍將長（傷、長押陽部韻）。勿謂何害，其禍將大（害、大押入聲月部韻）。勿謂何殘，其禍將然（殘、然押元部韻）。勿謂莫聞，天妖伺人（聞、人押真部韻）。熒熒不滅，炎炎奈何。涓涓不壅，將成江河（何、河押歌部韻）。綿綿不絕，將成網羅。青青不伐，將尋斧柯（絕、伐押入聲月部韻；羅、柯押歌部韻）。誠不能慎之，禍之根也。口是何傷[註19]，禍之門也（根、門押真部韻）。強梁者不得其死，好勝者必遇其敵。盜怨主人，民害其貴。君子知天下之不可蓋也，故後之、下之，使人慕之。執雌持下，莫能與之爭者。人皆趨彼，我獨守此。眾人惑惑，我獨不徙。內藏我知，不與人論技。（此、徙、知、技押支部韻）。」這樣相鄰兩句押韻（這類韻例最多，例如：傷、長押陽部韻），同時又有押偶句韻（例如：何、河押歌部韻；根、門押真部韻）。又有一三句押韻，二四句押不同的韻（例如：絕、伐押入聲月部韻；羅、柯押歌部韻）。又有二四五六句押韻（此、徙、知、技押支部韻）。這樣的韻例在西周以前是完全不存在的，其時代定在《詩經》以後才是合理的，不可能更早。

（5）《金人銘》：「天妖伺人。」「天妖」一詞不見於十三經。遍考先秦文獻，「天妖」一詞僅僅出現於《呂氏春秋》，是戰國末期，不見於先秦其他任何文獻。《呂氏春秋‧先識》：「不敢直言示晉公以天妖。」僅此一例。《金人銘》的「天妖」與戰國末期的《呂氏春秋》相合，與《呂氏春秋》以前的任何文獻語言不合。因此，《金人銘》絕對不可能產生於戰國後期以前。

〔註19〕「口」，別本作「曰」，參看向宗魯《說苑校證》（中華書局點校本，2022年版）259頁。

（6）《金人銘》：「執雌持下。」其句法是「執雌」和「持下」意思差不多，是並列反覆的句法。《老子》的「雌」字從來是單獨使用的，沒有同意反覆的表達方式。《老子》第 10 章：「天門開合，能為雌乎？」《老子》第 28 章：「知其雄，守其雌，為天下溪。」不存在「雌」與「下」並列反覆的句式。《金人銘》「執雌持下」這樣的意思並列的四字句的表達法一定出現在《老子》之後。

以上的六個方面的證據表明《孔子家語》和《說苑》的《金人銘》與《老子》相通的語句只能是《金人銘》因襲改換了《老子》，不可能是《老子》因襲了《金人銘》。《金人銘》的產生年代肯定在《老子》之後，這是我堅定的學術觀點，我的研究完全不能同意王中江先生的觀點〔註20〕。

《說苑》的《金人銘》又見於《孔子家語》卷三《觀周》篇，二者必有因襲關係。到底是《說苑》抄了《孔子家語》呢？還是《孔子家語》抄了《說苑》呢？很多人認為是《孔子家語》抄了《說苑》。但是有證據表明《孔子家語》和《說苑》相通的地方極大的可能是《說苑》因襲了《孔子家語》。例如：鄔

〔註20〕鄔可晶在其博士論文《〈孔子家語〉成書考》（中西書局，2015 年）第一章第四節《出土文獻、傳世古書中的有關語句與〈家語〉金人銘章的比較》（137～138 頁）對我在《孔子研究》（2005 年第 2 期）上發表的《論〈金人銘〉的產生時代》一文有所批評，我接受他批評我將「緘」訓為「閉」的意見，應該訓為「封、束」。我保留其餘觀點。鄔可晶此書 127 頁的長篇注解將《金人銘》「將尋斧柯」的「尋」訓詁為「作」，徵引了一些學者的觀點和古文字材料，並且反駁了訓為「用」的觀點。但是《孔子家語》的王肅注正是訓「尋」為「用」，非常精確。《小爾雅》：「尋，用也。」「將用斧柯」意思很清晰，也很通暢；訓為「製作」，在《金人銘》此處意思不通。而且「尋」訓「作」在古籍訓詁中沒有根據，不可信。出土文獻的「尋車馬」可以解釋為「用車馬」，並不是「造車馬」。李學勤《續釋「尋」字》（收入李學勤《中國古代文明研究》，華東師範大學出版社，2005 年）指出在甲骨文中的「尋」字的三種用法，第二種就是訓為「用」（參看 177 頁），可知「尋」為「用」早見於甲骨文，而訓為「作」不見於甲骨文，只是少數古文字學者的猜測之言，並無訓詁學的根據。另外，鄔可晶此書 138 頁稱「三緘其口」的「三」是虛數，表述多。這也未必。《論語》的「三」都是實數的「三」，並無虛數「多」的意思。考《論語·學而》：「吾日三省吾身：為人謀而不忠乎？與朋友交而不信乎？傳不習乎？」明顯是三次，因為下面有三次的具體內容。《論語·八佾》：「三家者以雍徹。子曰：相維辟公，天子穆穆，奚取於三家之堂？」三家就是魯國的三大家族（何晏《論語集解》引馬融之說稱：「三家，謂仲孫、叔孫、季孫。」見黃懷信等《論語彙校集釋》197 頁，上海古籍出版社，2008 年），並非虛數。《論語·公冶長》：「季文子三思而後行。子聞之，曰：再，斯可矣。」由於後面有「再」字，因此前面的「三」只能是實數「三」，不是虛數。《金人銘》相傳與孔子有關，金人「三緘其口」的三就是實數的三，這沒有任何問題。

可晶《〈孔子家語〉成書考》〔註21〕排比梳理相關材料頗為細緻，結論認為今本《孔子家語》凡是與《說苑》相通的地方都是《孔子家語》因襲了《說苑》。但是李學勤《〈家語〉與上博〈詩論〉》〔註22〕考證出今本《孔子家語·好生》的一段文獻與上博簡《孔子詩論》相合，而《說苑·貴德》相對應的文字沒有《家語》和《孔子詩論》都有的「愛其樹」的相關文字，李學勤先生因此推斷今本《孔子家語》不可能是抄襲《說苑》而成，而是相反。考王先謙《詩三家義集疏·甘棠》，可知《孔子家語》和《說苑》的這一段話都來自《魯詩》的傳，並非《家語》抄襲《說苑》〔註23〕。李學勤的這個比對也可以證明《孔子詩論》也屬於《魯詩》系統。東漢的熹平石經和曹魏的正始石經都是採用的《魯詩》，因此在漢魏西晉時代，《魯詩》的傳注應該很流行。《漢書·藝文志》載有《魯故》二十五卷（這個應該是訓詁字詞的），《魯說》二十八卷（這個應該是解說大意的）。王先謙《漢書補注》引《儒林傳》稱《魯詩》有韋、張、唐、褚之學。此《魯說》弟子所傳。因此，《孔子家語》和《說苑》關於《甘棠》的解說都應該是依據《魯說》而來，而《魯說》與出土的戰國文獻《孔子詩論》相合，必是來自先秦師法，足見其精湛，非東漢以後人所能偽造。黃懷信等《漢晉孔氏家學與偽書公案》〔註24〕下《魏晉篇》第七章《〈孔子家語〉與孔氏家學》在討論《孔子家語》和《說苑》的關係時，列舉七證：1. 有共同的材料來源而《家語》更原始。2.《說苑》兼採《家語》等資料而成。3.《說苑》引用並改造了《家語》文句。4.《說苑》似早實晚。5. 二者各有改動，互有優劣。6. 出自不同的材料系統，而《家語》更原始。7.《家語》似晚，雖然改造了原始材料，但也未必晚到《說苑》之後。應該說這七個理由都是有根據的。黃懷信等學者的考證是可信的。因此，鄔可晶一概認為《家語》和《說苑》的關係是《家語》抄襲《說苑》，這是不可信的。只要這個關係的論證是錯誤的，鄔可晶整本書的結論就完全錯了。因為《孔子家語》與出土的戰國文獻《孔子詩論》相合，必有其古老來源，證明絕不可能抄襲西漢末年劉向《說苑》，而是《說苑》抄襲《孔子家語》，那今本《孔子家語》當然不可能是曹魏時代的孔

〔註21〕中西書局，2015 年。

〔註22〕收入李學勤《清華簡及古代文明》，江蘇教育出版社，2017 年。

〔註23〕劉向《說苑》、《新序》所引《詩經》的觀點都是《魯詩》系統，《魯詩》也有小序闡明詩旨，參看朱彝尊《曝書亭集》卷 59《詩》論二，見《曝書亭全集》595 頁，吉林文史出版社，2009 年。

〔註24〕廈門大學出版社，2011 年。

猛所撰輯，孔猛不可能編撰得和出土文獻《孔子詩論》相合。有鑑於此，我強烈認為《說苑》的《金人銘》是來自《孔子家語》。宋代大類書《太平御覽》引述《金人銘》的語句也是依據《孔子家語》，不是依據《說苑》。

我自己再舉一例：《金人銘》：「綿綿不絕，將成網羅。青青不伐，將尋斧柯。」考《孔子家語·觀周》作：「綿綿不絕，或成網羅。毫末不札，將尋斧柯。」《逸周書·和寤》篇稱：「綿綿不絕，蔓蔓若何？毫末不掇，將成斧柯。」《孔子家語》的「毫末不札」與《逸周書·和寤》「毫末不掇」基本吻合，與《說苑》的《金人銘》「青青不伐」有明顯不同，當以《孔子家語》的《金人銘》為古本。如果《孔子家語》因襲《說苑》，那麼為什麼不是作「青青不伐」而是與西周初期的《和寤》雷同呢？〔註25〕這個鐵證表明《孔子家語》和《說苑》的關係只能是《說苑》抄襲《孔子家語》並有所變異，改作「青青不伐」的「青青」好與前面的「綿綿」對仗，同時將不常用的「掇、札」改為通用語「伐」（都是入聲月部字，才能押韻）。不可能是《孔子家語》因襲了《說苑》。

《孔子家語》是漢武帝時代孔子後裔孔安國所撰〔註26〕，其採錄的《金人銘》應該是戰國時代黃老學派的格言，其中的「強梁者不得其死」只可能是來自《老子》，斷無相反的可能。

黃老學派的產生可以追溯到齊國的稷下學派，此不詳論。其思想流派產生後，對後來的學者影響很大。我認為《莊子》是黃老學派的重要著作，因為《莊子》一書很多次稱道黃帝和老子，當作聖人的代表，所以在《莊子》的影響下興起了所謂的黃老學派這個概念。也就是說，黃老學派這個概念的出現是在《莊子》之後，是在《莊子》的影響下出現的。這是我的明確的學術觀點。

作為雜家的《呂氏春秋》糅合了黃老思想，其書特設《重言》一章，開頭就說：「人主之言，不可不慎。」又說：「古之天子，其重言如此，故言無遺者。」這與《金人銘》中金人稱「古之慎言人也」何其相似。《呂氏春秋》是戰國末期的文獻，合觀《呂氏春秋》之文，我們能說《金人銘》產生在戰國初期以前

〔註25〕依據《和寤》篇的內容，應該是周武王時代的作品，當時還沒有克商，所以也可以說是先周的文獻。參看黃懷信等《逸周書彙校集注》修訂本 330～334 頁。上海古籍出版社，2013 年。

〔註26〕《孔子家語》的材料很多有先秦時代的來源，並非都是孔安國自撰，更不是王肅偽造。參看李學勤《竹簡〈家語〉與漢魏孔氏家學》，收入李學勤《簡帛佚籍與學術史》第六篇《其他簡牘》，江西教育出版社，2001 年。楊朝明《孔子家語通解》，臺灣：萬卷樓圖書股份有限公司。2005 年。3～7 頁。

嗎？我認為在黃老學派流行之前，斷不會有《金人銘》。也就是說《金人銘》不僅在《老子》之後，而且在《莊子》之後，與遠古的黃帝沒有半點關係。

再就《說苑·敬慎》的前後文考察，可知《敬慎》一章全是黃老之言，無庸細論。道家學者很喜歡編故事說孔子不如老子，孔子是多麼佩服黃老一派的思想。如《莊子·天道》稱老聃批評孔子的仁義思想，諷刺孔子「亂人之性也」。《莊子·天運》中孔子稱老子如龍，極其傾仰。〔註27〕《莊子·田子方》中孔子在聽了老聃的教訓後，感歎：「微夫子之發吾覆也，吾不知天地之大全也。」類例甚多，茲不詳列。《說苑·敬慎》中的孔子觀於周廟欹器後，發抒的一番議論又通於《淮南子·道應》與《文子·九守》。且《淮南子》以孔子此言為老子語錄的注疏。《文子》則徑以為老子之言。又《敬慎》中孔子讀《易》，與子夏論「損益」之道，也全是黃老之言。這些事實都可以證明《敬慎》中的《金人銘》是在黃老思想流行的氛圍中產生的。

這裡還可舉出一個旁證。《史記·魏其武安侯列傳》：「（田）蚡辯有口，學《槃盂》、諸書。」《集解》引應劭曰：「黃帝史孔甲所作銘也。凡二十九篇，書槃盂中，所為法戒。諸書，諸子文書也。」孟康曰：「孔甲《槃盂》二十六篇，雜家書，兼儒、墨、名、法。」應劭明稱作為法戒語的《槃盂》是黃帝之史孔甲所作，可知《槃盂》必出於戰國時代的黃老學派。考古學已經表明，在夏代之前沒有槃盂這樣的青銅器。黃帝時代早於堯舜，沒有精美的青銅器。

黃老學者編孔子的故事常常也有點線索，並非全部虛構。如《敬慎》稱孔子是在周之太廟見到《金人銘》，而不在別處，是根據《論語·八佾》：「子入太廟，每事問。」何晏《論語集解》引包注：「太廟，周公廟。孔子仕魯，魯祭周公而助祭也。」〔註28〕《論語·鄉黨》：「入太廟，每事問。」何晏《論語集解》引鄭玄注：「為君助祭也。太廟，周公廟也。」〔註29〕《論語》舊注皆以孔子入魯之太廟（祭祀周公之廟），而《說苑》卻說孔子入周之太廟。這分明是編寫《金人銘》的人傳聞失真，把孔子入周觀書和孔子入太廟二事混合在一起，就成了孔子觀於周之太廟。這就是很大的破綻，王中江相信孔子曾參觀周之太廟，我認為這是不可能的，以孔子的身份沒有資格進入周王室的太廟。

〔註27〕另見《史記·老子列傳》。
〔註28〕參看黃懷信等《論語彙校集釋》250～252 頁，上海古籍出版社，2008 年。另參看楊逢彬《論語新注新譯》56 頁，北京大學出版社，2016 年。
〔註29〕參看黃懷信等《論語彙校集釋》933 頁，上海古籍出版社，2008 年。

《金人銘》又何以在太廟中發現呢？這是因為在太廟中有很多祭器和樂器，而這些祭器、樂器中多是青銅器，也就是吉金所鑄之器。

考（1）《左傳·襄公十九年》：「且夫大伐小，取其所得以作彝器。」杜注：「謂鍾鼎為宗廟之常器。」

（2）《左傳·昭公七年》的杜注，正考父之鼎陳放在正考父的廟中。

（3）《禮記·雜記下》：「凡宗廟之器，其名者。」鄭注：「宗廟名器謂尊彝之屬。」

（4）《漢書·郊祀志上》：「鼎宜視宗禰廟，臧於帝庭，以合明應。」

（5）《漢書·郊祀志下》：「是時，美陽得鼎，獻之。下有司議，多以為宜薦見宗廟，如元鼎時故事。」

（6）《尚書·洪範》：「武王既勝殷，邦諸侯，班宗彝。」孔傳：「賦宗廟彝器酒尊賜諸侯。」

（7）《孟子·梁惠王下》：「今燕虐其民，王往而征之，民以為將拯己於水火之中也，簞食壺漿以迎王師。若殺其兄父，係累其子弟，毀其宗廟，遷其重器，如之何其可也？」重器是宗廟中的青銅器。

正因為太廟中多有吉金之器〔註30〕，所以《金人銘》的作者就編出金人在太廟中的故事。古人編寓言還是有點影子的。但是太廟為天子或諸侯王的祭祀重地。在太廟中的大事為祭祖、祭神。古人在行征伐之事時，天子或諸侯必告於太廟，以求神靈及祖先保佑行軍吉利。縱然真有《金人銘》，又豈能放置太廟之中？《金人銘》全是老於世故的明哲保身的處世哲學，其言與莊嚴的太廟聖地焉能相容？我們現在就考察古人在吉金器上作銘文的功用和特徵。

先看看文字學家們的論述。裘錫圭《文字學概要》四《形體的演變（上）》（三）《六國文字》〔註31〕52 說：「從西周後期到戰國早期，銅器銘文中習見的內容並無很大變化，主要是器主敘述作器原由，以及祝願子孫保有器物等類的話。」陳世輝、湯餘惠《古文字學概要》〔註32〕第三章《古文字資料概述》第二節《青銅器銘文》對青銅器銘文的功用和特徵竟沒有說明。在學者們的論著中，陳煒湛、唐鈺明《古文字學綱要》〔註33〕中編《分論》第二章第一節《銅器》概括西周金文的主要功用，列舉了六點：祭祀典禮、頌揚先

〔註30〕「吉金」的意思是質量很好的上等青銅。
〔註31〕修訂本，商務印書館，2013 年版。58 頁。
〔註32〕福建人民出版社，2011 年版。
〔註33〕第二版，中山大學出版社，2009 年。70～71 頁。

祖、征伐紀功、賞賜冊命、訓誥臣下、刑典契約，絕無格言警句。然而各家均未能從文獻中詳盡地採集資料。今就見聞所及，我從文獻中收集到以下的材料，可以考證出古人對於金文的認識：

（1）《左傳・襄公十九年》：「季武子以所得於齊之兵，作林鍾，而銘魯功焉。臧武仲謂季孫曰『非禮也。夫銘，天子令德（杜注：天子銘德不銘功）。諸侯言時計功，（杜注：舉得時、動有功，則可銘也）。大夫稱伐（杜注：銘其功伐之勞）。今稱伐，則下等也。計功，借人也。言時，則妨民多矣。何以為銘？且夫大伐小，取其所得以作彝器（杜注：謂鍾鼎為宗廟之常器），銘其功烈，以示子孫，昭明德而懲無禮也。今將借人之力，以救其死，若之何銘之？」嚴鐵橋《全後漢文》卷七十四錄蔡邕《銘論》對《左傳》此文詮釋頗詳。《銘論》且曰：「鍾鼎禮樂之器，昭德紀功，以示子孫。」

（2）《左傳・僖公二十五年》：「衛侯燬滅刑，同姓也。故名。禮至為銘曰『余掖殺國子，莫余敢止』。」杜注：「惡其不知恥，詐以滅同姓，而反銘功於器。」

（3）《左傳・昭公三年》晉國的叔向對晏子論晉國為季世，引《讒鼎之銘》曰：「昧旦不顯，後世猶怠。」杜注以讒鼎為鼎名。孔疏引服虔說謂讒鼎即《明堂位》之「崇鼎」，又引「一云」謂讒是地名。當以作地名為確切。

（4）《左傳・昭公七年》錄有正考父之鼎銘（杜注：考父廟之鼎）云：「一命而僂，再命而傴，三命而俯。循牆而走，亦莫余敢侮。饘於是，鬻於是，以餬余口。」〔註34〕

（5）《禮記・祭統》：「夫鼎有銘。銘者，自名也。自名以稱揚其先祖之美，而明著之後世者也。為先祖者，莫不有美焉，莫不有惡焉。銘之義，稱美而不稱惡。此孝子孝孫之心也。唯賢者能之。銘者，論譔其先祖之有德善、功烈、勳勞、慶賞、聲名。列於天下，而酌之祭器，自成其名焉，以祀其先祖者也。顯揚先祖，所以崇孝也。……故君子之觀於銘也，既美其所稱，又美其所為。為之者，明足以見之；仁足以與之；知足以利之。可謂賢矣。賢而勿伐，可謂恭矣。故衛孔悝之鼎銘曰：『六月丁亥。公假於大廟。公曰：叔舅，乃祖莊叔，左右成公。成公乃命莊叔隨難於漢陽，即宮於宗周。奔走無射，啟右獻公。獻公乃命成叔纂乃祖服。乃考文叔，興舊耆欲，作率慶士，躬恤衛國。其勤公家，夙夜不解。民咸曰休哉。公曰：叔舅，予女銘。若纂

〔註34〕《史記・孔子世家》饘作粥。

乃考服。悝拜稽首曰：對揚以辟之，勤大命。施於烝彝鼎』。此衛孔悝之鼎銘也。古之君子。論譔其稱祖之美，而明著之後世者也。以比其身，以重其國家如此。子孫之守宗廟社稷者，其先祖無美而稱之，是誣也。有善而弗知，不明也。知而弗傳，不仁也。此三者君子之所恥也。」〔註35〕這一段文獻闡述青銅器銘文的功用最為詳悉。

（6）《周禮・考工記》稱「量」有銘曰：「時文思索，允臻其極。」鄭注：「言是文德之君思求可以為民立法者而作此量，信至於道之中。」

（7）《周禮・夏官司馬・司勳》：「凡有功者，銘書於王之大常，祭於大烝。」鄭注：「生則書於王旌以識其人與其功也。死則於烝先王祭之詔。」

（8）《墨子・魯問》：「攻其鄰國，殺其民人，取其牛馬粟米貨財，則書之於竹帛，鏤之於金石，以為銘於鍾鼎，傳遺後世子孫，曰『莫若我多』。」

（9）《荀子・禮論》：「其銘誄繫世以敬傳其名也。」

（10）《呂氏春秋・求人》：「故功績銘乎金石，著於盤盂。」

（11）《呂氏春秋・慎勢》：「夫欲定一世，安黔之命，功名著乎槃盂，銘篆乎壺鑑。」

（12）《左傳・昭公十五年》：「夫有勳而不廢，有績而載，奉之以土田，撫之以彝器，旌之以車服，明之以文章，子孫不忘。」此二文皆以彝器為賞賜有功之用。

（13）《論衡・須頌》：「故夫古之通經之臣，經主令功，紀於竹帛。頌上令德，刻於鼎銘。」

（14）《釋名・釋言語》：「銘者，名也。記名其功也。」

（15）《文心雕龍・銘箴》：「蓋武仲之論銘也，曰：天子令德，諸侯記功，大夫稱伐。夏鑄九牧之鼎，周載肅慎之楛矢，令德之事也；呂望銘功於昆吾，仲山鏤績於庸器，記功之義也；魏顆紀勳於景鍾，孔悝表勤於衛鼎，稱伐之類也。」

（16）《漢書・郊祀志下》載張敞之言曰：「臣愚不足以跡古文，竊以傳記言之，此鼎殆周之所以襃賜大臣，大臣子孫刻銘其先功，臧之於宮廟也。」

（17）據說銘文還可以記盟約。《周禮・秋官・司約》：「凡大約劑，書於宗彝。」鄭玄注：「大約劑，邦國約也。書於宗廟之六彝，欲神監焉。」後來的石刻也是以記功明德為主，如《後漢書・竇融列傳》稱「憲、秉遂登燕然山

〔註35〕《論衡・須頌》：「衛孔悝之鼎銘，周臣勤行。」

刻石勒功，紀漢威德，令班固作銘曰」云云。班固的《燕然山銘》就稱：「乃遂封山刊石，昭銘上德。」

根據以上材料，可知吉金文是用於銘刻德善、功烈、勳勞、慶賞、聲名等事蹟，以傳揚於後世。吉金文必主記事寫實，不得空言道德哲理。決無喻世明言或醒世恒言。我國吉金之器有銘文者已達 1 萬 5 千件左右，僅僅《殷周金文集成》已錄有銘文 12113 篇，加上新近出土的青銅器銘文，無一篇言及處世哲學。郭沫若《金文叢考》〔註36〕中《〈湯盤〉〈孔鼎〉之揚搉》已曰：「殷、周古器傳世頗多，其有銘者已在三、四千具以上，曾無一例純作箴規語者。」古人從不把格言哲理銘刻於吉金之上，這是古代通例。王中江《根源、制度和秩序：從老子到黃老》〔註37〕第三章《老子的學說與〈金人銘〉和黃帝記憶》列舉了上古文獻中的四個有格言性質的青銅器銘文來證明上古時代存在將格言警句鑄造在青銅器上的現象。其中的第一個就是湯盤，已經被郭沫若徹底駁倒，顯然不能作為證據。第二是《左傳‧昭公三年》晉國大臣叔向所引的《讒鼎之銘》「昧旦丕顯，後世猶怠」。杜注以讒鼎為鼎名。孔疏引服虔說謂讒鼎即《明堂位》之「崇鼎」，又引「一云」謂讒是地名。內容過於簡略，性質尚待考證。第三是《國語‧晉語一》、第四是《周禮‧考工記》所引的銘文的性質有待於進一步的考證，或許是真實的，但與《金人銘》無關。但在傳世和考古發現的 15000 件左右的青銅器中都沒有證據。上古流行傳播智慧的法語，本書有《法語考》，論證頗詳。《古文尚書》有《五子之歌》載有夏禹王治國的智慧留贈子孫，沒有銘寫在青銅器上。

雖然金文的種類頗多，其中自漢代以來的銅鏡上的銘文也多作吉祥祝福之意，並沒有專言道德哲理的，可參看孔祥星、劉一曼《中國銅鏡圖典》〔註38〕、鵬宇《漢鏡銘文匯釋》〔註39〕，此二書收錄銅鏡銘文甚完備。另外，古人也常常在青銅刀劍上刻銘文，文甚短，常為二字，往往是對這種刀劍取的名字。最多不過七、八字，以記造刀劍之人或昭德明志。但是個別青銅刀劍上的銘文頗類格言。據陶弘景《古今刀劍錄》，秦昭襄王曾鑄有一劍，有銘文『戒大』二字。不過，類似的情況很少，而且陶弘景的記載也未必一定可靠。像《金人銘》

〔註36〕見《郭沫若全集‧考古編》第五卷，科學出版社，2002 年。
〔註37〕中國人民大學出版社，2018 年。55 頁。
〔註38〕文物出版社，1992 年。
〔註39〕雲南人民出版社，2022 年。

這樣長篇大論在青銅器上鑄造智慧格言的現象，在中國以前斷然沒有可能。沒有任何證據可以支持《金人銘》產生於春秋時代或更早。

我更以為《金人銘》的產生不僅在戰國末期或漢初，且可能與異族相關。《賈誼新書·過秦上》〔註40〕謂秦始皇「收天下之兵，聚之咸陽，銷鋒鏑，鑄以為金人十二。」《史記·秦始皇本紀》：「收天下之兵，聚之咸陽，銷以為鍾鐻，金人十二，重各千石，置廷宮中。」此為秦始皇二十七年之事〔註41〕。《索隱》：「二十六年，有長人見於臨洮。故銷兵器，鑄而象之。」《漢書·五行志》：「二十六年，有大人長五丈，足履六尺，皆夷狄服，凡十二人，見於臨洮。故銷兵器，鑄而象之。」《三輔舊事》：「聚天下兵器，鑄銅人十二，各重二十四萬斤。」而臨洮為古西羌之地。秦始皇鑄十二長大金人（銅人），是擬象出現於臨洮的十二個外族巨人。又《史記·匈奴列傳》謂霍去病出隴西擊匈奴，「破得休屠王祭天金人」。《集解》引《漢書音義》：「故休屠有祭天金人，象祭天人也。」《索隱》引韋昭曰：「作金人以為祭天主。」又引崔浩曰：「胡祭以金人為主，今浮圖金人是也。」《正義》：「按，金人即今佛像，是其遺法，立以為祭天主也。」《漢書·金日磾傳》稱霍去病「虜獲休屠王祭天金人。」同篇《贊》曰：「本以休屠作金人，為祭天主。」《漢書·衛青霍去病傳》亦稱霍去病「收休屠祭天金人」。如淳曰：「祭天以金人為主也。」《漢書·地理志》：「雲陽。」小字注：「有休屠、金人及徑路神祠三所。」匈奴以金人祭天當無可疑。今觀霍去病在隴西千里獲匈奴的金人，而秦始皇時的十二個巨人也是出現於西羌的臨洮〔註42〕。我以為秦始皇本是根據匈奴人祭天的習俗而鑄成「金人」。所以我說秦代關於「金人」的觀念與異族有關。後來的《魏書·釋老志》、《漢武故事》皆附會匈奴的「金人」為佛。實則，在秦始皇鑄造金人的時候，在古印度和犍陀羅都還沒有出現佛像。

但是《金人銘》是否是在秦始皇鑄造金人之後才有可能出現呢？這是不好輕易斷言的。因為現代考古學表明我國上古製作青銅器人像的時代相當早。三星堆考古發現有青銅人物雕像82尊，其中有全身像10尊。有一著名的最大立人像通高260釐米。三星堆文化早至商代，而且其中的青銅人物雕像據學者們考證乃受有西亞、埃及文化的影響。製造《金人銘》的人可能知道在遠古時代

〔註40〕 查看閻振益、鍾夏《新書校注》，中華書局點校本，2000年。

〔註41〕 《史記·六國年表》以「為金人十二」在二十七年。

〔註42〕 秦始皇鑄十二金人，蓋是為象徵黃道周天十二宮。

已經有金人的存在。但三星堆和金沙遺址的青銅人像，都沒有任何銘文，是否是漢民族文化尚不可知，因為在三星堆文化的考古中沒有發現任何漢字。如此高度發達的青銅文明居然沒有漢字，我們只能推斷三星堆文化的主人不是漢民族〔註43〕。

但我們仍然認為《金人銘》的產生不能早於戰國末年。可能是漢初的黃老學者利用了「金人」的觀念，再加上孔子有入周都洛陽之事，孔子又有入太廟之事，從而編制了《金人銘》。

我再舉一條證據：《三國志》卷2《魏書》21稱衛恒《四體書勢》「其序篆書曰：『秦時李斯號為工篆，諸山及《銅人銘》皆斯書也』。」〔註44〕《水經注》卷4曰：「故衛恒敘篆曰：『秦之李斯，號為工篆。諸山碑及《銅人銘》，皆斯書也』。漢自阿房徙之未央宮前。俗謂之翁仲矣。地皇二年，王莽夢銅人泣，惡之，念《銅人銘》有『皇帝初兼天下』文，使尚方工鑴滅所夢銅人膺文。」《漢書‧王莽傳下》也說：「莽夢長樂宮銅人五枚起立，莽惡之，念《銅人銘》有『皇帝初兼天下』之文，即使尚方工鑴滅所夢銅人膺文。」《銅人銘》的字面意思就是《金人銘》〔註45〕。據以上各證，可知秦代的李斯曾書有《銅人銘》。但其內容與黃老思想毫無關係，觀其文有『皇帝初兼天下』之類字樣，就可以確證。漢初的黃老學者對《銅人銘》之事有所風聞，便借題發揮，編造了黃老學派版的《金人銘》。

為何此銘文選定了金人三緘口呢？我以為這是有文字上的寓意。《釋名‧釋天》：「金，禁也。」《白虎通》卷四「五行」條曰：「金之為言禁也。」《說文》：「金者，禁也。」而「噤」字正是閉口不言之意。《說文》：「噤，口閉也。」《廣韻》同。玄應《一切經音義》卷十二引《通俗文》曰：「口不開曰噤。」《史記‧晁錯列傳》：「且臣恐天下之士噤口。」《史記‧日者列傳》：「悵然噤口不能言。」〔註46〕《呂氏春秋‧重言》：「君呿而不唫。」高注：「唫，閉也。」

〔註43〕三星堆有不少青銅突目人頭像，這是三星堆文化的重大考古發現。但是，在古印史前文明的哈拉帕文化中考古發現了陶土的突目人頭像，參看美國學者喬森納‧馬克‧基諾耶著《走近古印度城》（張春旭翻譯，浙江人民出版社，2000年）182頁的附圖，與三星堆的青銅突目人像明顯相似。

〔註44〕亦見《晉書‧衛恒傳》。

〔註45〕漢代宮廷中確實有銅人的存在。如《漢書‧郊祀志下》：「建章、未央、長樂宮鐘虡銅人皆生毛，長一寸所。」師古曰：「虡，神獸名也，縣鐘之木刻飾為之，因名曰虡也。」

〔註46〕《索隱》「噤」音禁。

唫即噤字異體〔註47〕。據此各證，可知「金」為「噤」的諧音字和雙關語。所以「金人」才能用以比喻「三緘其口」的慎言人。如此精心的設計，顯然是才智之士有所為的創作。

我在完成此文後偶然讀到王樹民的《『金人三緘其口』試解》〔註48〕一文。王氏說：「『金人三緘其口』這句話的來歷至少應起源於戰國時期。」王樹民也認為《金人銘》是附會到孔子身上的，本與孔子無關，而與黃老學派有關。但王氏此文並非學術性論文，沒有作什麼考證。讀者可以將拙文與王氏之文比觀。

〔註47〕 此可比較《莊子·秋水》：「口呿而不合。」《管子·小問》：「口開而不闔。」
〔註48〕 見王氏著《曙庵文史雜著》，中華書局，1997年。

論先秦儒家「刑罰」觀的發展——叔向、《論語》、《孟子》、《荀子》「刑罰」觀的比較研究

提要：

　　春秋時代的晉國大臣叔向對子產的批評所體現出的刑罰觀不同於孔子和孟子的刑罰觀，但已經提出了仁義禮信、教育感化和刑罰威懾並用以治國的思想，這種思想是《荀子》的先驅。作為法家的子產的法治觀其實並沒有完全排斥仁義道德，與戰國時代的商鞅、韓非的法家思想有所不同。《論語》沒有完全排斥刑罰，但主張仁義道德高於刑罰。《孟子》主張仁政，排斥刑罰，完全否定法家思想，與孔子不同。《荀子》主張儒法互補，儒法並用，而以儒高於法，禮義忠信高於刑罰。作為儒家的《荀子》高度讚美秦國的法治主義，這是值得注意的，表明《荀子》是儒法互補的思想，不是純粹的儒家。《荀子》儒法互補的思想正是中國自漢代以來二千多年中央政治治國的主流思想，因此可以說我國二千多年的封建政治是荀學，而不是孔學、孟學或商韓之學。強大的秦朝純用法家思想治國，僅十幾年就亡國。漢朝先以黃老之術治國，漢武帝以後的治國理念是儒法互補，所以長久持國，這正是在客觀上沿襲了《荀子》的治國思想。

關鍵詞：刑罰　叔向　論語　孟子　荀子　法家

　　春秋時代的學術文化已經非常發達，戰國時代更是百家爭鳴。《尸子・廣澤》篇稱：「墨子貴兼，孔子貴公，皇子貴衷，田子貴均，列子貴虛，料子貴別，囿其學之相非也數世矣，而已皆弇於私也。」對各家核心思想的高度概括十分精

到。但《尸子》說百家「己皆弆於私也」，這並非公論。百家爭鳴都是為了救世，並非出於私心。《尸子》說百家各有自己的根本主張以相互批評，這卻是事實。《呂氏春秋・不二》稱：「老耽貴柔，孔子貴仁，關尹貴清，子列子貴虛，陳駢貴齊，陽生貴己，孫臏貴勢，王廖貴先，兒良貴後。」這些學術概括十分精準。《尸子・廣澤》和《呂氏春秋・不二》都沒有對法家思想予以點評，不免令人稍感遺憾。《莊子・天下》篇、《史記》的《論六家要旨》也沒有評論法家。

　　法家思想的誕生在春秋時代〔註1〕，晉國大臣和思想家叔向對鄭國法家子產的刑罰政策的批評極其深刻。《論語》的刑罰觀是原始儒家的思想，《孟子》的刑罰觀與《論語》有所不同。在戰國百家爭鳴的背景中誕生了一位傑出思想家荀子。荀子是我國文化史上最偉大的思想家和學者之一，也是極其偉大的批評家〔註2〕。《荀子》一書是非常傑出的學術文化名著，列為世界思想文化名著，毫無愧色。從《荀子》開始，儒家思想與法家思想相雜糅。《荀子》不僅是儒家思想文化的巨著，也有明顯的法家色彩，其提倡的儒法互補而以儒為主的思想支配了兩千多年的封建政治。中國從西漢帝國開始，直到清朝滅亡，奉行的治國方略不是純粹的孔學，也不是純粹的孟學，而是提倡儒法互補的荀學。

　　關於本文的有關研究，前人往往語焉不詳，如蕭公權《中國政治思想史》〔註3〕、劉澤華著《中國政治思想通史・先秦卷》〔註4〕、劉澤華主編《中國

〔註1〕後代學者一般將《管子》歸入法家，例如《韓非子・五蠹》：「藏商管之法者家有之。」將商君和管子並列。但是《漢書・藝文志》把《管子》歸入道家類：「《管子》八十六篇。名夷吾，相齊恒公，九合諸侯，不以兵車也。有《列傳》。」大概是因為管仲輔佐桓公稱霸諸侯，「不以兵車」。不是炫耀武力，而是以仁德收服諸侯之心，所以《藝文志》將《管子》歸類入道家者流。這樣的歸類實在有些牽強。

〔註2〕《漢書・藝文志》：「大儒孫卿及楚臣屈原離讒憂國，皆作賦以風，咸有惻隱古詩之義。」整部《藝文志》稱大儒的只有荀子一人。《文心雕龍・才略》：「荀況學宗，而象物名賦，文質相稱，固巨儒之情也。」《文心雕龍》稱荀子為「學宗」。戰國末期的儒家經典多由荀子學派所傳。唐朝韓愈稱《荀子》為「大醇小疵」尚不足以盡《荀子》之美。近代國學家章太炎《訄書》初刻本之《尊荀》論《荀子》之後王和法後王，恐不符合《荀子》原意。章太炎《訄書》重刻本和《檢論》都刪除此篇，改為《訂孔》，而《尊荀》與《訂孔》內容有天壤之別，並非僅是題目不同而已。參看《章太炎全集》之《訄書初刻本・訄書重刻本・檢論》。章太炎撰，朱維錚點校：《章太炎全集》第三卷《訄書初刻本・訄書重刻本・檢論》，上海：上海人民出版社，2014年版。

〔註3〕劉夢溪主編《中國現代學術經典》之《蕭公權卷》，河北教育出版社，1999年版。

〔註4〕中國人民大學出版社，2014年。

政治思想史‧先秦卷》〔註5〕、陶希聖《中國政治思想史》〔註6〕都很少論及。法家思想史的有關論著也往往不涉及本文的研究。

一、《左傳》叔向關於「刑罰」的思想

　　我國關於「刑罰」的思想和政治產生於上古，在夏朝以前已經存在。《尚書》中關於「刑」的記載甚多。例如《尚書‧舜典》稱：「象以典刑，流宥五刑，鞭作官刑，撲作教刑，金作贖刑，眚災肆赦，怙終賊刑。欽哉，欽哉，惟刑之恤哉！」這是夏朝以前就有的極為重要刑罰思想和制度。「象以典刑」的意思是將不變的常刑畫成圖像〔註7〕，懸掛出來，讓民眾觀瞻，使得民眾有所敬畏，不敢違法亂紀。裘錫圭先生《甲骨文中所見的商代五刑》〔註8〕利用甲骨文資料專門研究了商代的五刑。《尚書‧周書》有周穆王時代的《呂刑》〔註9〕。西周以前稱述「刑」的地方很多，治國平天下，非有「刑」不可，只是不能專任刑罰。到了春秋時期，刑罰也廣泛得到施行。《左傳‧僖公二十八年》：「晉侯有疾，曹伯之豎侯孺貨筮史，使曰：『以曹為解。齊桓公為會而封異姓，今君為會而滅同姓。曹叔振鐸，文之昭也。先君唐叔，武之穆也。且合諸侯而滅兄弟，非禮也。與衛偕命，而不與偕復，非信也。同罪異罰，非刑也。禮以行義，信以守禮，刑以正邪，捨此三者，君將若之何？』公說，復曹伯，遂會諸侯於許。」曹共公的親信侯孺賄賂晉國的筮史，請求他在晉文公面前為曹共公說好話，爭取釋放被晉國羈押的曹共公。雖是縱橫家言，也頗合情理，所以晉文公同意釋放曾經無禮於己的曹共公。「同罪異罰，非刑也。禮以行義，信以守禮，刑以正邪」，這些理念正是春秋時代統治階層的比較普遍的觀念，體現了當時人們對「刑」的理解。

　　春秋時，鄭國的執政大臣子產〔註10〕為了整肅國政和社會的混亂，鑄造了

〔註 5〕修訂本，浙江人民出版社，2020 年。

〔註 6〕中國大百科全書出版社，2009 年版。

〔註 7〕典訓常，典刑是常刑。象，就是畫成圖像。

〔註 8〕裘錫圭《裘錫圭學術文集》第一卷《甲骨文卷》，上海：復旦大學出版社，2012 年版，第 1～6 頁。

〔註 9〕關於夏商西周的法律，參看胡留元、馮卓慧《夏商西周法制史》，商務印書館，2009 年。浦堅主編《中國法制通史》第一卷《夏商周》，法律出版社，1999 年。

〔註10〕對子產行事記載最詳細的文獻就是《左傳》。馬驌《繹史》卷 74《子產相鄭》收錄子產的資料甚詳，頗便於參考。馬驌撰，劉曉東等點校：《繹史》卷 74《子產相鄭》，濟南：齊魯書社，2003 年版，第 1376 頁。張蔭麟《中國史綱》第

刑書，厲行嚴酷的法治，受到晉國大臣叔向的嚴厲批判，從中可以看出叔向對於法家專任「刑罰」的批判態度和一些深刻思想。考《左傳·昭公六年》〔註11〕：

三月，鄭人鑄刑書。叔向使詒子產書，曰：「始吾有虞於子，今則已矣。昔先王議事以制，不為刑辟，懼民之有爭心也。猶不可禁禦，是故閑之以義，糾之以政，行之以禮，守之以信，奉之以仁，制為祿位以勸其從，嚴斷刑罰以威其淫。懼其未也，故誨之以忠，聳之以行，教之以務，使之以和，臨之以敬，蒞之以強，斷之以剛。猶求聖哲之上，明察之官，忠信之長，慈惠之師，民於是乎可任使也，而不生禍亂。民知有辟，則不忌於上，並有爭心，以徵於書，而徼幸以成之，弗可為矣。夏有亂政而作《禹刑》，商有亂政而作《湯刑》，周有亂政而作《九刑》，三辟之興，皆叔世也。今吾子相鄭國，作封洫，立謗政，制參辟，鑄刑書，將以靖民，不亦難乎？《詩》曰：『儀式刑文王之德，日靖四方。』又曰：『儀刑文王，萬邦作孚。』如是，何辟之有？民知爭端矣，將棄禮而徵於書。錐刀之末，將盡爭之。亂獄滋豐，賄賂並行，終子之世，鄭其敗乎！肸聞之，國將亡，必多制，其此之謂乎！」覆書曰：「若吾子之言，僑不才，不能及子孫，吾以救世也。既不承命，敢忘大惠？」

這是公元前536年的事。要注意的是孔子的《春秋經》對這年子產鑄刑書的事沒有提及，更沒有發表評論，倒是晉國大臣叔向致信子產，反對子產「鑄刑書」和專任刑罰，而放棄禮治，叔向有明顯的儒家傾向，與後來孔子的儒家學派的觀念相當契合。叔向的觀點非常深刻。主要內容可以分析如下：

1. 先王「議事以制」，即由多人評估事情的性質輕重，來做裁斷〔註12〕，

三章《霸國與霸業》第五節《鄭子產》一節對子產有討論，也只是一般性的敘述，而且沒有引述和討論叔向給子產的這封極為重要的信。收入《張蔭麟全集》上卷〔〔美〕陳潤成，李欣榮編：《張蔭麟全集》上卷，北京：清華大學出版社，2013年版，第68～71頁。吳愛琴《鄭國史》（科學出版社，2020年）第五章《七穆專政與鄭國的滅亡》第二節《子產與鄭國》對子產有專門闡述，比較詳細。142～165頁。顧德融、朱順龍《春秋史》（上海人民出版社，2001年）第六章第三節四《鄭國七穆掌權，子產改革》對子產作出專門的論述，全書其他地方涉及子產的有很多。

〔註11〕 楊伯峻編著《春秋左傳注》修訂本，北京：中華書局，2016年版，第1410～1414頁。

〔註12〕《左傳》此言的意思不是靠民主討論，集思廣益來制定政策和處理事務，因此此言並不包含民主討論的思想。「議」通「儀」，訓「度」。「制」訓「斷」。參看吳靜安撰：《春秋左氏傳舊注疏證續》二，吉林：東北師範大學出版社，2005年版，第946頁。

不依靠刑罰來治理國家，即「不為刑辟」。因為先王「懼民之有爭心也」。

2. 光靠評估討論和決策還不夠，還需要「閑之以義，糾之以政，行之以禮，守之以信，奉之以仁」，多管齊下，才能有效地治理民眾。可貴的是叔向已經意識到了純粹的評估討論是行不通的，必須要靠「義、政、禮、信、仁」來做規範，與評估討論相結合，才有合理的政治決策，這是極為難得的思想。

3. 還要「制為祿位以勸其從」，對民眾要用榮華富貴來勸導其順從政府。這是要對民眾施恩，要讓民眾中的精英有出路，有上升的希望。

4. 還要「嚴斷刑罰以威其淫」，對於太過分的行為和放縱的行為，要用「嚴斷刑罰」來制裁。可見叔向知道治理國家不能專靠教育和施恩，對惡人要用刑罰予以嚴屬制裁，這樣才能制止惡人過分的暴行。

5. 還要「誨之以忠，聳之以行，教之以務，使之以和，臨之以敬，蒞之以強，斷之以剛」，對人民進行教育和引導，教育人民要盡職敬業，還要以身作則，教育人民如何具體做事，在差遣民眾時領導人要和藹、恭敬、莊嚴、權威，做出決斷時要剛毅，不能懦弱。

6. 同時「猶求聖哲之上，明察之官，忠信之長，慈惠之師」，要有英明的賢君、善於明辨的清官、忠信的領導、仁慈而有智慧的明師來教育啟發民眾，這樣人民才會順從政府的命令。

7. 叔向還提出一個有意義的思想：如果人民知道有法律作為最高權威，完全依靠法律來行事，那麼人民就會引證《刑書》來對抗國君和政府官員，並與政府相抗爭，希求達到自己的目的。這樣一來，人民就不可能得到政府的有效管理。即《左傳》「民知有辟，則不忌於上，並有爭心，以徵於書〔註13〕，而徼幸以成之，弗可為矣。」〔註14〕這是很有啟發性的很獨到的思想。叔向已經認識到人民會依據法律或鑽法律的空子來和政府過不去，心存僥倖。

8. 叔向還指出：「夏有亂政而作《禹刑》，商有亂政而作《湯刑》，周有亂政而作《九刑》，三辟之興，皆叔世也。」夏、商、西周三代制作刑罰，都是在混亂的末世，應該說是不得已而制作了刑罰。

9. 子產的「嚴斷刑罰」不能治理民眾。

〔註13〕這是專指子產鑄造的《刑書》。
〔註14〕叔向的這點思想有點類似近代日本在頒布《民法》後，日本有著名法學家穗積陳重發表了《民法出忠孝亡》一文，稱：《民法》出，則忠孝亡。這也是認為法律與道德相對立，法律可能破壞道德。這個觀點是深刻的。

10. 叔向認為「民知爭端矣，將棄禮而徵於書〔註15〕。錐刀之末，將盡爭之〔註16〕。」這段話的思想非常重要。叔向明確認為刑罰與禮義道德相對立，完全以刑罰作為行事的指南，那麼民眾會放棄禮義道德，只要不犯法的事都會拼命去追逐每一個細微的利益，不顧道義廉恥。民眾因而將喪失道義感、羞恥心等等，只會唯利是圖。《晉書・阮種傳》：「若廉恥不存，而惟刑是御，則風俗凋弊，人失其性，錐刀之末，皆有爭心，雖峻刑嚴辟，猶不勝矣。」這段話正可為叔向之言作注解。叔向的這個見解可以說極為深刻。

11. 叔向認為刑罰太嚴苛，容易導致「亂獄滋豐，賄賂並行。」叔向的這個見解也很重要，認為刑罰嚴酷，會導致很多冤假錯案，並且民眾為了免於亂獄，會因此而行賄。刑罰刻毒會產生「賄賂並行」，這是很獨到的思想，往往被學術界忽略。叔向於是預言「終子之世，鄭其敗乎！」

12. 叔向還指出：「國將亡，必多制。」國家要滅亡的一大徵兆就是國家的政治制度和法制措施繁雜細苛，人民難以遵從，甚至難以忍受〔註17〕。這既是對法家的批判，也是戰國時代的黃老無為而治思想的發端。叔向對子產的批判完全適用於對後來大秦帝國的苛酷法律的批判。

以上十二點，是叔向的主要思想。可知叔向是春秋時代極為偉大的政論家，他對子產法治主義的批判十分睿智深刻，敏銳地指出了法家的侷限。我們

〔註15〕即《刑書》。
〔註16〕《左傳》「錐刀之末」猶言「錐刀之小利」。杜預注：「錐刀，喻小事也。」「錐刀」乃是說很小的利益。《漢書・刑法志》引叔向此文：「錐刀之末，將盡爭之。」顏師古曰：「喻微細。」《後漢書・輿服志上》：「爭錐刀之利，殺人若刈草然。」錐刀之利，即細微之利。《晉書・衛瓘傳》：「人棄德而忽道業，爭多少於錐刀之末，傷損風俗，其弊不細。」言細微之末利。《梁書・武帝本紀》：「風流遂往，馳騖成俗，媒孽誇炫，利盡錐刀。」連錐刀末利也要貪婪。而《呂氏春秋・下賢》稱：「錐刀之遺於道者，莫之舉也。」《韓非子・外儲說左上》：「子產為政，國無盜賊，錐刀遺道，三日可反。」《呂氏春秋》、《韓非子》都將《左傳》此文解釋為子產法治的結果是「路不拾遺」，這是正確的。另參看吳靜安撰《春秋左氏傳舊注疏證續》（華東師範大學出版社，2005 年）二，第952 頁。
〔註17〕杜預注「多制」為「數改法」。不確。今不取杜說。洪亮吉撰，李解民點校《春秋左傳詁》（北京：中華書局，2004 年版）第 673 頁；吳靜安撰《春秋左氏傳舊注疏證續》華東師範大學出版社，2005 年）二，第 953 頁，都對此無說。考《資治通鑑》卷五十七的臣光曰，司馬光引述了叔向的「國將亡，必多制」，然後說：「凡中外之臣，有功則賞，有罪則誅，無所阿私，法制不煩，而天下大治。」則司馬光也是將「多制」解釋為「法制煩瑣」，並非多次變法。見司馬光編撰，胡三省音注《資治通鑑》，北京：中華書局，2011 年版，第 1876 頁。

可以說整個春秋戰國時代沒有人能夠如同叔向一樣深刻認識到法家的缺點和危害，後來的孔子、孟子都沒有如此深刻地批判過法家，在深度上也遠遠超過《史記‧商君列傳》中的太史公對商君的批判。但子產拒絕叔向的勸告，堅持自己的法治理念是「吾以救世也」〔註18〕。《左傳‧昭公十六年》子產對富子發脾氣，稱：「辟邪之人而皆及執政，是先王無刑罰也。」《左傳‧昭公二十五年》鄭國的子大叔依據子產的觀點對趙簡子稱說禮法，有曰：「為刑罰、威獄，使民畏忌，以類其震曜殺戮；為溫慈、惠和，以傚天之生殖長育。」〔註19〕則制作「刑罰威獄」是效法大自然雷電的「震曜殺戮」。但同時也主張政治要「溫慈惠和」，以效法天生萬物，即後世所謂上天有好生之德。所以春秋時代的法家與戰國時代的商鞅、韓非不同，沒有刻薄寡恩，沒有過度嚴苛。所以叔向批判子產，沒有批判其「刻薄寡恩」，那是因為子產與後來的商鞅不同，對民眾並非刻薄寡恩。從《昭公二十五年》的記載來看，子產同時也重視「禮」，並非完全以「刑罰」代替「禮儀」。子大叔對趙簡子：「吉也聞諸先大夫子產曰：『夫禮，天之經也。地之義也，民之行也。』天地之經，而民實則之。」〔註20〕子產也沿襲了各種古禮，所以與純粹的一斷於法並且否定先王的法家有所不同〔註21〕。

〔註18〕法家自稱為救世主義者，其實儒家也是救世主義者。《冊府元龜》卷四十九：「文帝黃初二年正月詔曰：昔仲尼資大聖之才，懷帝王之器，當衰周之末，無受命之運。在魯衛之朝教化乎洙泗之上，棲棲焉、遑遑焉，欲屈己以存道，貶身以救世於時。王公終莫能用之。」又見魏宏燦《曹丕集校注》，題為《追崇孔子詔》。魏宏燦校注：《曹丕集校注》，合肥：安徽大學出版社，2009年版，第138頁。胡適《中國哲學史大綱》第四篇《孔子》第二章《孔子的時代》：「積極的救世派。孔子對於以上兩派，都不贊成。他對於那幾個辟世的隱者，雖很原諒他們的志趣，終不贊成他們的行為。所以他批評伯夷、叔齊⋯⋯柳下惠、少連諸人的行為。」見姜義華主編：《胡適學術文集‧中國哲學史》上冊，北京：中華書局，1991年版，第58頁。

〔註19〕楊伯峻編著：《春秋左傳注》修訂本，第1621頁。

〔註20〕楊伯峻編著：《春秋左傳注》修訂本，第1620頁。

〔註21〕《左傳‧襄公三十一年》：「子產之從政也，擇能而使之。馮簡子能斷大事，子大叔美秀而文，公孫揮能知四國之為，而辨於其大夫之族姓、班位、貴賤、能否，而又善為辭令，裨諶能謀，謀於野則獲，謀於邑則否。鄭國將有諸侯之事，子產乃問四國之為於子羽，且使多為辭令。與裨諶乘以適野，使謀可否。而告馮簡子，使斷之。事成，乃授子大叔使行之，以應對賓客。是以鮮有敗事。北宮文子所謂有禮也。」從此可知子產善於用人，並不事事都斷於法，且重視外交和辭令，這與戰國法家反對縱橫家（即外交家）完全不同（如《韓非子‧五蠹》視縱橫家為五蠹之一）。所以北宮文子稱為「有禮」，子產施政符合西周春秋的禮文化。《襄公三十一年》記載子產不毀鄉校，孔子評論道：「以是觀之，

二、《論語》關於「刑罰」的思想

孔子在子產和叔向之後，有自己的「刑罰」思想。《論語·子路》有一段名言：子路曰：「衛君待子而為政，子將奚先？」子曰：「必也正名乎！」子路曰：「有是哉，子之迂也！奚其正？」子曰：「野哉由也！君子於其所不知，蓋闕如也。名不正，則言不順；言不順，則事不成；事不成，則禮樂不興；禮樂不興，則刑罰不中；刑罰不中，則民無所措手足。故君子名之必可言也，言之必可行也。君子於其言，無所苟而已矣。」

這是《論語》中孔子關於「刑罰」的論述。在孔子的思想中，治理國家最重要的是「正名」，只有在「正名」之後才能「言順」，其後有「事成」，其後有「禮樂興」，其後有「刑罰中」。孔子也認識到只有「刑罰中」，即量刑準確合理，不輕不重，不冤枉好人，不放過惡人，人民才會有自覺的行為規範，應該說孔子還是意識到刑罰的重要性。但又認為「刑罰中」必須要有一些前提條件，要從「正名」開始，就是要有正確的價值觀〔註22〕。

《論語》關於「刑罰」的論述不僅止於此。孔子也認為專門以「刑罰」治國有明顯的侷限性。考《論語·為政》子曰：「道之以政，齊之以刑，民免而無恥；道之以德，齊之以禮，有恥且格〔註23〕。」孔子認為治理人民如果完全

人謂子產不仁，吾不信也。」因此，在孔子的眼中，子產也不是純粹的法家，因為戰國的法家堅決反對儒家的「仁」。如《商君書·說仁》：「慈仁，過之母也。」《商君書·畫策》：「仁者能仁於人，而不能使人仁；義者能愛於人，而不能使人愛。是以知仁義之不足以治天下也。」《韓非子·五蠹》：「行仁義者非所譽，譽之則害功。」類例甚多。

〔註22〕關於「正名」，參看龐光華《何九盈先生學行述論》（臺灣花木蘭文化事業有限公司，2022年）第二章26～31頁對先秦「正名」文化的研究。

〔註23〕《論語》此文中的「免」訓「逃避、避免」，後面往往接不吉利意思的詞；考《論語·公冶長》子謂南容：「邦有道，不廢；邦無道，免於刑戮。」《左傳·莊公二十二年》：「及於寬政，赦其不閑於教訓而免於罪戾。」稱「免於罪戾」。《左傳·桓公六年》：「君姑修政而親兄弟之國，庶免於難。」稱「免於難」。《左傳·莊公二十三年》：「若免於罪，猶有先人之敝廬在，下妾不得與郊弔。」稱「免於罪」。《左傳·襄公二十六年》：「懼不免於戾。」稱「免於戾」。《易經·解卦》象辭：「險以動，動而免乎險。」稱「免乎險」。《尚書·囧命》：「思免厥愆。」稱「免厥愆」。《禮記·鄉飲酒義》：「斯君子所以免於人禍也。」稱「免於人禍」。《孟子·梁惠王上》：「是故明君制民之產，必使仰足以事父母，俯足以畜妻子，樂歲終身飽，凶年免於死亡。」稱「免於死亡」。《孟子·告子下》：「免死而已矣。」稱「免死」。《莊子·人間世》：「方今之時，僅免刑焉！」稱「免刑」。《戰國策·齊策四》：「狡兔有三窟，僅得免其死耳。」《戰國策·秦策四》：「免於國患，大利也。」《戰國策·秦策五》：「趙王曰：前日秦下甲攻

依靠政令和刑罰，人民的行為就將是只為了逃避政令的處分和刑罰的嚴懲。只有用德和禮去引導教化人民，人民才會有羞恥心和敬畏心。顯然，孔子認為在治國安民方面，德和禮重視教化與感化，收服人心，遠比嚴厲和強制性的政刑要重要。孔子說「齊之以刑，民免而無恥」，事實上是認為專任刑罰治國會導致人民喪失禮義道德，與叔向的觀點相同。

趙，趙略以河間十二縣，地削兵弱，卒不免秦患。」《戰國策·趙策一》：「然則韓可以免於患難。」《為政》的「免」就是《公冶長》「免於刑戮」的意思，或「免於難」、「免於罪」、「免於人禍」、「免死」、「免乎險」。再如《戰國策·燕策二》：「齊王逃遁走莒，僅以身免。」見何建章注釋：《戰國策注釋》，北京：中華書局，2011 年版，第 1160 頁。即樂毅《報燕惠王書》。還有「不免」。如《左傳·僖公十五年》：「秦伯曰：『國謂君何？』對曰：『小人戚，謂之不免。君子恕，以為必歸』。」這裡的「不免」就是「不免於死」或「不免於禍」。晉惠公背秦國之恩德，恩將仇報，與秦穆公大戰於韓原，卻被秦軍所虜獲，晉國一部分人認為晉惠公忘恩負義，咎由自取，會被秦穆公處死於秦國，這就是「謂之不免」。《左傳·定公十三年》史鰍曰：「無害。子臣，可以免。富而能臣，必免於難，上下同之。」前單說「免」，後說「必免於難」，前面的「免」就是「免於難」之義。《左傳》「不免」一詞甚多，都是「不免於禍」之義。上古漢語常常有這樣的縮略語，參看陳偉武《商代甲骨文中的縮略語》、《兩周金文中的縮略語》、《出土戰國秦漢文獻中的縮略語》，均收入陳偉武著：《愈愚齋磨牙集》，上海：中西書局，2014 年版，分別見第 383 頁、395 頁、369 頁；龐光華等：《尚書新考三篇》，《揚州大學學報》，2017 年第 6 期。楊逢彬教授《論語新注新譯》17 頁的注釋已經指明先秦典籍中單獨的一個「免」字多是「免罪、免刑、免禍」的意思，先於我而發，本文為考證而收集了具體的例證。楊逢彬著：《論語新注新譯》，北京：北京大學出版社，2016 年版，第 17 頁。臺灣學者梅廣《上古漢語語法綱要》第九章《論元結構（1）》，對上古漢語的「免」字的語法功能略有論述：「免官這個施動用法是戰國晚期才興起的。在這以前，『免』是免於災難的意思，是不及物狀態動詞。又有致動用法：使免於災難（又發展出赦免及其他免除的引申義）。」見梅廣著：《上古漢語語法綱要》，上海：上海教育出版社，2018 年版，第 369～370 頁。「格」讀為「恪」或「愙」，訓「敬」。朱駿聲《說文通訓定聲》在解釋「有恥且格」時，稱「格」通假為「愙」。見朱駿聲撰：《說文通訓定聲》，北京：中華書局，1998 年版，第 460 頁。）《說文》：「愙，敬也。」王引之《經義述聞》卷十九《陟恪》條討論了「恪」與「格」相通的問題。見王引之撰：《經義述聞》，江蘇：鳳凰出版社，2013 年版，455～456 頁。《經義述聞》提到《論語》「有恥且格」，《漢山陽太守祝睦碑》「格」作「恪」。更考《漢書·貨值傳》正作：「道之以德，齊之以禮，故民有恥而且敬。」班固正是訓「格」為「敬」，則班固明顯認為「格」讀為「恪」。楊逢彬教授《論語新注新譯》17 頁訓「格」為「來」不妥。楊逢彬此書和楊樹達《論語疏證》都沒有注意到《說文通訓定聲》和《經義述聞》的解釋，也忽視了《漢書·貨值傳》。見楊樹達著：《論語疏證》，上海：上海古籍出版社，2006 年版，第 37～40 頁。）

　　《論語‧公冶長》子謂南容：「邦有道，不廢；邦無道，免於刑戮。」孔子認識到在國家無道之時，刑罰可能會傷及無辜，他主張不要被刑罰誤傷，要善於保全自己。《公冶長》：「子謂公冶長：『可妻也。雖在縲絏之中，非其罪也。』以其子妻之。」可注意的是孔子在此不認為刑罰是絕對公正的，他就認為公冶長是被刑罰冤枉了的，是無辜受罰，孔子同情公冶長，以自己的女兒嫁給了他。《論語‧子路》子曰：「先有司，赦小過，舉賢才。」這是孔子關於「刑罰」的思想，要「赦小過」，與商鞅「小過重罰」的法家思想不同。

　　《論語‧子路》有一段話可以表明孔子思想與戰國法家的巨大區別。《子路》：「葉公語孔子曰：『吾黨有直躬者，其父攘羊，而子證之。』孔子曰：『吾黨之直者異於是。父為子隱，子為父隱，直在其中矣』。」孔子強調「父為子隱，子為父隱，直在其中矣」，這是儒家親親的觀念，以親情而枉法。而《韓非子‧五蠹》：「楚之有直躬，其父竊羊而謁之吏，令尹曰：『殺之』，以為直於君而曲於父，報而罪之。以是觀之，夫君之直臣，父之暴子也。魯人從君戰，三戰三北，仲尼問其故，對曰：『吾有老父，身死莫之養也。』仲尼以為孝，舉而上之。以是觀之，夫父之孝子，君之背臣也。故令尹誅而楚奸不上聞，仲尼賞而魯民易降北。」《韓非子》鮮明地指出孔子提倡的孝道違反國家法律，會危害國家的利益，導致「魯民易降北」。儒家與法家的法治觀是有很大不同的。

三、《孟子》關於「刑罰」的思想

　　儒家思想傳到孟子時代，已經有所變異，與孔子的原始儒家的刑罰觀有所不同。《孟子》主張仁政，寬以待民，為政者應該「省刑罰」。《孟子‧梁惠王上》孟子對梁惠王曰：「地方百里而可以王。王如施仁政於民，省刑罰，薄稅斂，深耕易耨。壯者以暇日修其孝悌忠信，入以事其父兄，出以事其長上，可使制梃以撻秦楚之堅甲利兵矣。彼奪其民時，使不得耕耨以養其父母，父母凍餓，兄弟妻子離散。彼陷溺其民，王往而徵之，夫誰與王敵？故曰：『仁者無敵。』王請勿疑！」這是《孟子》對於「刑罰」的主要觀點，即要想民眾歸附，必須「省刑罰」，這與「薄稅斂」同樣重要。

　　《孟子‧梁惠王上》孟子回答梁惠王說：「無恆產而有恒心者，惟士為能。若民，則無恆產，因無恒心。苟無恒心，放辟邪侈〔註24〕，無不為已。及陷於

〔註24〕依據趙岐注，「放辟邪侈」當讀為「放、辟、邪、侈」。

罪，然後從而刑之，是罔民也。焉有仁人在位罔民而可為也？」則孟子認為對於因為沒有恆產而犯罪的民眾施用刑罰，就是「罔民」〔註25〕。可見《孟子》認為並非刑罰犯罪之民就都是正義的，還要考慮民眾犯罪的原因。孟子實際上認為人民的貧困是由君王造成的。如果人民因為貧困不能生存而違法犯罪，那麼對於這樣的民眾犯罪，君王是有責任的。如果君王因此而嚴懲民眾，那就是「欺民」（即罔民）。孟子的這種民本主義的思想十分可貴，有高度的現代性，與美國富蘭克林・羅斯福總統說的「民眾有免於貧困的自由」基本一致。《論語》和《孟子》都認為「刑罰」可能是不公正的，但是二者闡述的理由是不同的。

　　《孟子・滕文公下》：「民大悅。《書》曰『徯我后，后來其無罰』。」則明顯是對嚴刑峻法的批判，引用《尚書・仲虺之誥》〔註26〕稱民眾希望沒有刑罰。孟子對「刑罰」的認識完全是基於儒家的仁政主義，在一定程度上否定了法律的絕對權威。因此，《孟子》一書的精神與法家思想基本上是衝突的〔註27〕，是純粹的儒家思想，要注意的是《孟子》否定刑罰的思想完全是出於仁義思想和民貴君輕思想，與孔子的思想不完全相同。

四、《荀子》關於「刑罰」的思想

　　儒家發展到了戰國後期的《荀子》，順應時代的進步，有了較大的變化，《荀子》的思想十分通達，已經能夠融合法家的思想，意識到「刑罰」的意義而不是完全予以拒斥。

〔註25〕趙岐注《孟子》訓「罔民」為「張羅網以罔民」。則是訓「罔」為「羅網」。焦循與趙岐同，以「罔」同「網」。見焦循撰，沈文倬點校：《孟子正義》，北京：中華書局，1996 年版，第 94 頁。楊逢彬與焦循同，訓「罔」同「網」，即「陷害」。見楊逢彬著：《孟子新注新譯》，北京：北京大學出版社，2017 年版，第 32 頁。今按，眾說皆非。「罔」訓「欺」，「罔民」即「欺民」。《詩經・節南山》：「勿罔君子。」朱熹《詩集傳》：「罔，欺也。」《資治通鑑・漢紀二十三》：「不可罔以非類。」胡三省注：「罔，欺也。欺人以所無曰罔。」《資治通鑑・齊紀十》胡三省注：「以非道欺人謂之罔。」《春秋繁露・五行順逆》：「欺罔百姓。」「欺」與「罔」同義。《前漢紀・宣帝紀》卷十七：「久不敢欺罔，則民從化。」《資治通鑑》頗多「欺罔」一詞。「欺」與「罔」同義。

〔註26〕今本《仲虺之誥》作「后來其蘇」，沒有「后來其無罰」。

〔註27〕法家有一個重要的主張是提倡耕戰，鼓勵戰爭。而《孟子・離婁上》稱：「爭地以戰，殺人盈野；爭城以戰，殺人盈城。此所謂率土地而食人肉，罪不容於死。故善戰者服上刑。」《孟子》的反戰的和平主義和仁政主義，與法家的耕戰思想完全對立。

　　《荀子・王制》:「請問為政？曰：賢能不待次而舉，罷不能不待須而廢，元惡不待教而誅，中庸不待政而化。分未定也，則有昭繆。雖王公士大夫之子孫也，不能屬於禮義，則歸之庶人。雖庶人之子孫也，積文學，正身行，能屬於禮義，則歸之卿相士大夫。故奸言、奸說、奸事、奸能、遁逃反側之民，職而教之，須而待之，勉之以慶賞，懲之以刑罰。」《荀子》雖然不特別看重「刑罰」，但不抹殺「刑罰」的作用，「勉之以慶賞，懲之以刑罰」都是必要的。

　　《王制》:「知強大者不務強也，慮以王命，全其力，凝其德。力全則諸侯不能弱也，德凝則諸侯不能削也，天下無王霸主，則常勝矣：是知強道者也。彼霸者則不然：辟田野，實倉廩，便備用，案謹募選閱材伎之士，然後漸慶賞以先之，嚴刑罰以糾之。存亡繼絕，衛弱禁暴，而無兼併之心，則諸侯親之矣。修友敵之道，以敬接諸侯，則諸侯說之矣。所以親之者，以不並也；並之見，則諸侯疏矣。所以說之者，以友敵也；臣之見，則諸侯離矣。故明其不並之行，信其友敵之道，天下無王霸主，則常勝矣。是知霸道者也。」《荀子》並不否定「霸道」，《荀子》認為「霸道」雖然不及「王道」，但勝過「強道」，「嚴刑罰以糾之」還是很重要的。這段話對「霸者」頗有讚賞。《荀子》的對於「霸道、霸者」的觀點明顯不同於《孟子》。《王制》論王者之法的特點是「析願禁悍，而刑罰不過」。主張「刑政平」〔註28〕，「刑罰」不可濫用，要適中，不能過分，這完全不同於《商君書》一味採用嚴刑峻法，來實施「以刑止刑」。「霸道」總體上屬於法家思想。

　　《富國》篇主張先王聖人也要「眾人徒，備官職，漸慶賞，嚴刑罰，以戒其心。」《荀子》看到了先王聖人也要「嚴刑罰」。《富國》還說:「故不教而誅，則刑繁而邪不勝；教而不誅，則奸民不懲；誅而不賞，則勤屬之民不勸；誅賞而不類〔註29〕，則下疑俗險而百姓不一〔註30〕。」對「刑罰」與「教育、勸賞」的關係做了辨正的論述，十分精彩，既指出了「不教而誅，則刑繁而邪不勝」，也指出「教而不誅，則奸民不懲」，「刑罰」對於整治奸民是完全必要的。而且不能只有「刑罰」，還要有「勸賞」來作鼓勵，「誅賞」必須公正合理，否則後果嚴重，會導致在下之人對權力者不信任，民俗會變得邪惡，百姓沒有統

〔註28〕亦見《荀子・王制》。
〔註29〕「不類」的意思是不善、不法、不合理。參看龐光華《論語「有教無類」新解》，見《古籍整理研究學刊》2017年第1期。亦見本書。
〔註30〕「險」當訓「邪」。《廣雅》:「險，衺也。」《玉篇》:「險，邪也。」「不一」的意思是沒有統一的行為規範。

一的行為標準。要注意的是《荀子》提出了對奸民不僅要教育，也要「威乎刑罰」〔註31〕，還需要誅罰，否則無法制止奸民。這就避免了「教育萬能」的極端思想，也不同於《孟子》「人皆可以為堯舜」的思想，在事實上肯定了很多邪惡是教育改變不了的，所以必須誅罰，這個思想顯然是正確的。

《王霸》篇有一段議論很重要：「故明主好要，而闇主好詳；主好要則百事詳，主好詳則百事荒。君者，論一相，陳一法，明一指，以兼覆之，兼照之，以觀其盛者也。相者，論列百官之長，要百事之聽，以飾朝廷臣下百吏之分，度其功勞，論其慶賞，歲終奉其成功以傚於君。當則可，不當則廢。故君人勞於索之，而休於使之。」這是強調君主不可凡事親為，應善於掌握關鍵，善於用人，千萬不要事必躬親，不要什麼都親力親為，要努力選好賢臣來辦事。國家的法律也是如此，不可太煩碎，「刑罰雖繁，令不下通」。刑罰縱然繁細，政府的命令還是不能貫徹執行。

《強國》篇將「威」分為三等「有道德之威者，有暴察之威者，有狂妄之威者」：其中的「暴察之威者」是「其禁暴也察，其誅不服也審，其刑罰重而信，其誅殺猛而必」。其實「道德之威」是儒家，「暴察之威」是法家，在《荀子》的價值觀中，儒家之威勝過法家之威，但法家之威勝過「狂妄之威」，因此，《荀子》並不否定法家之威，只不過認為法家之威不是治國的最高境界而已。

《議兵》篇作為儒家文獻卻充分肯定秦國的法治主義：「秦人其生民也狹陋，其使民也酷烈，劫之以埶，隱之以阸，忸之以慶賞，鰌之以刑罰〔註32〕，使天下之民，所以要利於上者，非鬥無由也。阸而用之，得而後功之，功賞相長也，五甲首而隸五家，是最為眾強長久，多地以正，故四世有勝，非幸也〔註33〕，數也。」據唐朝楊倞注，四世是指的秦孝公、秦惠王、秦武王、秦昭王〔註34〕。這段話有的地方比較難以理解，但無論前人的訓詁如何，都是認為《荀子》此言是對秦國法治的讚美，認為正是秦國屬行法治，才使得秦國連續四代君王都能不斷獲取勝利，這並非僥倖，而是有其必然性。當然《荀子》

〔註31〕見《荀子‧富國》。

〔註32〕酋訓逼迫。參看王天海所引日本學者物雙松之說。見王天海校釋：《荀子校釋》，上海：上海古籍出版社，2005 年版，第 614～615 頁。

〔註33〕「幸」訓僥倖。

〔註34〕王先謙著：《荀子集解》，北京：中華書局，2016 年版，第 322～323 頁。王天海校釋：《荀子校釋》，第 607～616 頁。

認為秦軍雖然強於魏國和齊國，但還是不如齊桓公和晉文公有「節制」的軍隊，齊桓公晉文公的軍隊雖然有「節制」，但也不如湯武的仁義之師，這就回歸到了儒家「仁者無敵」的理念〔註35〕。

《強國》篇記載了荀子對秦國丞相應侯范雎讚歎秦國由於實施了法治主義而帶來的美好社會：「應侯問孫卿子曰：入秦何見？孫卿子曰：其固塞險，形埶便，山林川谷美，天材之利多，是形勝也。入境，觀其風俗，其百姓樸，其聲樂不流污，其服不佻，甚畏有司而順，古之民也。及都邑官府，其百吏肅然，莫不恭儉、敦敬、忠信而不楛，古之吏也。入其國，觀其士大夫，出於其門，入於公門；出於公門，歸於其家，無有私事也；不比周，不朋黨，倜然莫不明通而公也，古之士大夫也。觀其朝廷，其朝閒，聽決百事不留，恬然如無治者，古之朝也。故四世有勝，非幸也，數也。是所見也。故曰：佚而治，約而詳，不煩而功，治之至也，秦類之矣。雖然，則有其諰矣。兼是數具者而盡有之，然而縣之以王者之功名，則倜倜然其不及遠矣！是何也？則其殆無儒邪！故曰粹而王，駮而霸，無一焉而亡。此亦秦之所短也。」這段話的要點是：1. 秦國地勢險要，物產富饒，是形勝之地。2. 人民淳樸，聲樂不低級下流，服飾不輕佻，服從官府，遵紀守法，有古人遺風；3. 官吏都奉公守法，盡職盡責，「百吏肅然，莫不恭儉、敦敬、忠信而不楛」。4. 士大夫都公私分明，忠於職守，明察為公，絕不假公濟私。而且不勾結，不搞朋黨。5. 朝廷辦事效率高，凡事不拖延，反倒像是無為而治。6. 荀子因此讚歎秦國為什麼能夠連續四王都不斷取得勝利，這絕非偶然。7. 荀子總結秦國的政治是「佚而治，約而詳，不煩而功，治之至也」，頗有點像道家的無為而治。予以高度評價。其實秦國的法治主義與黃老的清靜無為確實有相通的地方。厲行法治，結果會是無為而治。所以《史記》將老子、莊子和申不害、韓非子同傳，這是有很深刻的學術觀念的。8. 荀子指出秦國只有法家文化，沒有儒家文化，只是做到了霸道，還沒有達到王道，這是秦國的不足。9. 荀子對霸道也是肯定的，與孟子不同。

──────────────

〔註35〕《議兵》：「故齊之技擊，不可以遇魏氏之武卒；魏氏之武卒，不可以遇秦之銳士；秦之銳士，不可以當桓文之節制；桓文之節制，不可以敵湯武之仁義；有遇之者，若以焦熬投石焉。」《孟子・梁惠王上》：「故曰仁者無敵。」《荀子》雖然每與《孟子》立異，但在主張仁政上是相同的。因此，《荀子》的主要精神依然是儒家，而不是法家。有學者疑惑於《荀子》到底是儒家還是法家，應該說是儒家，因為法家思想堅決反對儒家的仁義思想。

　　《議兵》篇稱：「是故刑罰省而威流，無它故焉，由其道故也。古者帝堯之治天下也，蓋殺一人，刑二人，而天下治。傳曰：『威厲而不試，刑錯而不用。』此之謂也。」這是明顯主張刑罰主要用於威懾，達到少殺人就可以震懾大多數人的目的，這樣就可以做到「威厲而不試〔註36〕，刑錯而不用」〔註37〕。《荀子》這樣的觀點就與《商君書》的法治理念完全相同了。考《商君書‧去強》篇：「以刑去刑，國治；以刑致刑，國亂。故曰：行刑重輕，刑去事成，國強；重重而輕輕，刑至事生，國削。」《商君書‧靳令》：「行罰，重其輕者，輕者不至，重者不來，此謂以刑去刑，刑去事成。罪重刑輕，刑至事生，此謂以刑致刑，其國必削。」《商君書‧畫策》：「故以戰去戰，雖戰可也；以殺去殺，雖殺可也；以刑去刑，雖重刑可也。」我們比較考察《荀子》與《商君書》的這些話，可以判斷二者的意思基本相同，都是要達到「以刑去刑」的目的。

　　《荀子‧正論》篇也表述了與法家基本一樣的「刑罰」思想：「世俗之為說者曰：『治古無肉刑，而有象刑：墨黥；慅嬰；共，艾畢；剕，對屨；殺，赭衣而不純。治古如是。』是不然。以為治邪？則人固莫觸罪，非獨不用肉刑，亦不用象刑矣。以為人或觸罪矣，而直輕其刑，然則是殺人者不死，傷人者不刑也。罪至重而刑至輕，庸人不知惡矣，亂莫大焉。凡刑人之本，禁暴惡惡，且懲其未也。殺人者不死，而傷人者不刑，是謂惠暴而寬賊也，非惡惡也。故象刑殆非生於治古，並起於亂今也。」〔註38〕《荀子》鮮明地主張治國不能沒有「刑罰」，而且要罰當其罪，不能重罪用輕刑，輕罪用重刑。《荀子》認為如果只有「象刑」，沒有「肉刑」，那麼「刑罰」就太輕了，如果重罪而輕罰，常人就不會知道邪惡，結果是「亂莫大焉」。《荀子‧君子》篇稱：「故刑當罪則威，不當罪則侮；爵當賢則貴，不當賢則賤。古者刑不過罪，爵不踰德。故殺其父而臣其子，殺其兄而臣其弟。刑罰不怒罪，爵賞不踰德，分然各以其誠通。是以為善者勸，為不善者沮；刑罰綦省，而威行如流，政令致明，而化易如神。」主張罰當其罪，賞不踰德，尤其是刑罰不能因為憤怒而加重判罪。《君子》篇接著說：「亂世則不然：刑罰怒罪，爵賞踰德，以族論罪，以世舉賢。故一人有罪，而三族皆夷，德雖如舜，不免刑均，是以族論罪也。」這與《韓非子》

〔註36〕「試」與「用」同義。
〔註37〕錯，通措，放置不用。
〔註38〕王先謙《荀子集解》（中華書局，2016年版）第385～387頁。

的罰當其罪的「刑名」思想一模一樣，也許《韓非子》的思想就是來源於其師荀子。而且《君子》篇的觀點明顯反對商君的連坐法。父親犯罪不牽連兒子，兄長犯罪不牽連弟弟。《荀子》稱「一人有罪，而三族皆夷」的連坐法是「亂世」的表徵，鮮明地反對「以族論罪」。而且《君子》篇中反對「以世舉賢」，認為「先祖當賢，後子孫必顯，行雖如桀紂，列從必尊，此以世舉賢也」這種慣例十分荒謬，荀子的這種尚賢思想必然會批判貴族世襲制度，這與商君等法家反對貴族世襲制的觀點完全相同。

但是《議兵》篇也指出了法家的嚴重偏限，認為完全用法術並非治國的上善之策。《議兵》篇有一段議論極為精彩：「凡人之動也，為賞慶為之，則見害傷焉止矣。故賞慶、刑罰、埶詐，不足以盡人之力，致人之死。為人主上者也，其所以接下之百姓者，無禮義忠信，焉慮率用賞慶、刑罰、埶詐，除阨其下，獲其功用而已矣。大寇則至，使之持危城則必畔，遇敵處戰則必北，勞苦煩辱則必奔，霍焉離耳，下反制其上。故賞慶、刑罰、埶詐之為道者，傭徒鬻賣之道也，不足以合大眾，美國家，故古之人羞而不道也。」這是對法家的極為尖銳而中肯的批判。治國必須要有「禮義忠信」，而不能專靠「賞慶、刑罰、埶詐」。其邏輯是：如果按照法家的做法，一切依靠「賞慶、刑罰、埶詐」來治國，那麼大敵當前，必敗無疑的時候，威脅到人的生命，令人去守危城，人民絕不會堅守危城；遇到「勞苦煩辱」的事，人民一定會奔潰，因為這時候要付出的代價太大，成功後的「慶賞」對自己已經沒有意義。所以完全依靠法家治國，將不會產生為國盡忠的人，只會產生專門計算個人利害的人。《荀子》銳利的分析入木三分，擊中了法家的死穴，這是法家無法反駁的。在《荀子》看來，專任刑罰而刻薄寡恩、沒有禮義忠信的法家政治不能完美地治國。《荀子》對法家的批判可以說極為深刻。

《議兵》篇中有荀子對李斯法家思想的批判，非常動人：「李斯問孫卿子曰：『秦四世有勝，兵強海內，威行諸侯，非以仁義為之也，以便從事而已。』孫卿子曰：『非汝所知也！汝所謂便者，不便之便也；吾所謂仁義者，大便之便也。彼仁義者，所以修政者也；政修則民親其上，樂其君，而輕為之死。故曰：凡在於軍，將率末事也。秦四世有勝，諰諰然常恐天下之一合而軋己也，此所謂末世之兵，未有本統。故湯之放桀也，非其逐之鳴條之時也；武王之誅紂也，非以甲子之朝而後勝之也，皆前行素修也，所謂仁義之兵也。今女不求之於本，而索之於末，此世之所以亂也』。」《荀子》認為只有行仁義之政，

才能做到「民親其上，樂其君，而輕為之死」。法家之術只是「不便之便」，而儒家的仁義禮信忠義才是「大便之便」。商湯伐滅夏桀，周武王誅殺商紂王，並不僅僅是在戰場上取得了勝利，而是商湯和周武王的「前行素修」，才能率領仁義之兵戰勝暴虐之主，因此，平常實施仁政，獲得人心，才是最終勝利的根源。

對法家專任刑罰治國的批判，在春秋是叔向，在戰國是《荀子》，二者的批判意見都是非常深刻尖銳的，超過了《論語》和《孟子》關於「刑罰」的思想。《荀子》雖然站在儒家的立場融合了法家的刑罰思想，但並沒有認為法家的一斷於法的思想可以完美地治國，必須貫徹儒家的「禮義忠信」才能治國。《議兵》篇強調「禮」的巨大價值，稱：「禮者，治辨之極也，強固之本也，威行之道也，功名之總也，王公由之所以得天下也，不由所以隕社稷也。故堅甲利兵不足以為勝，高城深池不足以為固，嚴令繁刑不足以為威。由其道則行，不由其道則廢。」明確指出了「禮」勝過「嚴令繁刑」，這是有其根據的。其邏輯結果就是儒家勝過法家。我國二千年的歷史證明，雖然封建社會的治理一直是儒法互補，但在國家政治中儒勝於法，國家的科舉制度一直是考試儒家經典，而不是《商君書》或《韓非子》。二千多年來中央政府推崇的聖人一直是孔子，而不是商君和韓非。

在《大略》篇中稱：「水行者表深，使人無陷；治民者表亂，使人無失。禮者，其表也。先王以禮義表天下之亂；今廢禮者，是棄表也，故民迷惑而陷禍患，此刑罰之所以繁也。」《荀子》在這裡解釋了「刑罰之所以繁」的原因是廢棄了「禮義」，可以說是「禮失而後刑罰繁」。禮義的教育可以讓人民避免犯罪，從而避免刑罰。

《性惡》篇論述了治國理民之所以必須要有刑罰，是因為人性邪惡，非有法律來嚴禁人性中的邪惡不可：「孟子曰：『人之性善』。曰：是不然。凡古今天下之所謂善者，正理平治也；所謂惡者，偏險悖亂也：是善惡之分也矣。今誠以人之性固正理平治邪？則有惡用聖王，惡用禮義矣哉？雖有聖王禮義，將曷加於正理平治也哉？今不然，人之性惡。故古者聖人以人之性惡，以為偏險而不正，悖亂而不治，故為之立君上之埶以臨之，明禮義以化之，起法正以治之，重刑罰以禁之，使天下皆出於治，合於善也。是聖王之治而禮義之化也。今當試去君上之埶，無禮義之化，去法正之治，無刑罰之禁，倚而觀天下民人之相與也。若是，則夫強者害弱而奪之，眾者暴寡而嘩之，天下悖亂而相亡，

不待頃矣。用此觀之，然則人之性惡明矣，其善者偽也。」這段精彩的議論正確地指出了由於人性中有邪惡的因素，國家必須「起法正以治之，重刑罰以禁之」。《荀子》說：可以試一試，現在如果取消刑罰和一切法制，看看民眾是怎樣相處的？一定會強欺弱，眾暴寡，天下大亂，可知刑罰是絕對必要的。《荀子》的論述是深刻的，具有高度的現代性。

五、對《荀子》「刑罰」思想的總結

我們概括一下《荀子》的刑罰思想，與戰國的法家有同有異。

1. 在治國安民上，「刑罰」是非常必要，否則不能懲治奸民。

2. 由於人性是邪惡的，必須要有「刑罰」來嚴禁人性的邪惡，否則天下大亂。

3. 重視慶賞刑罰的霸道，雖然不及王道，但也是有用處的，要勝於「強道」，因此《荀子》讚賞齊桓晉文的霸業。

4. 刑罰必須公正合理，不能輕罪重罰，也不能重罪輕罰，要罰當其罪。這與《韓非子》的法治思想相同，與《商君書》主張的小罪重罰不同。

5. 刑罰不是越煩越好，而是應當簡省才好，這樣才便於民眾遵循。

6. 國家的威權分為三等，法家的「暴察之威」雖然不如儒家的「道德之威」完美，但還是勝於「狂妄之威」，因此法家的「暴察之威」不能否定。

7. 充分肯定秦國的法治主義，認為正是秦國的法治才使得秦軍要強於齊國和魏國的軍隊，秦國連續四代君王取得許多勝利，不是偶然的。同時認為秦國法治的功能尚不完美，不及齊桓晉文的節制之師，更不如湯武的仁義之師。秦國的霸道雖然不及王道，但也是成功的。荀子對秦國成功實施的法家政治予以高度讚美，也指出了秦國只有法家文化，而沒有儒家文化，因此不能至於王道。秦國的法治主義可以達到無為而治的政治目的。

8. 嚴刑峻法是需要的，主要可以起威懾的作用，達到以刑去刑的目的，使得刑罰措而不用。這是繼承了《商君書》的以刑去刑的法家思想。

9. 刑罰太輕就起不到威懾和懲治邪惡的作用，會導致天下大亂，因此殘酷的肉刑是必要的。

10. 反對商鞅的連坐法，反對罪及無辜。

11. 刑罰雖然重要，但不能完全依法治國。還必須依靠儒家的「禮義忠信」才能有效治國，儒家的「仁義之政」是非常重要的，從而反駁了法家的純粹的

法治主義。如果過分依靠賞慶、刑罰、執詐，那麼當大敵當前的時候，民眾權
衡得失，不會犧牲生命去保衛統治者。

12. 刑罰不能代替禮義。「刑罰之所以繁」的原因是廢棄了「禮義」，可以
說是「禮失而後刑罰繁」。禮義的教育可以讓人民規範行為方式，避免犯罪，
從而避免刑罰。所以《荀子》的主張是禮法互補，以禮義為主，以刑罰為輔。
《荀子》還繼承孔子的思想，反對不教而誅。荀子的儒法互補的思想與叔向、
孔子都不同。叔向認為法律至上會否定禮義，孔子說的「齊之以刑，民免而無
恥」，也是認為專任刑罰會使民眾喪失道德禮義。當然，叔向已經有了禮法互
補的思想，只是闡述得不是很充分。

以上十二點是《荀子》的主要法治思想。其實質是儒家和法家的融合，是
儒法互補，既吸收了法家的思想，也站在儒家的立場批判了一斷於法的純粹法
治主義，強調了儒家的「禮義忠信」對於治國的重要意義，也充分肯定「刑罰」
的重要作用。先秦儒家發展到《荀子》已經走上了「儒法互補」的路，這正是
西漢以來的封建政權所採用的治國之道。二千多年的我國封建王朝都是以儒
法互補的原則來治國撫民，並不是專用儒家，也不是完全依靠法治，而是儒家
的教化與法家的法治相結合，這正是《荀子》的精神。可以毫不誇張地說，我
國二千年的封建政治主要實行的既不是孔學，也不是孟學，也不是商君韓非的
純粹法家之學，而是荀學，只有荀學才是全面主張和闡述了儒法互補、儒法同
治的治國思想。這是極為合理而深刻的思想，是我國二千多年封建政治的主
流，在我國政治思想史上佔有極為崇高的地位。日本明治時代的著名思想家福
澤諭吉在其名著《文明論概略》〔註39〕大膽批評了孔子、孟子不合時勢，妄圖
在混亂的年代推行堯舜之道，不符合歷史的潮流，其失敗不可避免。其言曰：
「我絕不是偏袒管仲蘇張（蘇秦、張儀），擯斥孔孟，只是慨歎這兩位大師不
識時務，竟想以他們的學問來左右當時的政治，不僅被人嘲笑，而且對後世也
無益處。」同書又批評道：「事實證明數千年來一直到今天，從沒有過由於遵
行孔孟之道而天下大治的事例。所以說，孔孟之未被重用，並不是諸侯之過，
而是那個時代的趨勢使然。在後代的政治上，孔孟之道未能實行，並不是孔孟
之道的錯誤，而是由於時間和地點不對頭。在周末時期，不是適合於孔孟之道
的時代；在這個時代，孔孟也不是有所作為的人物；在後世，孔孟之道也未能

〔註39〕〔日本〕福澤諭吉著，北京編譯社翻譯：《文明論概略》，北京：商務印書館，
1994 年版，第 52 頁。

適用於政治。理論家的學說（哲學）與政治家的事業（政治）是有很大區別的。後世的學者，切不可根據孔孟之道尋求政治途徑。」〔註40〕福澤諭吉以激烈鮮明的言論抨擊孔子、孟子的學說不適用於政治，不能真正治國。其理論實質是孔孟的學問是主張仁義道德，而福澤諭吉明確地認為仁義道德不能治理好國家和人民。因此，福澤諭吉已經認為中國歷史上千年的繁榮富強並不是孔孟之道帶來的〔註41〕。我們倒是明確認為中國高度發達的封建文明是在荀子學術的基礎上發展的，雖然歷代統治者和知識精英或許並不承認或沒有深刻認識到這點。

《荀子·堯問》對荀子有高度讚譽，稱為「聖人」，可比美於孔子：「今之學者，得孫卿之遺言餘教，足以為天下法式表儀。所存者神，所過者化，觀其善行，孔子弗過。世不詳察，云非聖人，奈何！」應該說這樣的讚美並非過譽。秦始皇用法家思想一統華夏，但強大的秦帝國二世而亡，西漢建立以後，精英階層一直在反思大秦帝國速亡的教訓。在理論上，西漢後期的《鹽鐵論》展開了儒家和法家全方位的精彩大辯論，最後是嚴厲批判了法家的思想。《鹽鐵論》對法家的批判在一定程度上是對《荀子》批判法家的繼承和發展。《鹽鐵論》是我國文化史上光輝的學術名著。

〔註40〕〔日本〕福澤諭吉著，北京編譯社翻譯：《文明論概略》，第53頁。
〔註41〕毛澤東在1973年8月5日寫了一首詩《七律·讀〈封建論〉呈郭老》有曰：「祖龍魂死秦猶在，孔學名高實粃糠。」這是毛澤東否認孔子的學說能夠治國平天下，與明治時代的福澤諭吉觀點一致。見吳正裕主編：《毛澤東詩詞全編鑒賞》增訂本，北京：人民文學出版社，2017年，第598頁。

《法語》考

提要：

　　本文實證性的研究了我國先秦時候曾經長期流傳過的一種專門記錄格言的文體，它的名稱叫《法語》，同時也有種種別名。《法語》曾經非常普及，並且對我國先秦時候的人們的教育和文化思想有過極大的影響。但自從暴秦焚書後，《法語》漸次不為後世所知。本文通過對《法語》的研究，還重新考辨了古書中的一些疑難問題。

關鍵詞：法語　語　善言　靜言　由言

　　清代學者劉逢祿《左氏春秋考證》〔註1〕曰：「《國語》僅一書，而《志》以為二種，可異一也。其一，二十一篇，即今傳本也；其一，劉向所分之《新國語》五十四篇。同一《國語》，何篇數相去數倍？可異二也。劉向之書皆傳於後漢，而五十四篇之《新國語》，後漢人無及之者。可異三也。蓋五十四篇者，左邱明之原本也。歆既分其大半凡三十篇以為《春秋傳》，於是留其殘賸，掇拾雜書，加以附益，而為今本之《國語》，故僅得二十一篇也。考今本《國語》，《周語》、《晉語》、《鄭語》多《春秋》前事，《魯語》則大半敬姜一婦人語，《齊語》則全取《管子·小匡篇》，《吳語》、《越語》筆墨不同，不知掇自何書。然則其為《左傳》之殘餘，而歆補綴為之至明。歆以《國語》原本五十四篇，天下人或有知之者，故復分一書以當之，又託之劉向所分非原本以滅其

〔註1〕顧頡剛校點，收入《古籍考辨叢刊》第一集，社會科學文獻出版社，2010年。

跡，其作偽之情可見。」劉氏此說對晚清的學者有相當大的影響，雖然遭到章太炎的痛擊〔註2〕。

廖平《古學考》〔註3〕曰：「博士以左氏不傳《春秋》，初以為專以《說》、《微》別行之故，繼乃知其書實不獨傳《春秋》。（原文小字注：《傳》由《國語》而出，初名《國語》，後師取《國語》文依經編年，加以《說》、《微》，乃成傳本）。」

康有為深受劉申受、廖季平之書的影響，其《新學偽經考‧漢書藝文志辨偽第三上》曰：「《漢書‧司馬遷傳》稱『司馬遷據左氏《國語》、採《世本》、《戰國策》、述《楚漢春秋》』。《史記‧太史公自序》及《報任安書》俱言『左丘失明，厥有《國語》。』……然則左丘明所作，史遷所據，《國語》而已，無所謂《春秋傳》也。歆以其非博之學，欲奪孔子之經，而自立新說以惑天下。……求之古書，得《國語》與《春秋》同時，可以改易竄附。於是毅然削去平王以前事，依《春秋》以編年，比附經文，分《國語》以釋經，而為《左氏傳》。……要之，《左氏》即《國語》，本為分國之書，上起穆王，本不釋經，與《春秋》不相涉。」持此說者尚有崔適諸人。

余謂以上各家之說皆極荒謬。康有為稱劉歆僅有「非博之學」，實為妄誣前哲。劉歆乃一代碩儒，這是古人的通識。從以下文獻可以考見：

（1）《中論‧曆數》：「劉歆用平術，而廣之以為三統曆，比之眾家，最為備悉。」（2）《文心雕龍‧才略》曰：「二班、兩劉，奕葉繼采。舊說以為固文優彪，歆學精向。」《文心雕龍》記載學術界的評論是「歆學精向」。劉向本來已經是一代博學大師，而劉歆的學問青出於藍而勝於藍。（3）《太平御覽》卷五九九引《傅子》曰：「或問劉歆、劉向孰賢？傅子曰『向才學俗而志中，歆才學通而行邪』。」傅子甚至認為劉歆的學問通博，超過其父劉向。（4）《隋書‧禮儀志二》載許善心、褚亮等議曰：「考論諸儒之議，劉歆博而篤也。」隋朝學者對劉歆極為佩服。（5）《文心雕龍‧檄移》曰：「及劉歆之《移太常》，辭剛而義辨，文移之首也。」大贊劉歆的文章。（6）《意林》卷三引《新論》：「劉子政、子駿、子駿兄弟伯玉，俱是通人。」稱劉歆為通人。（7）《論衡‧亂龍》：「子駿漢朝智囊，筆墨淵海。」王充稱劉歆是「漢朝智囊，筆墨淵海」。

〔註2〕參看章太炎《駁箴膏肓評》、《春秋左傳讀敘錄》，都是批判劉逢祿的，皆收入《章太炎全集》，上海人民出版社，2014年。章太炎還有《左氏春秋考證砭》手稿未刊，專門反駁劉逢祿。
〔註3〕見《廖平全集》1，上海古籍出版社，2015年。132頁。

（8）《論衡・佚文》：「王莽時，使郎吏上奏，劉子駿章尤美。」（9）賈公彥《周禮正義・序》引馬融《傳》曰：「至孝成皇帝，達才通人劉向子歆校理秘書。」〔註4〕東漢大儒馬融崇拜劉歆是「達才通人」。（10）《漢書・韋賢傳》引班彪之言曰：「考觀諸儒之議，劉歆博而篤也。」東漢史學家班彪很崇敬劉歆。（11）《後漢書・李通傳》：「（李通）初事劉歆，好星曆讖記，為王莽宗卿師。」（12）《後漢書・杜林傳》：「（河南鄭興）嘗師事劉歆。」〔註5〕（13）《後漢書・桓譚傳》：「（桓譚）數從劉歆、楊雄辨析疑異。」（14）《後漢書・孔奮傳》：「孔奮少從劉歆受《春秋左氏傳》。」（15）《後漢書・賈逵傳》：「賈徽從劉歆受《左氏春秋》。」孔奮、賈徽都是劉歆的學生，跟劉歆學《左氏春秋》。（16）《後漢書・律曆志上》：「至元始中，博徵通知鍾律者，考其意義，羲和劉歆典領條奏，前史班固取以為志。」班固《漢書》的《律曆志》是利用了劉歆的研究成果。

（17）《漢書・律曆志上》在「劉歆等典領條奏」後有「言之最詳」四字。（18）《後漢書・律曆志中》：「其後劉歆研機極深，……少有闕謬。」高度讚美劉歆的曆法研究。（19）據《漢書・平帝紀》平帝三年春，劉歆等雜定婚禮。平帝五年，劉歆等四人使治明堂、辟雍。（20）《漢書・律曆志上》：「（劉）向子歆究其微眇，作《三統曆》及《譜》以說《春秋》，推法密要。」（21）《漢書・王莽傳上》：「劉歆典文章。」（22）《漢書・楚元王傳》：「（劉）歆乃集六藝群書，種別為《七略》。」《漢書・藝文志》：「（劉）歆於是總群書而奏其《七略》」。（23）《漢書・李尋傳》稱劉歆以鬼神災異之事不合五經。可見劉歆是唯物主義者，是理性主義者，反對當時讖緯之術宣揚的「鬼神災異之事」。（24）《漢書・董仲舒傳》贊曰：「至向曾孫龔，篤論君子也，以歆之言為然。」（25）《漢書・楚元王傳》：「（劉）歆亦湛靖有謀。父子俱好古，博見強志，過絕於人」。劉歆還是古文經學的開山鼻祖，他將重要古文經典《周官》、《左傳》、《古文尚書》等力加揄揚，成為顯學。劉歆遍治群經，且精通天文曆法。足見劉歆精贍才學，蔚然一代儒宗，古人久有定評，豈康有為之流所得誣乎？〔註6〕

〔註4〕見《十三經注疏》635頁，浙江古籍出版社，1998年。

〔註5〕亦見《後漢書・鄭興傳》。

〔註6〕另可參考錢賓四《劉向歆父子年譜》（收入錢穆《兩漢經學今古文平議》，九州出版社，2011年版。《錢穆先生全集》增訂本）、楊向奎《論劉歆與班固》（收入《中國社會科學院學者文選》之《楊向奎集》，中國社會科學出版社，2006年）。

　　《左傳》決非《國語》所改易而成。《國語》多是對話體載，記言之官古為左史。劉申叔先生《左庵集》〔註7〕卷三考證出左丘明本姓丘名明，左為左史，乃世襲職官。古稱左史記言，右史記動。《漢書·藝文志》：「左史記言，右史記事。事為《春秋》，言為《尚書》。」荀悅《申鑒·時事》：「左史記言，右史記動。動為《春秋》，言為《尚書》。」《文心雕龍·史傳》：「古者左史記言，右史書事。言經則《尚書》，事經則《春秋》。」《禮記·玉藻》疏引《六藝論》：「右史記事，左史記言。」《史通·載言》：「古者言為《尚書》，事為《春秋》，左右二史，分屍其職。蓋桓、文作霸，糾合同盟，春秋之時，事之大者也，而《尚書》闕紀。秦師敗績，繆公誠誓。《尚書》之中，言之大者也，而《春秋》靡錄。此則言、事有別，斷可知矣。」但古書也有相反的記載。《禮記·玉藻》稱左史記動。《白虎通·諫諍》引《禮·玉藻》亦同。《孔叢子·答問》：「舉則左史書之，言則右史書之。以無諱示後世。」《國語·魯語上》韋注：「動則左史書之，言則右史書之。」《中論·虛道》：「左史記事，右史記言。」蓋古文家以左史記言，右史記事。今文家以左史記事，右史記言。今更考《左傳·昭公十二年》載楚左史倚相能誦祭公謀父《祈招》之詩〔註8〕。蓋左史本長於記言，亦長於暗誦。左丘明為魯國左史，本為記言之官，而《國語》主記言，必為左史所作。《四庫提要·雜史類》稱《國語》「實古左史之遺」，洵為卓見。

　　更重要的是古代不同職官所作之文，均有其特殊的體例〔註9〕。左史記言，《國語》是記錄話語。書名稱「語」這也表示一種特定的文體，即「語」體文必是記言。《釋名·釋典藝》：「《國語》，記諸國君臣相與言語謀議之得失也。」《釋言語》：「語，敘也。敘己所欲說也。」今本《國語》經左丘明編纂，已併入了一些記事之言，並非全是對話。

　　《論語》稱為「語」也因為全是記錄孔子之言的緣故。《釋名·釋典藝》：「《論語》，記孔子與諸弟子所語之言也。」嚴可均《全漢文》卷38輯劉向《別錄》曰：「魯《論語》二十篇，皆孔子弟子記諸善言也。」《漢書·藝文志》：「《論語》者，孔子應答弟子時人及弟子相與言，而接聞於夫子之語。」《孔子家語》亦為記言之書。

〔註7〕收入劉師培《劉申叔遺書》，江蘇古籍出版社，1997年版。
〔註8〕又作《犙昭》。
〔註9〕另可參考余嘉錫《古書通例》卷一：「蓋記事之書，與立言之體，故自不同耳。」

　　更考《國語・楚語上》：「叔時曰『教之語，使明其德。』」注：「語，治國之善語。」此處之「語」與《春秋》、《詩》、《禮》、《令》、《故志》並舉，足見「語」為專記善言之策。《賈誼新書・傅職》作：「教之《語》，使明於上世而知之務明德於民。」馬王堆帛書《繆和》：「《書》、《春秋》、《詩》、《語》蓋者。」《語》與《尚書》、《詩經》、《春秋》並列，可知其重要性。《論語・子罕》：「《法語》之言，能無從乎？」《法語》當是指《格言錄》、《嘉言集》之類的書，專集錄可為法式之言，既是格言錄，也是書名。書名稱《法語》，其中收錄的格言也稱『法語』。在很多時候『法語』省稱為『語』或『言』。《呂氏春秋・達鬱》：「是故天子聽政，使公卿列士正諫，好學博聞獻詩，蒙箴師誦，庶人傳語。」《淮南子・主術》：「古者天子聽朝，公卿正諫，博士誦詩，瞽箴師誦，庶人傳語。」其中「庶人」，《左傳》作「士」；語，《左傳》作言。《左傳・襄公十四年》：「史為書，瞽為詩，工誦箴諫，大夫規誨，士傳言。」語、言即是《法語》的別稱，是各種格言。〔註10〕《國語・魯語下》韋注：「語，教戒之也。」《史記・周本紀》《集解》引韋昭曰：「有眸子而無見曰矇。《周禮》矇主絃歌，諷誦箴諫之語也。」箴諫之語就是法語，是對國君的教育和諷諫，有政治意義。《周禮・瞽矇》：「諷誦詩。」鄭司農云：「諷誦詩，主誦詩以刺君過，故《國語》曰『矇賦瞍誦』，謂詩也。」

　　我國自古有『乞言』之禮。考《大戴禮記・文王官人》：「自事其親，好以告人，乞言勞醉，而面於敬愛。」《穀梁傳・成公十三年》：「古之人重師，故以乞言之也。」《禮記・文王世子》：「凡祭與養老、乞言、合語之禮，皆小樂正詔之於東序。大樂正學舞干戚，語說，命乞言。」《禮記・內則》：「三王有乞言。五帝憲，養氣體而不乞言，有善則記之為惇史。三王亦憲，既養老而後乞言，亦微其禮，皆有惇史。」《毛詩・行葦》：「養老乞言。」顏師古《匡謬正俗》卷三引《內傳》曰：「三王有乞言。」師古曰：「三王既憲法而有乞言之禮。」「乞言」就是請求別人用格言來教育自己、啟發自己。這個「言」就是有教育意義的「法語」。凡此諸例皆為古人重「法語」之證。

　　《國語・晉語八》：「其身歿矣，其言立於後世，此之謂死而不朽。」韋注：「言其立言可法者。」「言可法者」是對《法語》的最好詮釋。《呂氏春秋・慎大》稱周武王滅殷後，聞二虜之言，「武王避席再拜之，此非貴虜也，貴其言也。」《史記・太史公自序》：「孔子知言之不用，道之不行」。「言」即善言、

〔註10〕亦見《漢書・賈誼傳》。

法語，故與「道」並舉。《漢書‧王莽傳上》：「《詩》曰：亡言不讎，亡德不報」（今本《毛詩》『亡』作『無』）。師古曰：「《大雅‧抑》之詩也。讎，用也。有善言則用之，有德者必報之」。師古釋『言』為『善言』，即「法語」。觀《詩經》此言以『言』與『德』並舉，可證顏師古之說不誤。

今略考西漢以前經典中所引《法語》之言，勢難詳列，僅為舉例而已。

《史記‧范雎蔡澤列傳》錄蔡澤之言稱：「《語》曰『日中則移，月滿則虧。物盛則衰，天地之常數也』。」「語曰」之言不見於《論語》，當是《法語》中言。《史記‧商君列傳》稱：「商君曰『《語》有之矣：貌言華也，至言實也，苦言藥也，甘言疾也。……』」云云。商君所云之《語》必指《法語》而言。《禮記‧文王世子》：「《語》曰『樂正司業，父師司成，一有元良，萬國以貞』。世子之謂也。」《語》亦為《法語》。《商君書‧更法》：「《語》曰『愚者闇於成事，知者見於未萌。民不可與慮始，而可與樂成』。」此語亦《法語》中言。《賈誼新書‧審微》：「《語》曰『焰焰弗滅，炎炎奈何。萌芽不伐，且折斧柯』。」《語》亦《法語》。《賈誼新書‧容經》：「《語》曰『審乎明王，執中履衡。』言秉中適而據乎宜。」「言」為闡釋。《語》必是作為格言錄專書的《法語》。《戰國策‧秦策三》：「《語》曰『人主賞所愛，而罰所惡。明主則不然。賞必加於有功，刑必斷於有罪』。」《戰國策‧齊策五》：「《語》曰『麒驥之衰也，駑馬先之；孟賁之倦也，女子勝之』。」同書《趙策二》：「《語》曰『戰勝而國危者，物不斷也。功大而權輕者，地不入也』。」同書《韓策二》：「《語》曰『怒於室者色於市』。」同書《燕策三》：「《語》曰『仁不輕絕，智不輕怨』。」《戰國策》中類例尚多。《晏子春秋》卷八《外篇不合經術者》引孔子之言：「《語》有之：言發於邇，不可止於遠也；行存於身，不可掩於眾也。」《尚書大傳》卷七：「《語》曰：夏后不殺、不刑罰有罪，而民不輕犯。」《賈誼新書‧春秋》：「《語》曰『禍出者禍反，惡人者人亦惡之』。」皆為《法語》之言。三代兩漢之書引《法語》之言者不勝枚舉。另如《荀子‧君道》：「《語》曰：『好女之色，惡者之孽；公正之士，眾人之痤也；循乎道之人，污邪之賊也』。」《荀子‧正論》：「《語》曰『淺不與足測深，愚不足與謀知。坎井之鼃不可與語東海之樂』。」《荀子‧哀公》：「《語》曰『桓公用其賊，文公用其盜』。」《荀子‧堯問》引《語》之言，載孫叔敖論相楚之語。《墨子‧非攻中》：「古者有語曰『君子不鏡於水而鏡於人』。」云云。又，同篇：「古者有語『謀而不得，則以往知來，以見知隱，謀若可得而知矣』。」「古者有語」皆《法語》中言。

又如:《韓非子・備內》:「《語》曰『其母好者,其子抱』。」同書《難四》:「《語》曰『諸侯以國為親』。」同書《飾邪》:「《語》曰『家有常業,雖饑不餓;國有常法,雖危不亡』。」同書《五蠹》曰:「故明主之國,無書簡之文,以法為教;無先王之語,以吏為師。」先王之語是收錄於《法語》中的格言,必錄於書簡之中。《新序》卷九《善謀》:「《語》曰『強者善攻,而弱者不能守』。」同卷又曰:「《語》曰『唇亡則齒寒矣』。」同卷又曰:「《語》曰『愚者暗成事,知者見未萌』。」《尸子・廣澤》:「《語》曰『莫知其子之惡,非智損也,愛弇之也』。」《申鑒・時事》:「《語》曰『盜跖不能盜田尺寸』。」《漢書・周緤傳》:「《語》曰『雖有茲基,不如逢時』。」類例太多,難以竭澤而漁。

古人常常說的「故志」是與《法語》相似的文獻。《國語・楚語上》稱「故志」能「使知廢興者而戒懼焉」。韋注曰:「故志,謂所記前世成敗之書。」今考古文獻,《逸周書》中的《史記解》當是「故志」一類。劉起釪《古史續辨》〔註11〕之《〈逸周書〉與〈周志〉》二《周志》引錄「故志」較詳,今轉錄有關材料於下:

《國語・楚語》:「其在《志》也,『國為大城,未有利者』。」《左傳・文公六年》:「前《志》有之曰:『敵忠敵怨,不在後嗣』。」《左傳・昭公三年》:「《志》曰:『能敬無災』。」「《志》又曰:『敬逆來者』。」《國語・晉語》:「《志》有之曰:『高山峻原,不生草木;松柏之地,其土不肥』。」《左傳・成公十五年》:「前《志》有之曰:『聖達節,次守節,下失節』。」《左傳・襄公四年》:「《志》所謂『多行無禮,必有自及』也。」《左傳・襄公二十五年》:「《志》有之曰:『言以足志,文以足言』。」《左傳・哀公十八年》:「《志》曰:『聖人不煩卜筮』。」《孟子・滕文公下》:「且《志》曰:『枉尺而直尋』。」《左傳・昭公元年》:「《志》曰『買妾,不知其姓,則卜之』。」《孟子・滕文公上》:「且《志》曰:『喪葬從先祖』。」《左傳・宣公十二年》和《昭公二十一年》曰:「《軍志》曰:『先人有奪人之心,後人有待其衰』。」《左傳・昭公十二年》:「古也有志,『克己復禮,仁也』。」〔註12〕但劉起釪以為故志是史籍,不知故志乃是近似《法語》之書,與尋常史籍不同。另如《韓非子・說疑》引有《周記》曰:「無尊妾而卑妻,……」云云,也是格言性質的法語。

〔註11〕中國社會科學出版社,1997年。
〔註12〕此條為劉氏書漏輯。

　　古書中有時引用《法語》並無明顯的標誌。如《呂氏春秋‧慎大覽‧權勳》：「故曰『小利，大利之殘也』。」同章又稱：「故曰『小忠，大忠之賊也』。」此文亦當出自《法語》。《呂覽》凡引格言，皆明著所出，如引《易》曰，孔子曰等。所錄「故曰」之言，必是出於故書，非作者之言。因是《法語》中言，為人所習知，才不必明標所出。《戰國策‧秦策一》稱：「故曰『式於政，不式於勇；式於廊廟之內，不式於四境之外』。」《春秋繁露‧為人者天》謂：「故曰『非道不行，非法不言』。此之謂也。」《左傳‧哀公元年》：「臣聞之『樹德莫如滋，去疾莫如盡』。」此類格言亦當在《法語》之中。

　　古書中常出現的「古人有言曰」皆出自《法語》，全是格言警句。考《國語‧周語中》：「古人有言曰『兄弟讒鬩，侮人百里』。」《左傳‧僖公七年》：「古人有言曰『知臣莫若君，弗可改也已』。」《左傳‧文公十七年》：「古人有言曰『畏首畏尾，身其餘幾』。又曰『鹿死不擇音』。」《左傳‧宣公十五年》：「古人有言曰『雖鞭之長，不及馬腹』。」《左傳‧成公十八年》：「古人有言曰『殺老牛，莫之敢尸』。」《左傳‧襄公二十四年》：「古人有言曰『死而不朽』。」《左傳‧襄公二十六年》：「古人有言曰『非所怨勿怨』。」《左傳‧昭公七年》：「古人有言曰『其父析薪，其子弗克負荷』。」《尚書‧泰誓下》：「古人有言曰『撫我則后，虐我則讎』。」《尚書‧牧誓》：「古人有言曰『牝雞無晨。牝雞之晨，惟家之索』。」《尚書‧酒誥》：「古人有言曰『人無于水監，當于民監』。」孔傳曰：「古賢聖有言……」。《尚書‧秦誓》：「古人有言曰『民訖自若是多盤。責人斯無難，惟受責俾如流，是惟艱哉』。」《春秋繁露‧楚莊王第一》：「人之言曰：國家治，則四鄰賀；國家亂，則四鄰散。」同書《精華第五》：「古人有言曰：不知來，視諸往。」《禮記‧檀弓上》：「古人有言曰『狐死正丘首，仁也』。」《禮記‧祭統》：「是故古之人有言曰『善終者如始』。」《漢書‧刑罰志》：「古人有言：『天生五材，民並用之，廢一不可，誰能去兵』？」這些古人之言當載於《法語》書中。今觀郭店楚簡已有竹書《語從》，專錄格言。《漢書‧叔孫通傳》：「《語》曰『廊廟之材非一木之枝，帝王之功非一士之略』。」師古曰：「此語本出《慎子》。」可確證古之善言的確非僅憑口耳相傳，而是載於竹帛。

　　吳榮曾《〈緇衣〉簡本、今本引〈詩〉考辨》〔註13〕甚至認為《墨子》、《荀子》、《戰國策》中所引的《詩》，本來並非《逸詩》，而是「與《詩經》無關的有韻的諺語、格言」。我們認為這些『格言』在當時是有專書集錄的。

〔註13〕見《文史》第六十輯，中華書局。

　　類似《法語》的民間諺語，稱為鄙語。《文心雕龍・書記》稱「上古遺諺」：「文辭鄙俚，莫過於諺。」未免過甚其辭，低估了格言的重大功能。《大戴禮記・保傅》：「鄙語曰『不習為吏，如視已事。』又曰『前車覆，後車誡』。」《賈誼新書・保傅》鄙語作鄙諺，吏作史，如作而。

　　上古所稱的「諺」，其實都是法語。《左傳・定公十五年》：「諺曰『民保於信』。」《國語・周語中》：「且諺曰『獸惡其網，民惡其上』。」《韓非子・內儲說上七術》曰：「鄙諺曰『莫眾而迷』。」《晏子春秋》八《外篇重而異者》：「諺言有之曰：社鼠不可薰去。」同書六《內篇雜下》：「非宅是卜，維鄰是卜。」《漢書・王陵傳》：「鄙語曰『兒婦人口不可用』。」《說文》：「彥，美士有彣〔註14〕，人所言也。」一般的諺語和法語有的時候不易區分。『法語』如不被採錄入書簡之中，則與尋常的諺語沒有多大的差別，反正都是格言警句。如《漢書・蒯通傳》：「語曰：『野禽殲，走犬亨。敵國破，謀臣亡』。」《漢書・鄒陽傳》：「語曰：『有白頭如新，傾蓋如故』。」《漢書・韓安國傳》：「語曰：『雖有親父，安知不為虎？雖有親兄，安知不為狼？』這樣的『語』未必會收進《法語》書中，這時就與一般的諺語或鄙語差不多了，但依然屬於法語。始末較完備的例子如《漢書・王吉傳》：「始吉少時學問，居長安。東家有大棗樹垂吉庭中，吉婦取棗以啖吉。吉後知之，乃去婦。東家聞而欲伐其樹，鄰里共止之，因固請吉令還婦。里中為之語曰：『東家有樹，王陽婦去。東家棗完，去婦復還』。其厲志如此」。這樣的『語』是不折不扣的鄙語了，與《法語》之言已有所不同，但也是民間對人情世故的總結，有借鑒意義。

　　孔子稱其為言，蓋因「言」與「語」同意。《論語》用「言」字達 130 例，皆指語言，既作動詞，也作名詞，多與文、行相對，無一例指書面文字。《論語・先進》：「言語，宰我、子貢。⋯⋯文學，子游子夏。」子貢、宰我皆以善辯馳名，故孔子稱其長於言語。可知言語與文學不同。《孟子・盡心下》：「言語必信。」亦言與語同意之例。《論語・子路》作：「言必信」。《周易・繫辭上》：「則言語以為階。」《周易・頤》：「君子以慎言語。」《周禮・禁暴氏》：「作言語而不信者。」《禮記・王制》：「五方之民，言語不通。」《禮記・少儀》：「言語之美，穆穆皇皇。」同章曰：「毋身質言語。」言與語合稱之例甚多，不勝枚舉。

〔註14〕一作文，此據段注本。

『法語』在古代有一個泛稱的同義詞叫『善言』，也叫「話」或「話言」。《詩經‧抑》：「其維哲人，告之話言。」毛傳：「話言，古之善言也。」《詩經》同篇又曰：「慎爾出話」。毛傳：「話，善言也」。《禮記‧緇衣》引《詩》：「慎爾出話。」鄭玄注：「話，善言也。」《左傳‧文公十八年》：「不可教訓，不知話言。」杜注：「話，善也。」《尚書‧立政》：「自一話一言。」孔傳也以『話』為『善』。『話言』本為古之成語，此為緩讀或為強調，所以才說成『一話一言』。《說文》：「話，會合善言也。《傳》曰『告之話言』。」《左傳‧文公六年》：「著之話言。」杜注：「話，善也。為作善言遺戒。」話言乃善言，即法語。《韓非子‧飭令》：「不以善言害法。」《淮南子‧原道》：「故聽善言便計，雖愚者知說之。」《孔叢子‧抗志》：「欲報君以善言。」《論語‧衛靈公》：「不以人廢言。」王曰：「不可以無德而廢善言。」王肅訓「言」為「善言」。《孟子‧告字下》：「好善優於天下。」趙注：「孟子曰好善樂聞善言，是採用之也。」《左傳‧昭公十八年》：「乃歸蹶由。」杜注：「言楚子能用善言。」韋昭《國語解敘》：「故復採錄前世穆王以來，下訖魯悼、智伯之誅，邦國成敗，嘉言善語。」《禮記‧內則》：「三王有乞言。」鄭注解『言』為『善言』。《禮記‧文王世子》：「凡祭與養老、乞言、合語之禮。」鄭注「乞言」為「乞善言可行者也。」《毛詩‧行葦》：「養老乞言。」毛傳：「乞言，從求善言可以為政者。」善言與法語同義。《史記‧孟荀列傳》：「淳于髡久與處，時有得善言。」《史記‧汲鄭列傳》：「聞人之善言，進之上，唯恐後。」《史記‧滑稽列傳》：「今顧東方朔多善言。」《漢書‧賈誼傳》：「進善之旌。」師古曰：「進善言者，立於旌下。」《漢書‧平當傳》：「當又以為長雖有善言」。《漢書‧敘傳上》：「上乃謂然歎曰：吾久不見班生，今日復聞讜言。」師古曰：「讜言，善言也，音黨。」（又見《敘傳下》）。《後漢書‧馬援傳》：「吾望子有善言。」這些例子都是古人重『善言』之證。

《郭店楚墓竹簡》〔註15〕中有《語叢》四卷〔註16〕，正是古代的《法語》書，所錄皆為格言。《莊子‧人間世》曰：「故《法言》曰『傳其常情，無傳其溢言，則幾乎全』。」同章又曰：「故《法言》曰：『無遷令，無勸成，過度益也』。」《法言》就是《法語》，此為古有《法語》書之鐵證。

〔註15〕 文物出版社，1998年。又，劉釗《郭店楚簡校釋》，福建人民出版社，2003年。又見陳偉主編《楚地出土戰國簡冊（十四種）》，經濟科學出版社，2009年。

〔註16〕 李學勤《〈語叢〉與〈論語〉》討論了《語叢》引述《論語》的例證，收入李學勤《中國古代文明研究》，華東師範大學出版社，2005年。

　　「法言、法語」在古文獻中有一些別名。《詩經・雨無正》：「如何昊天，辟言不信！」毛傳：「辟，法也。」「辟言」正是「法言」。《上海博物館藏戰國楚竹書》（一）中《孔子詩論》第八簡曰：「《十月》，善辟言。」馬承源先生曾釋「辟」為「諞」，也有釋為「諀」者。今從周鳳五釋為「辟」。「辟言」正是法言、法語。《春秋繁露・深察名號》曰：「其設名不正，故棄重任而違大命，非法言也。」知古人熟習「法言」。《孝經・卿大夫章第四》：「非先王之法言不敢道。……故非法不言。」真德秀《文章正宗》卷十一：「不遵五經之法言。」

　　「法語、法言」又稱「典言」。《國語・晉語二》：「懷之以典言。」韋注：「典，法也。法言，謂陽谷之會，以四教令諸侯之屬。」《國語・晉語四》：「陽人有夏商之嗣典。」韋注：「典，法也。」《典言》是《法語》的異名。

　　「法語、法言」又稱「憲言」。《國語・周語下》：「觀之《詩》、《書》，與民之《憲言》，則皆亡王之為也。」《憲言》即《法語》，憲與法同，言與語同。《憲言》與《詩》、《書》並稱，必是書名。

　　「法語、法言」又稱「訓語、訓辭」。《國語・鄭語》引《訓語》之言，訓與法同。《訓語》即《法語》。《尚書・無逸》：「我聞之曰『古之人猶胥訓告』。」訓告之言多被輯入《法語》。《左傳・昭公五年》：「道之以訓辭。」訓辭義同於法語。《太玄》九十：「擬言於法，言得其正。」

　　另如《呂氏春秋・謹聽》引《周箴》：「夫自念斯，學德未暮。」《周箴》當亦為周朝的《格言集》之類，與《法語》近似，旨在諷諫。《晉書・天文志上》：「至於殷之巫咸、周之史佚，格言遺記，於今不朽。」《左傳・襄公二十四年》：「既沒，其言立。」杜注：「立謂不廢絕」。《釋文》：「今俗本皆作『其言立於世』。」古時必有記錄各種法言的專書，書名即稱《法語》。

　　「法言、法語」還有類似的泛稱詞曰「德言」。《尚書・康誥》：「紹聞衣德言。」《詩經》則多言「德音」。義亦相近。《國語・晉語四》：「夫先王之法志，德義之府也。」「法志」就是集錄各種「法語」的專書。我國古書中確流行「法言」一詞。如《史記・梁孝王傳》：「是後成王沒齒不敢有戲言，言必行之。《孝經》曰：『非法不言，非道不行』。此聖人之法言也。」《漢書・郊祀志下》：「諸背仁義之正道，不遵《五經》之法言」。《後漢書・班彪傳》：「誠令遷依《五經》之法言，同聖人之是非，意亦庶幾矣。」

　　《法語》有的別名不易被察覺。例如，「法言」又作「靜言」。考《尚書・堯典》：「靜言庸違。」孔傳釋『靜』為『謀』，『靜言』即『謀言』。今按：孔

傳非是。『靜』當訓『美、好』。考《史記·五帝本紀》訓釋為「靜言」為「善言」，明是訓「靜」為「善」，與「美、好」同義。

更考《詩·靜女》：「靜女其姝。」《詩·女曰雞鳴》：「莫不靜好。」《詩·既醉》：「邊豆靜嘉。」此數例之「靜」皆當訓美好，讀音如「亮」，字又作「靚」。今猶存於廣州話中。毛傳均誤釋。靜女非謂貞靜女，乃言美女，與姝相應。靜好、靜嘉皆為同義反覆之詞。《左傳·定公五年》：「《靜女》之三章，取彤管焉。」杜注：「《靜女》三章之詩，雖說美女，義在彤管。」杜注正釋『靜女』為『美女』，甚確。《文選·上林賦》：「妖冶嫻都，靚粧刻飾。」靚粧即美粧。《文選·蜀都賦》：「都人士女，袨服靚粧。」《後漢書·南匈奴傳》：「豐容靚飾。」《玉篇》：「靚，裝飾也。」《集韻》：「靚，一曰女容徐靚。」《文心雕龍·事類》：「靚粉黛於胸臆也。」《說文》靚，段注引《上林賦》「靚粧」後，段氏曰：「靚者，靜字之假借。彩色詳宷得其宜，謂之靜。《考工記》言畫繢之事也。安靜本字當從立部之靖。」另如《馬王堆帛書老子》甲本：「請（清）靚可以為天下正。」今本《老子》四十五章「靚」作「靜」。可知，服飾打扮得漂亮叫作「靚」。《堯典》「靜言」乃指「善言」、「美言」，謂共工常違棄善言。作「謀言」解則不辭。「靜言」即「法語」。《尚書》中的「靜言」與《詩經·柏舟》「靜言思之」中的「靜言」毫無關係，學者不可妄牽。「靜言」在《漢書》引作「靖言」，如《漢書·王尊傳》：「靖言庸違。」《潛夫論·明暗》：「靖言庸回弗能惑也。」而「靖」可訓「美」。《尚書·盤庚上》：「則惟汝眾自作弗靖。」王引之《經義述聞》〔註17〕「自作弗靖」條引王念孫之說訓「靖」為「善」。王念孫在訓詁中就訓「靜」為「善」，「靖」又通作「靖」。王念孫已經訓「靜言」為「善言」，可稱卓見。

「法言」又作「由言」。考《詩經·抑》：「無易由言，無曰苟矣。」鄭箋：「由，於。女無輕易於教令，無曰苟且如是。」今按：鄭說非是。「由」當為迪之借，訓為「道」，常見於古訓。由言即道言，亦即法語之義。道與法義近。「由言」即「法語」。「易」訓輕，謂不可輕視法語。亦如《方言》卷六：「由、迪，正也。東齊青徐之間相正謂之由、迪。」中華書局標點本以「由迪」為一詞，非是。郭注曰：「由，正」。《玉篇》：「青州之間相正謂之迪。」無「由」字。知「由迪」非一詞。王引之《經義述聞》三《由乃在位》條亦以「由」訓「正」，非以「由迪」為聯綿詞。由訓正，由言即正言，義同「法言」。馮浩菲

〔註17〕鳳凰出版社，2013 年。81 頁。《高郵王氏四種》之三。

—520—

《論〈大雅‧抑〉篇的歸屬》〔註18〕釋『無易由言』為『言語教令不可輕易頒行』，實未能確知古義。

《論語‧微子》：「言中倫，行中慮。」中倫之言稱倫言。倫與論通，《詩經‧大雅‧靈臺》：「于論鼓鍾。」鄭箋：「論之言倫也」。《文心雕龍‧論說》：「論者，倫也。」《釋名‧釋典藝》：「論，倫也。有倫理也。」《說文》倫作侖：「侖，理也。」《國語‧晉語八》：「而以國倫數而遣之。」韋注：「倫，理也。」《呂氏春秋‧行論》：「以堯為失論。」高注：「論猶理也。」言與語同意。故《論語》一名實與『倫言』同意。蓋子夏諸人效《法語》故例，編撰《論語》一書，意為「合乎倫理之言」。章太炎《國故論衡‧文學總略》竟謂論與侖通，為書寫之俱。章太炎曰：「論者古但作侖，比竹成冊，各就次第，是之謂侖。……《論語》為師弟問答，乃亦略記舊聞，散為各條，編次成帙，斯曰侖語。……比竹成冊為之侖，各從其質，以為之名。」殊為無據。皇侃《論語集解義疏‧序》稱《論語》之「論」字包孕四義，深具卓識，今據《四庫全書》本引錄相關文字如下：「(《論語》) 言近意深，《詩》《書》互錯綜，《典》《誥》相紛紜。義既不定於一方，名故難求乎諸類。因題《論語》兩字以為此書之名也。但先儒後學，解釋不同；凡通此『論』字，大判有三途：第一舍字制音，呼之為倫；一舍音依字而號曰論；一云倫、論二稱義無異也。第一舍字從音為倫，說者乃眾，的可見者，不出四家，一云倫者，次也。言此書事義相生首末相次也；二云倫者，理也。言此書之中蘊含萬理也；三云倫者，綸也。言此書經綸今古也；四云倫者，輪也。言此書義旨周備，圓轉無窮，如車之輪也。……今字作論者，明此書之出不專一人，妙通深遠，非論不暢。而音作倫者，明此書義含妙理，經綸今古，自首臻末，輪環不窮。依字則證事，立文取音則。據理為義，義文兩立，理事雙該，圓通之教，如或應示。故蔡公為此書為圓通之喻，云物有大而不普，小而兼通者，譬如巨鏡百尋，所照必偏，明珠一寸，鑒色六合。以蔡公斯喻，故言《論語》小而圓通，有如明珠。」〔註19〕《文心雕龍‧徵聖》：「夫子風采，溢於格言。」則劉勰釋《論語》之義為「格言」。今人楊伯峻以《論語》之意為「語言的論纂」，純是鑿空臆度。金德建《古籍叢考‧論語名稱起源於孔安國考》〔註20〕據《論衡‧正說》稱《論語》一名為孔安國所定，

〔註18〕見《文史》第六十輯，中華書局。
〔註19〕漢代以前以車輪為喻之例如《淮南子‧原到》：「輪轉而無廢。」《詩經‧魏風‧伐檀》：「河水清且淪猗。」毛傳：「淪，小風水成文，轉如輪也」。
〔註20〕中華書局上海書店，1986 年版。

本名《論》或《傳》。金氏曰：「《論衡・正說篇》說『說論者皆知說文解語而已。宣帝下太常博士時，尚稱書難曉，名之曰《傳》，後更隸寫以傳誦。初，孔子孫孔安國，以教魯人扶卿始曰《論語》』。據此，最初只稱《論》如云《齊論》、《魯論》、《古論》，尚係沿襲舊名。宣帝時稱『傳曰』，蓋別於經而言，非書名也。但亦非始於宣帝時，如《史記・封禪書》引《論語》，已稱『傳曰』。其後揚子《法言・孝至篇》引《論語》稱『吾聞諸傳』。《漢書・外戚傳》引《傳》曰『以約失之者鮮』，語實出於《論語・里仁篇》，皆其例證。至於《論語》一名的產生，雖始於孔安國，一時亦未普遍流行；後以經生傳授，都用這個名稱，才把《論語》名稱確定了。本來有幾種經書名稱，都是武帝時規定的。如《尚書》則劉向《別錄》說：『《尚書》直言也，始歐陽氏，先君名之。』初稱《書》，至歐陽氏始加《尚書》之稱。《詩經》未另定名稱，歷來就只稱一個《詩》字。所以《史記》中稱《論語》，命名上不一律乃因孔國安始定名《論語》，其時尚未普遍流行之故。」金德建的這段論述很值得注意。如此說可立，則孔安國之前的古書所引的「語曰」之言皆出自《法語》，無一指《論語》。但是今本《禮記・坊記》稱：「子云：『君子弛其親之過，而敬其美』。《論語》曰：『三年無改於父之道，可謂孝矣。』高宗云：『三年其惟不言，言乃歡』。」《坊記》一直被認為是戰國時的子思所作，而其文已經引用《論語》，且有『論語』一名。不過也有可能是《坊記》在西漢時被編入《禮記》的時候，《論語》此言才被添加進去的。我們可以說在今本《禮記》成書的時候，已有《論語》之名。

「法語」又有同義詞作「箴言」，這比較好理解。不再舉例。

《論語》在漢時稱「傳」，除金德建所舉之例外，另如《漢書・楊雄傳》：「傳莫大於《論語》。」亦以《論語》為《傳》。王國維《經學概論・總論》〔註21〕也早已經指出在漢代《論語》、《孝經》皆為『傳』。

《上海博物館藏戰國楚竹書》（一）中《孔子詩論》第二簡曰：「頌，旁德也，多言後。……大雅，盛德也，多言。」第十七簡曰：「《將仲》之言，不可不畏也。」〔註22〕《禮記・緇衣》：「南人有言曰『人而無恒，不可以為卜筮』。古之遺言與。」《論語・憲問》：「有德者必有言，有言者不必有德。」「言」是

〔註21〕 見《王國維文集》第四卷、中國文史出版社，1997 年。

〔註22〕 本文所引《上海博物館藏戰國楚竹書》（一）中《孔子詩論》的釋文皆據周鳳五《〈孔子詩論〉新釋文及注解》，載《上博館藏戰國楚竹書研究》。上海書店出版社，2002 年 3 月。

「善言、法語」。《論語・季氏》：「君子……畏聖人之言。」同章：「周任有言曰」云云。馬曰：「周任，古之良史。」同書同章：「小人……侮聖人之言。」孔子所稱的：有德者之言、聖人之言、周任之言，皆有書策記錄，否則但憑口耳相傳，必不能行遠。《左傳・宣公十二年》：「仲虺有言曰『取亂侮亡』。」《襄公十四年傳》：「仲虺有言曰『亡者侮之，亂者取之』。」但《襄公三十年傳》作「仲虺之志曰」。足見仲虺之言出於故志，非僅憑口耳相傳。〔註23〕《左傳・隱公六年》：「周任有言曰……。」周任之言必載於《法語》。另如《尚書・盤庚》：「遲任有言曰……」亦如此。漢代揚雄仿《論語》而作《法言》，其實先秦本有《法語》廣為流傳。《法語》在先秦有種種別名或同義詞，如：《訓語》、《憲言》、《典言》、《由言》、《法言》、《靜言》、《辟言》、《話言》、《善言》、《箴言》等。古人編的《法語》書有很多種，不同的時代皆有。

　　吸取《法語》的體例，刻意著書的還有《淮南子》的《說山》和《說林》。《老子》一書的文體與《法語》很相近。馬王堆帛書《稱》也是古代的《法語》書的一種，頗集錄可為法式的格言。另外《逸周書》有《武稱》與《周祝》，與《老子》的文體特別類似，也是可為法言的經驗之談〔註24〕。

　　據以上所論可知，古時確有記錄言語的專書，《法語》、《國語》、《論語》、《孔子家語》、《賈誼新書》中的《修政語》、《禮容語》、《管子》中的《事語》、《左傳》中的「君子曰」、《左傳》、《尚書》中的「古人有言曰」等皆是明證。又，據劉向《戰國策・序》稱，《戰國策》一名《事語》，蓋因其記言尤多之故。《上海博物館藏戰國楚竹書》（一）中《孔子詩論》第二十簡曰：「幣帛之不可去也，民性固然。其隱志必有以喻也，其言有所載而後納，或前之而後交，人不可幹也。」《漢書・藝文志》：「古之王者世有史官，君舉必書，所以慎言行，昭法式也。」《文心雕龍・詔策》亦曰：「王言之大，動入史策。」《文心雕龍・宗經》：「《書》實記言」。《史記・晉世家》：「史佚曰：天子無戲言。言則史書之，禮成之，樂歌之。」凡此均可為明證。古語的流傳似很廣泛，有的與法語無關。如《漢書・蕭何傳》：「語曰『天漢』，其稱甚美」。注引孟康曰：「語，古語也。言地之有漢，若天之有河漢，名號休美。」臣瓚曰：「流俗語云『天漢』，其言常以漢配天，此美名也。」

〔註23〕《呂氏春秋・驕恣》亦錄有仲虺之言。
〔註24〕可參考李學勤先生《簡帛佚籍與學術史》中的《〈稱〉篇與〈周祝〉》，江西教育出版社，2001年。

《國語》「教之語」中的「語」正因為是指《法語》，故能使其明德。《法語》主明德，語多諷諫，可能被秦始皇所焚，故而失傳。因秦皇燒書，正是怕人借古書之言以刺今政〔註25〕。《韓非子‧飭令》也主張：「不以善言害法。」漢代人中多有引用《法語》者，蓋憑口耳相傳，尚多留存。但是古人的法語從來不刻寫在青銅器上。郭沫若《金文叢考‧〈湯盤〉〈孔鼎〉之揚搉》早已指出：「殷、周古器傳世頗多，其有銘者已在三四千具以上，曾無一例純作箴規語者。」《說苑》中的《金人銘》顯是寓言，不可以之難郭氏說。

唯今本陸賈《新語》非主記言。《四庫提要》已斷今本《新語》為偽託之書，非陸賈舊文。而余嘉錫先生《古書通例》〔註26〕卷一反對《四庫提要》之說，稱：「今所傳《新語》皆出於明弘治間李庭梧刻本，實是陸賈原書。《提要》疑為後人依託，所引證紕謬百出，余作《辯證》已詳駁之。」即使如余嘉錫所言今本《新語》是陸賈原本，也只能說是漢初人著述已乖於先秦的體裁。且《新語》、《新書》都是泛稱之名。考《史記‧陸賈列傳》：「陸生乃粗述存亡之徵，凡著十二篇。每奏一篇，高帝未嘗不稱善，左右呼萬歲，號其書曰《新語》。」《正義》引《七錄》云：「《新語》二卷，陸賈撰也。」〔註27〕可知《新語》這一書名並非陸賈自己所定，而是漢高祖及其左右稱其為《新語》。實則劉邦等草莽英豪昧於名實，不知「語」本是載錄言語之體裁。

《漢書‧藝文志》所錄的《國語》、《新國語》必是記言之書。而《左傳》既記言又記事，所據甚廣博（見《史通‧採撰》），當是廣採左右史所錄的各種材料綜合撰成。且採擇了許多「故志」，上已詳引。上古典籍傳至戰國的並不少，除了周王室的官書（如《書》、《詩》、《易》、《禮》）之外還有很多。考《呂氏春秋‧務本》：「嘗試觀上古記。」《孔子家語‧禮運》：「昔大道之行，與三代之英，吾未之逮也，而有記焉。」《國語‧楚語上》：「教之故志。」《國語‧晉語六》：「夫成子導前志以佐先君。」韋注：「志，記也。」《左傳‧成公四年》：「史佚之志有之曰。」這些上古典籍，《左氏》必多所取材。古人多泛稱文書為「記」，又如《呂氏春秋‧至忠》：「臣之兄嘗讀故記。」同章又曰：「王令人發平府而視之，於故記果有。」同書《察傳》：「子夏之晉，過衛，有讀史記者曰。」《韓非子‧說疑》：「其在記曰『堯有丹朱，而舜有商均，啟有五觀，商

〔註25〕見《史記‧秦始皇本紀》李斯言。
〔註26〕參看《余嘉錫著作集》之《目錄學發微‧古書通例》，中華書局，2014年版。
〔註27〕另見《漢書‧淮南衡山濟北王列傳》。

有太甲，武王有管、蔡』。」又稱：「記曰『周宣王以來，亡國數十，其臣弒其君而取國者眾矣』。」《韓非子‧忠孝》：「《記》曰『舜見瞽瞍，其容造焉』。」這些記載都是明證。所以那些可引以為教訓的格言能夠有傳書記錄。

　　《法語》因遭秦火而殘，然未曾斷絕。《賈誼新書‧過秦上》：「於是廢先王之道，焚百家之言，以愚黔首。」《史記‧秦始皇本紀》載李斯言：「非博士官所職，天下敢有藏《詩》、《書》、百家語者，悉詣守尉雜燒之。」這裡的「百家語」包含了各種「法語」書。是否主要指諸子百家之書，學術界有不同說法。因為漢代以來的人們很多認為秦始皇沒有焚過諸子書。考王充《論衡‧書解》：「秦雖無道，不燔諸子。」皆謂狂秦不燒諸子書。東漢趙岐《孟子題辭》：「逮至亡秦，焚滅經術，……（《孟子》）其書號為諸子，故篇籍得不泯絕。」《史記‧屈原賈生列傳》稱賈誼年少，「頗通諸子百家之書。」可證漢初諸子書尚多存。《漢書‧楚元王傳》載劉歆之言：「至孝文皇帝，……天下眾書往往頗出，皆諸子傳說。」《文心雕龍‧諸子》：「暨於暴秦烈火，勢炎昆岡，而煙燎之毒，不及諸子。」唐朝逢行珪《鬻子序》：「遭秦暴亂，書記略盡，《鬻子》雖不預焚燒，編帙由此殘缺。」此實謂狂秦不焚諸子。《史記‧五帝本紀》《正義》稱：「太史公據古文並諸子百家論次，擇其言語典雅者，故著為《五帝本紀》。」此乃言司馬遷曾見過先秦的諸子百家。《史記‧伯夷列傳》：「王者大統，傳天下若斯之難也。而說者曰堯讓天下於許由，許由不受，恥之逃隱。及夏之時，有卞隨、務光者。此何以稱焉？」《索隱》按：「說者，謂諸子雜記也。」也稱司馬遷讀過諸子雜記。《史記‧魏其武安侯列傳》：「蚡辯有口，學《槃盂》諸書。」《集解》引應劭曰：「黃帝史孔甲所作銘也。凡二十九篇，書槃盂中，所為法戒。諸書，諸子文書也。」《史記‧太史公自序》《正義》曰：「太史公撰《史記》，言其協於《六經》異文，整齊諸子百家雜說之語，謙不敢比經藝也。」均言司馬遷曾見諸子百家之書〔註28〕。《漢書‧藝文志》：「武帝時，河間獻王好儒，與毛生等共採《周官》及諸子言樂事者，以作《樂記》」。《漢書‧藝文志》稱：「凡諸子百八十九家，四千三百二十四篇。出蹴鞠一家，二十五篇。」

〔註28〕裴駰《史記集解序》：「採經傳百家並先儒之說」。《正義》曰「：採，取也。或取傳說，採諸子百家，兼取先儒之義。先儒，謂孔安國、鄭玄、服虔、賈逵等是也。言百家，廣其非一。」另參看梁啟超《梁啟超國學講錄二種》（陳引馳編校，中國社會科學出版社，1997 年）《要籍解題及其讀法》之《史記‧〈史記〉之名稱及其原料》（18～20 頁）；金德建《司馬遷所見書考》（上海人民出版社，1963 年。）

《藝文志》本諸劉向的《別錄》和劉歆的《七略》，則西漢末年所能見到的諸子書多達百八十九家。我們由此可以推論秦始皇焚書似乎並未燒掉諸子書。故《法語》有賴諸子百家之書所徵引而保存了不少。

今觀法家所仇視者皆為《詩》、《書》，不關諸子。考《商君書‧農戰》：「雖有《詩》、《書》，鄉一束，家一員，獨無益於治也。」又：「農戰之民千人，而有《詩》、《書》辯慧者一人焉，千人者皆怠於農戰矣。」同書《算地》篇曰：「故事《詩》、《書》談說之士，則民遊而輕其君。」《商君書》言《詩》、《書》凡十處，皆力絀之，而不與諸子並提。《韓非子》甚至不詆《詩》、《書》。《韓非子》只詆訶文學之士，不明顯攻擊《詩》、《書》。《韓非子》引《詩》六次，無一黜言。故知暴秦焚《詩》、《書》乃據商君的思想或《商君書》之言，非關《韓非子》。《韓非子‧五蠹》曰：「藏商、管之法者家有之，而國愈貧。」足見《商君書》廣為流傳。百家語乃包含各種《法語》書，不幸遭秦火。但依然殘留了不少零機碎錦。

那麼秦始皇焚燒的「百家語」是什麼呢？那些百家語包含了百家的《法語》書。這些書本來在《漢書‧藝文志》是有記錄的，但向來被人們所忽略。今列舉《藝文志》錄諸子之書如次：

《讕言》十篇（不知作者，陳人君法度）。《儒家言》十八篇（不知作者）。《道家言》二篇（不知作者）。《周訓》十四篇。《法家言》二篇（不知作者）。《雜家言》一篇（王伯，不知作者）。這些書多稱為「言」，其實就是《法語》的別名。我在上文已經指出《法語》可簡稱為『言』或『語』。『言』與『語』同義。秦始皇燒的百家語正是這些頗有思想內容的百家之『言』。雖然這類書後世失傳了，但在先秦卻廣為流傳。諸子百家都編有自己的《法語》書（如同現在的各種語錄），以宣傳自己的主張。至於諸子書有的因為篇幅較大，不易於廣泛流行，可能多在諸子學派的內部傳習。在廣大的社會上去宣傳的還是那些語錄體的《法語》書。今觀《淮南子‧說林》就類似《道家言》和《雜家言》；郭店楚簡的《語叢》和定州出土的《儒家者言》近似《儒家言》。「百家語」容易深入民心，所以遭到秦朝政府的禁絕。《藝文志》中載錄的各家語是秦火後的殘餘。

我們最後考辨《郭店楚墓竹簡‧語叢四》的一個問題。《語叢四》有一段法語稱（以通行字引述）：「竊鉤者誅，竊邦者為諸侯。諸侯之門，義士之所存。」這和《莊子‧胠篋》篇的名句「彼竊鉤者誅，竊國者為諸侯，諸侯之門而仁義

存焉」非常吻合〔註29〕。但是有細微的區別。《莊子・胠篋》作「仁義存焉」，《語叢四》作「義士之所存」。「仁義」和「義士」明顯不同。李學勤先生《從郭店簡〈語叢四〉看〈莊子・胠篋〉》〔註30〕一文認為《語叢四》作「義士」「語意欠通」，他為了遷就《莊子・胠篋》，於是認為《語叢四》的「義士」是「仁義」之誤，並認為《語叢四》引用了《莊子・胠篋》。我認為裘錫圭先生的按語對《莊子》的引證是有不完美的，李學勤先生的觀點不可信。《語叢四》作「義士」，不作「仁義」，是完全正確的。裘錫圭先生不能僅僅引證《莊子・胠篋》，還應該引證《莊子・盜跖》：「小盜者拘，大盜者為諸侯。諸侯之門，義士存焉。」這與《莊子・胠篋》的相關文句非常近似，正好是作「義士」，而不是作「仁義」。因此根本不如李學勤先生所說的作「義士」是語意欠通，而是完全正常的，是古本之真。《語叢四》的「義士」不可能是「仁義」之訛。有了《語叢四》的出土文獻，我們基本上可以斷定今本《莊子・胠篋》「仁義存焉」是後人所改，古本應該是「義士存焉」，與《莊子・盜跖》一樣。訓詁為：什麼叫「義士」，要由諸侯這樣的權貴說了算。這是《莊子》憤慨社會的價值觀被權貴綁架。統治者說你是義士，你才是義士。統治者說你是高尚，你才是高尚。話語權掌握在統治者手中。

〔註29〕參看《郭店楚墓竹簡・語叢四》217頁，文物出版社，1998年。參看218頁注解7裘錫圭的按語。

〔註30〕收入李學勤《文物中的古文明》，商務印書館，2008年。參看464～465頁。

《左傳》中「君子曰」非孔子、左丘明、劉歆之言考

提要：

　　《左傳》中的「君子曰」到底是不是《左傳》自身的原文？是左丘明自己做的評論呢？還是《左傳》在流傳過程中被後來學者所增入？有的學者說是西漢末年的劉歆所竄入。本文認為「君子曰」之言不是左丘明自己的評論，而是《左傳》作為儒家教科書在戰國流傳時被戰國儒家所加入的評論，這些評論很多是引述了當時或從前的賢人對歷史的評論，添加「君子曰」的人很可能是戰國時代儒家的虞卿學派和荀子學派。「君子」並非專指一人，不是左丘明本人，與《史記》的「太史公曰」不同性質，而是泛指對歷史有正當評論的賢人。「君子曰」之言可能收錄在《法語》書中，不是《左傳》成立時就有的，所展現的評論代表了儒家的價值觀。

關鍵詞：左傳　君子曰　法語

　　先秦人很重視格言警句對人的教育和啟發作用，有思想啟發的格言往往被人們廣為傳頌，說這些格言的人被稱為君子，這樣的君子不是專指一人，是一個泛稱。只要他說的格言能夠符合儒家的價值觀，而且有哲理上的啟發性，就會被人們所傳頌。

　　《論語・憲問》：「子曰『有德者必有言，有言者不必有德』。」《論語・衛靈公》：「子貢問曰：有一言而可以終身行之者乎？子曰：其恕乎！己所不欲勿施於人。」《史記・老子列傳》：「老子曰：子所言者，其人與骨皆已朽矣，獨

其言在耳。」古之有德者稱君子，其言可堪後世效法者皆有專書記錄，決非僅憑口耳相傳。《文心雕龍‧諸子》曰：「篇述者，蓋上古遺語而戰代所記者也。」可知戰國為著書盛行的年代。《論語‧子罕》：「子曰『《法語》之言，能無從乎』？」《莊子‧人間世》曰：「故《法言》曰『傳其常情，無傳其溢言，則幾乎全』。」同章又曰：「故《法言》曰：『無遷令，無勸成，過度益也』。」《法言》與《法語》同義。此為古有《法語》書之鐵證。《詩經‧雨無正》：「如何昊天，辟言不信！」毛傳：「辟，法也。」「辟言」正是「法言」。《法語》即是記錄聖賢語言的專書。「法語」一名猶如「格言」、「嘉言」。《詩經‧抑》：「慎爾出話。」毛傳：「話，善言也。」《左傳‧襄公二十四年》：「魯有先大夫曰臧文仲，既沒，其言立。其是之謂乎！」後世之《增廣賢文》，今之名人語錄、座右銘之類皆近似「法語」。古之《法語》書流傳甚廣，為正規的教育課程之一。《郭店楚墓竹簡》〔註1〕中有《語叢》四卷，正是古之《法語》中的一種。我在本書的《法語考》中考證先秦以來的「法語」頗詳。今細案《左傳》中的「君子曰」之言，可以推知「君子曰」之言有很多可能收錄進了《法語》。

一、「君子曰」非左丘明之言

　　《左傳》中的「君子曰」之言是《左傳》固有之文，還是為後人所加？學者眾說紛紜，今不枚舉。我在研究了古之《法語》（也簡稱《語》）之後，確信《左傳》中的「君子曰」不是《左傳》固有之文。細考「君子曰」之言，發現不少是格言警句加上具體的評論。其中的格言或定論性的語句正類似古代的《法語》〔註2〕。《禮記‧中庸》：「是故君子……言而世為天下則。」古時《法語》之言均被當作君子之言，《左傳》引述來批評史實。

　　我國自古以謙遜為美德，《論語》中孔子自稱為「丘」，沒有別的自稱。《左傳》的作者哪有自稱為君子的道理？明是引述聖賢語錄，統稱為「君子曰」。《國語‧周語中》：「君子不自稱也，非以讓也，惡其蓋人也。」可知把「君子曰」之言編入《左傳》的人不會自稱為君子。《左傳》之例，凡稱「書曰」皆指孔子《春秋》；凡稱「禮曰」皆指《禮經》或《禮志》中之言；凡稱「君子曰」皆泛引君子的評論，非專指一人。「君子曰」無一為左丘明自道。《左傳》

〔註1〕文物出版社，1998年。
〔註2〕參看本書《法語考》。《法語考》又見又見《書目季刊》第43卷第三期，臺灣：書目季刊書社，學生書局，2009年。

中還引有許多《詩經》、《書經》中的成言，還涉及到《周書》、《周易》、《周詩》、《軍志》、故志等。儒家信守「述而不作」之訓，故慣於引古人之言來表意，《左傳》引「君子曰」來做歷史評論，這是完全正常的。

古人慣於引成言來達意，再加上自己的按語，其體例如《韓非子・難三》：「老子曰『以智治國，國之賊也』。其子產之謂矣。」老子語錄「以智治國，國之賊也」為成言，「其子產之謂矣」是韓非子之言。《國語・周語中》：「襄公曰『人有言曰：兵在其頸。其郤至之謂乎！』」襄公稱「人有言曰」，即是《左傳》所錄春秋時人慣說的「古人有言曰」。「兵在其頸」為《法語》中言。「其郤至之謂乎」為襄公語。〔註3〕《莊子・秋水》：「望洋向若而歎，曰『野語有之曰：聞道百，以為莫己若者，我之謂也』。」其中「聞道百，以為莫己若」為野語，不確定指某一個人，非河伯自己之言。《左傳・宣公十六年》：「諺曰『民之多幸，國之不幸』。是無善人之謂也。」編入『諺曰』之言的人引用俗諺，再加自己的按語，不知道「諺」的作者是誰。《論語・學而》：「子貢曰：《詩》云『如切如磋，如琢如磨』。其斯之謂與。」「其斯之謂與」以前引《詩經》中的成言，並非子貢語錄。《禮記・喪服四制》：「《書》云『高宗諒闇，三年不言』。此之謂也。」也是其例。《呂氏春秋・行論》曰：「《詩》曰『將欲毀之，必重纍之；將欲踣之，必高舉之』。其此之謂乎？」古人凡稱「其此之謂乎」之類話之前的語錄皆為前人格言或成語。古書中例證多如恒河沙數。另如《中論・法象》：「《傳》稱『大人正己而物自正』者，蓋此之謂也。」《孟子・滕文公上》：「《詩》云『周雖舊邦，其命惟新』。文王之謂也。」《孟子・萬章上》：「《泰誓》曰『天視自我民視，天聽自我民聽』，此之謂也。」同篇：「為天子父，尊之至也；以天下養，養之至也。詩曰：『永言孝思，孝思維則。』此之謂也。」《孟子・公孫丑上》：「《詩》云：『永言配命，自求多福。』《太甲》曰：『天作孽，猶可違；自作孽，不可活。』此之謂也。」在《荀子》中，此類句式多達近百例，一覽即知。《左傳》「君子曰」中凡是格言或評論性的語句，皆為《法語》中言。「其□□之謂乎」為插入「君子曰」之言的編者的案語。故「君子曰」所引之言，不可能是左丘明自己的語言。

《左傳・隱公元年》：「君子曰『潁考叔純孝也。愛其母，施及莊公』。」此雖非格言，但為評論性的嘉句，不可能是左丘明自己的話。

〔註3〕《左傳・昭公七年》：「謝息為孟孫守，不可，曰：人有言曰『雖有挈瓶之知，守不假器，禮也。』」亦稱「人有言曰」，無「古」字。

《左傳‧隱公三年》：「君子曰『宋宣公可謂知人矣。立穆公，其子享之。命以義夫。』《商頌》曰『殷受命咸宜，百祿是荷。』其是之謂乎。」「其是之謂乎」為引述者之言。這裡的「君子曰」在《商頌》之前，左丘明怎麼可能將自己的話放在《詩經》的前面？太不合情。

《左傳‧隱公五年》：「君子曰『石碏，純臣也，惡州吁而厚與焉。大義滅親』（大義滅親是當時的成語）。其是之謂乎（此為左氏語）。」我們據上引之《國語》、《韓非子》、《論語》、《呂氏春秋》、《莊子》、《荀子》、《孟子》、《禮記》，可知「其是之謂乎」是當時習語，決非所引古人成言。「其是之謂乎」之前的話才是古人格言。尹灣出土的竹簡《神烏賦》：「曾子曰『烏之將死，其唯哀』。此之謂也。」亦是明例。《左傳‧隱公五年》：「君子曰『不備不虞，不可以師』。」這可能是《法語》之言，沒有編入者之語。

《左傳‧隱公六年》：「君子曰『善不可失，惡不可長』。其陳桓公之謂乎？長惡不悛，從自及也。雖欲救之，其將能乎。《商書》曰：『惡之易也，如火之燎于原，不可鄉邇，其猶可撲滅』？」「善不可失，惡不可長」明顯是格言，而且放在《尚書》的前面，不可能是左丘明自己的話。左丘明怎麼會將自己的話放在《尚書》的前面？

《左傳‧桓公六年》：「大子曰：人各有耦，齊大，非吾耦也。詩云『自求多福。』在我而已，大國何為。君子曰『善自為謀』。」楊伯峻注「善自為謀」：「此蓋美鄭忽辭文姜之詞。文姜淫亂，卒使登儋被殺。」鄭世子忽在說話中已經引用「君子曰：善自為謀」。可知《左傳》中「君子曰」之體例非左丘明自創，實為當時之慣例。或許有人把「君子曰」以前的話定為世子忽之言。「君子曰」之言為述者所引。但我們認為《左傳》這句話中引用的《詩》和「君子曰」都應該是出自『大子』之口，是由大子所引錄，這樣判斷才符合全句的意思。我們可以舉出類似的旁證：《國語‧楚語上》：「司馬子期欲以妾為內子，訪之左史倚相，曰：『吾有妾而願，欲筭之，其可乎？』對曰：『昔先大夫子囊違王之命諡；子夕嗜芰，子木有羊饋而無芰薦。君子曰：違而道。谷陽豎愛子反之勞也，而獻飲焉，以斃於鄢；芋尹申亥從靈王之欲，以隕於乾溪。君子曰：從而逆。君子之行，欲其道也，故進退周旋，唯道是從。夫子木能違若敖之欲，以之道而去芰薦，吾子經營楚國，而欲薦芰以干之，其可乎？』子期乃止。」《國語》此言兩次引述「君子曰」之言，一為『君子曰：違而道』（違反君王的意願，卻符合大道，有好的結局）。一為『君子曰：從而逆』（順從君王的意

願，反而沒有好結果，沒有好報）。從全句的意思上看，這兩處「君子曰」之言可以肯定是倚相在回答司馬子期的話語中所引述的，絕不可能是《國語》的作者自己加的。我們由此可知，在春秋時期的人們已經有時在說話時引用君子之言，因此我們可以肯定地說《左傳》中的「君子曰」中的君子絕對不是左丘明。另外，《左傳》中的「君子曰」之語常與《詩》、《書》並稱。可知「君子曰」之言很多可能出於專書《法語》，與《詩》、《書》同例。左丘明能把自己的話置於《詩》、《書》之上嗎？「君子曰」之語斷非左丘明者自己的語錄。其他「君子曰」之例皆可類推。

　　《左傳》還常常引述「古人之言」，多為格言警句，有較大的思想啟發作用和教育功能。《僖公六年》：「曰：古人有言曰『知臣莫若君』。弗可改也已。」「古人有言曰」與「君子曰」類似。《文公十七年》：「鄭子家使執訊而與之書，以告趙宣子曰：「……古人有言曰『畏首畏尾，身其餘幾』。又曰『鹿死不擇音』。《宣公十五年》：「伯宗曰：古人有言曰『雖鞭之長，不及馬腹』。《成公十八年》：「韓厥辭曰：……古人有言曰『殺老牛，莫之敢尸』。而況君乎？」《國語‧晉語六》作「人有言曰」，無「古」字。《襄公二十四年》：「范宣子逆之而問焉，曰：古人有言曰『死而不朽』，何謂也？」《襄公二十六年》：「文子曰：……古人有言曰『非所怨勿怨』。寡人怨矣。」《昭公七年》：「子產曰：古人有言曰『其父析薪，其子弗克負荷』。」以上所錄《左傳》中所述「古人有言曰」均是話語中之句，胥出《法語》〔註4〕。春秋時人的慣例是在引用《法語》中所錄的聖哲之言時，稱之為「古人有言曰」或「人有言曰」，或稱作「君子曰」。《左傳》中人物所稱述的出現在口語中的「古人有言曰」就是另外一種形式的「君子曰」。

二、「君子曰」非劉歆之言

　　我們現在討論一個問題，即《左傳》中的「君子曰」的出現在什麼時候？是否像有些人說的那樣晚至西漢？〔註5〕我們這裡確認《左傳》中的「君子曰」

〔註4〕參看本書《法語考》。《法語考》又見《書目季刊》第43卷第三期，臺灣：書目季刊書社，學生書局，2009年。

〔註5〕《朱子全書》（朱傑人等主編，第2版修訂本，上海古籍出版社，2010年）第十七冊（2839頁）《朱子語類》卷83稱：「林黃中謂《左傳》「君子曰」是劉歆之辭。」另參看《康有為全集》（姜義華等編校，中國人民大學出版社，2007年）第一集《新學偽經考‧漢書藝文志辨偽第三上》400頁。

至少在戰國時代已經存在，因為司馬遷的《史記》就已經有幾處引錄了《左傳》的「君子曰」，表明司馬遷讀到的《左傳》已經有「君子曰」之言。這是確鑿不易的。今考論如下：

（1）《史記‧秦本紀》言秦繆公死以三良為殉，後引「君子曰：『秦繆公廣地益國，東服彊晉，西霸戎夷，然不為諸侯盟主，亦宜哉。死而棄民，收其良臣而從死。且先王崩，尚猶遺德垂法，況奪之善人良臣百姓所哀者乎？是以知秦不能復東征也』。」可比對《左傳‧文公六年》：「君子曰：秦穆之不為盟主也，宜哉。死而棄民。先王違世，猶詒之法，而況奪之善人乎。」明是太史公引用《左傳》之文，稍有改編。因此，司馬遷已經見到了《左傳》的「君子曰」之言，斷不可能是西漢末年的劉歆偽造。這是鐵證如山。

（2）《史記‧宋微子世家》：「君子聞之曰『宋宣公可謂知人矣。立其弟以成義，然卒其子復享之』。」可比對《左傳‧隱公三年》：「君子曰：宋宣公可謂知人矣。立穆公，其子饗之，命以義夫。」司馬遷既直錄《左傳》原文，對《左傳》中難解之處又易詞加以說明。

（3）《史記‧魯周公世家》：「季文子卒。家無衣帛之妾，廄無食粟之馬，府無金玉，以相三君。君子曰：季文子廉忠矣。」可比對《左傳‧襄公五年》：「季文子卒。大夫入斂，公在位。宰庀家器為葬備，無衣帛之妾，無食粟之馬，無藏金玉，無重器備。君子是以知季文子之忠於公室也。相三君矣，而無私積，可不謂忠乎？」《左傳》的「君子是以知季文子之忠於公室也。相三君矣，而無私積，可不謂忠乎」，太史公概括為「君子曰：季文子廉忠矣。」

（4）《史記‧魯周公世家》又曰：「季武子弗聽，卒立之。比及葬，三易衰。君子曰：是不終也。」可比對《左傳‧襄公三十一年》：「武子不聽，卒立之。比及葬，三易衰，衰衽如故衰。於是昭公十九年矣，猶有童心，君子是以知其不能終也。」《左傳》的「君子是以知其不能終也」，太史公概括為「君子曰：是不終也」。

（5）《史記‧晉世家》：「昭侯元年，封文侯弟成師於曲沃。曲沃邑大於翼。翼，晉君都邑也。成師封曲沃，號為桓叔。靖侯庶孫欒賓相桓叔。桓叔是時年五十八矣，好德，晉國之觽皆附焉。君子曰：晉之亂其在曲沃矣。末大於本而得民心，不亂何待！」可比對《左傳‧桓公二年》：「惠之二十四年，晉始亂，故封桓叔於曲沃，靖侯之孫欒賓傅之。師服曰：吾聞國家之立也，本大而末小，是以能固。故天子建國，諸侯立家，卿置側室，大夫有貳宗，士有隸子弟，庶

人、工、商，各有分親，皆有等衰。是以民服事其上而下無覬覦。今晉，甸侯也，而建國。本既弱矣，其能久乎？」這是太史公把《左傳》中師服的話概括成「君子曰」之言，「君子」指師服。《毛詩・椒聊》序：「刺晉昭公也。君子見沃之盛強，能修其政。知其蕃衍盛大，子孫將有晉國焉。」也是把師服當作君子。

（6）《史記・晉世家》：「君子曰：祁傒可謂不黨矣！外舉不隱仇，內舉不隱子。」可比對《左傳・襄公三年》：「君子謂：祁奚於是能舉善矣。稱其仇，不為諂。立其子，不為比。舉其偏，不為黨。《商書》曰『無偏無黨，王道蕩蕩。』其祁奚之謂矣！解狐得舉，祁午得位，伯華得官，建一官而三物成，能舉善也夫！唯善，故能舉其類。《詩》云『惟其有之，是以似之。』祁奚有焉。」司馬遷將《左傳》的「君子謂」的評論概括為「君子曰」，內容高度吻合，司馬遷肯定見過「君子謂」之言。而且《左傳》此處將「君子謂」放在《商書》的前面，因此不可能是左丘明自己的言論。而且整部《史記》，凡是司馬遷引述《左傳》「君子曰」之言都沒有將這個「君子」當作《左傳》的作者左丘明，可見司馬遷也認為《左傳》「君子曰」和自己的「太史公曰」是不同性質的。這條鐵證表明司馬遷決不認為《左傳》中「君子曰」的君子是左丘明，更不認為那就是孔子。我們在下面還會談到這個問題。

（7）《史記・晉世家》：「荀息死之。君子曰：《詩》所謂『白珪之玷，猶可磨也，斯言之玷，不可為也』。其荀息之謂乎！不負其言。」可比對《左傳・僖公九年》：「荀息死之。君子曰：《詩》所謂『白圭之玷，尚可磨也；斯言之玷，不可為也，』荀息有焉。」司馬遷幾乎全錄《左傳》之文，只是把《左傳》『荀息有焉』改為更加普通的句式為『其荀息之謂乎』。也表明司馬遷見到的《左傳》已經有「君子曰」，絕不可能是劉歆偽造。

（8）《史記・趙世家》：「趙穿弒靈公而立襄公弟黑臀，是為成公。趙盾復反，任國政。君子譏盾『為正卿，亡不出境，反不討賊』，故太史書曰『趙盾弒其君』。」可比對《左傳・宣公二年》：「趙穿攻靈公於桃園。宣子未出山而復。大史書曰：『趙盾弒其君』。以示於朝。宣子曰：『不然』。對曰：『子為正卿，亡不越竟，反不討賊，非子而誰？』宣子曰：烏呼。『我之懷矣，自詒伊戚』，其我之謂矣！孔子曰：『董狐，古之良史也，書法不隱。趙宣子，古之良大夫也，為法受惡。惜也，越竟乃免』。」司馬遷明顯是把《左傳》中的大史董狐說成是君子，而不是把孔子說成是君子。另可舉旁證如《論語・雍也》：

「孔子對曰：有顏回者，好學，不遷怒，不貳過。」可比對劉向編《列女傳》卷六《楚野辯女》條：「婦人曰：君子不遷怒，不貳過。」則是《列女傳》稱顏回為君子。《左傳・昭公十三年》：「子產歸，未至，聞子皮卒，哭，且曰：『吾已，無為為善矣，唯夫子知我。』仲尼謂：『子產於是行也，足以為國基矣。《詩》曰：「樂只君子，邦家之基。」子產，君子之求樂者也』。」則孔子稱子產為君子。

這些「君子曰」皆是太史公根據《左傳》錄出或概括或改編或演繹。太史公也直稱君子，不稱左丘明或其他。而且司馬遷還把《左傳》中的師服之言、叔向之言都歸納為「君子曰」，把董狐稱為君子。凡此皆表明司馬遷不以《左傳》中「君子曰」的『君子』是專指左丘明。君子乃是泛稱。而且以上所比對的材料足以表明《左傳》中的「君子曰」之言決不如自宋代以來有的學者所說的那樣是劉歆所混入。因為正如我們所論證的一樣，遠在劉歆之前的司馬遷所讀到的《左傳》就已經有了「君子曰」〔註6〕。

三、「君子曰」之言為先秦經典的文化傳統

還有一個問題是《國語》和先秦西漢的眾多文獻中也引用了不少「君子曰」之言，這是從春秋以來的文化慣例。今列舉如下：《晉語一》：「驪姬果作難，殺太子而逐二公子。君子曰：知難本矣。」《晉語一》：「申生勝狄而反，讒言作於中。君子曰：知微。」《晉語一》：「君子曰：善處父子之間矣。」《晉語一》：「果敗狄於稷桑而反。讒言益起，狐突杜門不出。君子曰：善深謀也。」《晉語二》：「荀息死之。君子曰：不食其言矣。」《晉語二》：「君子曰：善以微勸也。」《晉語四》：「退三舍避楚。楚眾欲止，子玉不肯，至於城濮，果戰，楚眾大敗。君子曰：善以德勸。」《晉語六》：「君子曰：勇以知禮。」《晉語七》：「君子曰：能志善也。」《楚語上》：「司馬子期欲以妾為內子，訪之左史倚相，曰：『吾有妾而願，欲笲之，其可乎？』對曰：『昔先大夫子囊違王之命諡；子夕嗜芰，子木有羊饋而無芰薦。君子曰：違而道。谷陽豎愛子反之勞也，而獻

〔註6〕郭沫若《青銅時代》（見《郭沫若全集・歷史編》第一卷，人民出版社，1982年）很多次表態認為劉歆竄亂《左傳》，這是毫無道理的。郭沫若《論古代社會》（見《郭沫若全集・歷史編》第三卷，人民出版社，1982年）400頁稱：「《左傳》上「君子曰」以下的話，或『凡』以下的話，通是假的。」也認為《左傳》「君子曰」是劉歆所加入，並且同頁說：「《周禮》同《左傳》一樣，也處於劉歆的偽造。」這都是毫無根據的。

飲焉，以斃於鄢；芋尹申亥從靈王之欲，以隕於乾溪。君子曰：從而逆。君子之行，欲其道也，故進退周旋，唯道是從。夫子木能違若敖之欲，以之道而去芰薦，吾子經營楚國，而欲薦芰以干之，其可乎？』子期乃止。」以上是《國語》所引錄的「君子曰」，其中只有一條出於《楚語》，其餘皆見於《晉語》。顧頡剛《浪口村隨筆》〔註7〕卷之五《〈國語〉中之「君子曰」》一文有見於此，便論曰：「然則於記事之末援君子之名以論事者，其殆晉國特有之史法耶？《左傳》之文出晉史者最多，則《左傳》中之「君子曰」其即沿襲晉史之文耶？然《晉語》所載簡練殊甚，多者七字，少者二字耳，則《左傳》所載長篇大論其出於後人之增益耶？凡此問題，皆今日所當考慮者也。」顧頡剛的觀察相當犀利，很值得重視。我們還須注意的是《國語》與《左傳》中所引的「君子曰」幾乎無一雷同。如《晉語二》：「荀息死之。君子曰：不食其言矣」。而《左傳‧僖公九年》作：「荀息死之。君子曰：《詩》所謂『白圭之玷，尚可磨也；斯言之玷，不可為也，』荀息有焉。」顯然《國語》和《左傳》所引錄的「君子曰」是出於不同的君子之口。《國語》中其餘的「君子曰」之言皆不見於《左傳》。而且據上文所論述，司馬遷《史記》所引錄的「君子曰」都是根據《左傳》，沒有一條與《國語》的「君子曰」相符合。

古書中所引述的「君子曰」之言很多是曾經有專書收集，這種書在先秦叫《法語》，或簡稱為《語》。《法語》書是通名，而不是一部書的特稱，不同的時期有不同的《法語》，也許同一時期也有不同的《法語》。在《左傳》和《國語》之外，有很多書都引述有「君子曰」，上文已經有所舉證，今更列舉它例。《大戴禮記‧衛將軍文子》：「故君子曰：『智莫難於知人』。此以難也。」《韓詩外傳》卷八：「君子曰：夫使、非直敝車罷馬而已，亦將喻誠信，通氣志，明好惡，然後可使也。」《晏子春秋》卷三《內篇問上》：「君子曰：盡忠不豫交，不用不懷祿，其晏子可謂廉矣！」《晏子春秋》卷五《內篇雜上》：「君子曰：政則晏子欲發粟與民而已，若使不可得，則依物而偶於政。」同卷：「君子曰：聖賢之君，皆有益友，無偷樂之臣，景公弗能及，故兩用之，僅得不亡。」同卷：「君子曰：俗人之有功則德，德則驕。晏子有功，免人於厄，而反詘下之，其去俗亦遠矣。此全功之道也。」《晏子春秋》卷六《內篇雜下》：「君子曰：仁人之言，其利博哉。晏子一言，而齊侯省刑。詩曰：『君子如祉，亂庶

〔註 7〕遼寧教育出版社，1998 年。

遄已』。其是之謂乎？」《晏子春秋》卷八《外篇》：「君子曰：弦章之廉，晏子之遺行也。」《荀子・勸學》：「君子曰：學不可以已。」《韓非子・外儲說左上》：「襄公曰：寡人聞君子曰：不重傷，不擒二毛，不推人於險，不迫人於阨，不鼓不成列。」《韓非子・難四》：「君子曰：昭公知所惡矣。」《春秋繁露・三代改制質文》：「故君子曰：武王其似正月矣。」劉向《說苑・權謀》：「君子曰：凡耳之聞，以聲也。今不聞其聲而以其容與臂，是東郭垂不以耳聽而聞也。」《列女傳》共引有「君子曰」十七處，今引四例：《列女傳》卷一《有虞二妃》條：「君子曰：二妃德純而行篤。」《列女傳》卷二《秦穆公姬》條：「君子曰：慈母生孝子。」《列女傳》卷四《衛宗二順》：「君子曰：二女相讓，亦誠君子。可謂行成於內而名立於夫世。」《列女傳》卷六《楚野辯女》條：「君子曰：辯女能以辭免。《詩》云：『惟號斯言，有倫有脊』。此之謂也。」在西漢前期成書的《禮記》中，我們發現大量的「君子曰」之言。今列舉於此：《檀弓上》：「君子曰：樂，樂其所自生；禮，不忘其本。古之人有言曰：『狐死正丘首。』仁也。」同篇：「君子曰：謀人之軍師，敗則死之；謀人之邦邑，危則亡之。」《禮器》：「君子曰：祭祀不祈，不麾蚤，不樂葆大，不善嘉事，牲不及肥大，薦不美多品。」同篇：「君子曰：禮之近人情者，非其至者也。」同篇：「君子曰：無節於內者，觀物弗之察矣。欲察物而不由禮，弗之得矣」。同篇：「君子曰：「甘受和，白受採。忠信之人，可以學禮。」《學記》：「君子曰：大德不官，大道不器，大信不約，大時不齊。」《樂記》：「君子曰：禮樂不可斯須去身。」亦見《祭義》。《祭統》：「古之君子曰：『尸亦餒鬼神之餘也，惠術也，可以觀政矣』。」我們斷不能認為以上的「君子曰」之言都是出自一人之口。

古人有「君子之言」的觀念。考《左傳・昭公八年》：「叔向曰『子野之言，君子哉！君子之言，信而有徵』。」以子野為君子。《禮記・檀弓下》：「君子言之曰『盡飾之道，斯其行者遠矣』。」《禮記・緇衣》：「君子道人以言。」道與導通，訓引導。《禮記・檀弓上》：「是非君子之言也。」《新序》卷七《節士》稱：關龍逢「立而去朝。桀因囚拘之。君子聞之曰『未之念矣夫』。」《說苑・君道》：「君子曰：弦章之廉，乃晏子之遺訓也。」《孟子・離婁》：「君子曰：『此亦妄人也已矣。如此則與禽獸奚擇哉』？」《荀子・勸學》：「君子曰『學不可以已』。」〔註8〕《管子・大匡》：「君子聞之曰：召忽之死也，賢其

〔註8〕亦見《大戴禮記》卷七。

生也。」〔註9〕《說文解字繫傳‧錯綜》:「君子曰:『作書者其知後世之患乎』?」《資治通鑑》中也多有「君子曰」之言。可知「君子曰」是聖賢語錄的泛稱,並非專指一人,是我國古代文化史的慣例。劉向《列子書錄》:「《穆王》、《湯問》二篇迂誕詼詭,非君子之言也。」《文心雕龍‧徵聖》:「泛論君子,則云『情慾信,辭欲行』。」豈得以《左傳》的「君子曰」專指左丘明耶?

　　《韓非子‧外儲說左下》:「故君子曰:夔有一足,非一足也。」這個「君子曰」的話是指《呂氏春秋‧察傳》篇中的孔子的話,「君子」指孔子。但《淮南子‧人間》:「故君子曰:美言可以市尊,美行可以加人。」《淮南子》此處的「君子曰」出於《老子》62章,所以「君子曰」可以指老子的話。

　　《史記‧太史公自序》引孔子之言曰:「我欲載之空言,不如見之於行事之深切著明也。」〔註10〕此言孔子作《春秋》,孔子的褒貶皆寓於具體的人物行事之中,不空立格言。《逸周書‧史記解》反思歷代各國亡國的教訓,皆就事論事,不徒託空言。《禮記‧文王世子》:「師也者,教之以事而喻諸德者也。」古代的教育是把抽象的道德寄託於具體的事物之中,以事明理。《文心雕龍‧宗經》:「《禮》以立體,據事制範。」規則要通過具體的事來確立。章學成《文史通義‧易教上》:「古人未嘗離事而言禮。」故《法語》中所集的君子之言有許多是就事論事的具體的人物行事的評論,並不都是格言警句。因此,《左傳》所引錄的「君子曰」之言有許多是在評論具體人物。

四、「君子曰」非孔子之言

　　顧頡剛《浪口村隨筆》卷之五《〈春秋〉與君子》根據《公羊傳》何休注和《春秋繁露‧楚莊王篇》,認為《左傳》和《國語》中的「君子曰」中的君子是專指孔子。我們這裡不再轉錄《公羊傳》何休注和《春秋繁露‧楚莊王篇》,上文已經對此予以批駁。楊伯峻《春秋左傳注‧前言》(修訂本)〔註11〕稱:「但《左傳》強調《春秋》為孔丘所修,不止一次。又如《成公十四年傳》說:君子曰『春秋之稱,微而顯,志而晦,婉而成章,盡而不污,懲惡而勸善,非聖人,誰能修之?』這君子之口的聖人,是孔丘,猶如《公羊》的『君子』。《公羊‧莊公七年傳》說:不修《春秋》曰『雨星不及地尺而復。』君子修之

〔註 9〕見黎翔鳳《管子校注》343 頁,中華書局點校本,2004 年。
〔註10〕《春秋繁露‧俞序》略同。
〔註11〕中華書局,2018 年版。《前言》8 頁。

曰『星霣如雨。』何以書？記異也。」《公羊傳》這裡的「君子」確實孔子，但《左傳》這裡的「君子」斷然不可能是孔子，因為後面有「非聖人，誰能修之」這樣的話，孔子怎麼會自稱為聖人？這句話的語氣肯定是後學對孔子《春秋》的評論，同時讚賞孔子是聖人，其中的「君子」不可能是孔子本人，與《公羊傳》不可牽涉。

我們難以同意顧頡剛的意見，再總結理由如下：

（1）《公羊傳》何休注和《春秋繁露》都是漢代的今文經學。今文經學的一大特點是神化孔子，把許多與孔子無關的言論和功績都一概算在孔子身上，這是不可信的。

（2）我們在上面論述過，在《左傳》中的鄭國的鄭莊公的兒子世子忽、《國語》中楚國的左史倚相都已在自己的說話中引用「君子曰」之言〔註12〕。鄭國世子忽的時代遠在孔子之前。司馬遷在《史記》中把《左傳》中的師服之言說成是「君子曰」。在《左傳》中同時有孔子和董狐出現時，司馬遷稱董狐為君子，而沒有稱孔子為君子。可見司馬遷心中的《左傳》中的「君子曰」的君子不是孔子，而且從《史記》看，司馬遷明確認為『君子』不是專指一人。

（3）我們在上文指出過：《國語》和《左傳》中「君子曰」的君子決不會是同一人，怎麼能說就只是孔子呢？就是《左傳》自身中的「君子曰」的君子也是眾多的無名英雄，並非特指一人。

（4）《禮記》中凡是稱引孔子之言，皆直稱孔子，可是正如我們下文所列舉，《禮記》有比較多的「君子曰」，也因此可知孔子與「君子曰」的君子並非一人。而且《禮記·祭統》：「古之君子曰：『尸亦餕鬼神之餘也，惠術也，可以觀政矣』。」稱『古之君子曰』，豈能以『古之君子』就是孔子？

（5）《左傳·成公十四年》：「九月，僑如以夫人婦姜氏至自齊。舍族，尊夫人也。故君子曰：『《春秋》之稱，微而顯，志而晦，婉而成章，盡而不汙，懲惡而勸善。非聖人誰能修之』？」這裡的《春秋》顯然是孔子所修的《春秋》，而不是作為各國一般史書的原始未修的《春秋》。《左傳》「君子曰」已經引用和評論到孔子的《春秋》，可見這個「君子曰」一定是在孔子《春秋》廣為流行後，才有可能做出，「君子」絕不可能是孔子。

〔註12〕倚相之名不見於《左傳》和《史記》。據《國語》，倚相與楚國的司馬子期同時，而司馬子期是楚平王之子，那麼倚相就應該是孔子的晚輩而與孔子同時，有可能聽到過孔子的言論。但是整部《國語》凡是引用孔子的話皆在《魯語》，不稱孔子或君子，而稱仲尼。

因此，我們可以相當肯定地說《左傳》和《國語》中的「君子曰」的君子斷然不會是指孔子。

五、「君子曰」可能出於虞卿學派和荀子學派

從以上的論證可知，《左傳》中「君子曰」之言既不是左丘明自己的話，也不是孔子的話，更不可能是西漢末年劉歆的撰作，甚至不大可能是左丘明在撰《左傳》時引述他人的語言。我認為所有的「君子曰」之言基本上都是在《左傳》成書後才加進去的。「君子曰」之言極有可能是《左傳》在流傳的過程中，由《左傳》的傳人及後學添加進去的評論性的語言，其時代也在先秦的戰國，不可能到西漢。

我明確認為「君子曰」之言既非《左傳》的作者所說，也非其所引述。而是《左傳》作為儒家教科書在流傳中，儒門後學在閱讀《左傳》時所加的評論性的語言，如虞卿等人便很有可能做這種事，也有可能是荀子在齊國主盟學術時所加，因為有人考察出《荀子》的思想與《左傳》中「君子曰」之言的思想頗能相通。頗類似於明清時代的著名小說《水滸傳》、《三國演義》在流傳中，就有了評論家們在閱讀時不斷加入的評語。《左傳》插入「君子曰」之言的評論家顯然非常熟悉《法語》書，定是儒門中人。儒家熱衷於述而不作、信而好古，所以評論歷史也並非隨心所欲地亂說，而是引用廣為流傳的聖賢語錄和歷史評論（很多收錄在《法語》書中）來與《左傳》中的人和事相映證。這些聖賢語錄和歷史評論都早已存在，《左傳》的後學只是把它們編入《左傳》中而已。他們很多時候也不知道這些「君子曰」之言到底是誰說的，所以才泛稱為「君子曰」。不過，能在《左傳》中增補內容的人必是相當有造詣的儒門賢達，所以我疑心可能是虞卿及其門人以及荀子及其門人。考《經典釋文序錄》〔註13〕，《左傳》的傳授源流十分清晰，左丘明傳儒門名士曾申，曾申傳大軍事家吳起，吳起傳子期，子期傳楚國人鐸椒。鐸椒傳虞卿（後為趙國相國），虞卿傳同郡的荀子，荀子傳給大漢丞相、北平侯張蒼，張蒼又傳給一代大儒賈誼，後又傳到賈誼之孫賈嘉。從此《左傳》在漢代一直流傳下去。可見今本《左氏春秋》是從虞卿學派、荀子學派傳下來的。可能從曾申開始就有在《左氏春秋》中加入「君子曰」的評論，後來在代代相傳的過程中，吳起、子期、鐸椒都有加入「君子曰」的評論。直到虞卿學派和荀子學派，大規模地增入了「君子曰」之言。

〔註13〕參看吳承仕《經典釋文序錄疏證》108 頁，中華書局，2008 年。

荀子本是《左傳》的重要傳人〔註14〕。劉申叔先生《群經大義相通論》〔註15〕中有《〈左傳〉〈荀子〉相通考》一篇，論《左傳》與《荀子》相通之處。今舉一例：《左傳‧成公十四年》引「君子曰」：「《春秋》之稱，微而顯，志而晦，婉而成章，盡而不污，懲惡而勸善。非聖人誰能修之？」而《荀子‧勸學》：「《春秋》之微也。」足見二者相通。楊倞注就引《左傳》此文為釋。可知荀子通曉《左傳》。荀子確實與《左傳》關係密切。虞卿與荀卿在世時就已經名聲很大〔註16〕，荀子是虞卿的學生，二人被公認為賢人和傳經大師，門生很多。完全有可能他們在對廣大學生講授《左傳》的過程中，引用已經流傳的收錄在《法語》中的格言嘉句來評論歷史人物。

六、結語

古人著述本有「言公」之心。如《呂氏春秋》是呂不韋的門客所著，而非出自呂不韋之手。《淮南子》乃劉安的門客所著，而非劉安親撰。然而後世只知呂不韋、劉安，而不知真正的作者是什麼人〔註17〕。正如章學誠《文史通

〔註14〕 見劉向《別錄》與《經典釋文敘錄》，亦可見汪中《述學》裏的《荀卿子通論》。
〔註15〕 見《劉申叔遺書》，江蘇古籍出版社，1997 年。
〔註16〕 《錢玄同文集》（中國人民大學出版社，1999 年）第四卷有《辭通序》甚至說：荀卿又叫荀況並非是因為荀子名況，而是『卿』與『況』古音相通，『況』是『卿』的假借字。荀子的本名早已失傳。但是我們認為荀子的名字就叫荀卿。《史記‧夏本紀》的《正義》引《荀子》名為《孫卿子》，《史記‧項羽本紀》的《索隱》引為《孫卿子》，《漢書‧藝文志》：「《孫卿子》三十三篇。名況，趙人，為齊稷下祭酒」。《隋書‧經籍志》：「《孫卿子》十二卷。楚蘭陵令荀況撰。」都明確記為《孫卿子》。《荀子‧儒效》：「秦昭王問孫卿子曰：儒無益於人之國。」《毛詩正義‧傳述人》：「孟仲子傳根牟子，根牟子傳趙人孫卿子，孫卿子傳魯人大毛公」。《晉書‧地理志上》：「孫卿子曰：不登高山，不知天之高；不臨深谿，不知地之厚也。」皆稱孫卿子。古書中其他類例甚多。按照古人的慣例，凡稱『子』者，『子』前面的稱呼應該是其人的姓或姓名，如韓非子、孫武子、尉繚子，其中的韓非、孫武、尉繚都是人名，並非尊稱。因此，既然《荀子》又有《荀卿子》或《孫卿子》這樣的名稱，那麼荀卿或孫卿就應該是人名，而不是尊稱。更考古書，在漢代以前，古人確實有以『卿』為名或為字的。除荀卿、虞卿之外，《漢書‧儒林傳》有貫長卿；司馬相如字長卿；《史記‧殷本紀》：「湯崩」。《集解》：「漢哀帝建平元年，大司空史御長卿案行水災，因行湯冢。」《索隱》：「長卿，諸本多作劫姓。按：《風俗通》有御氏，為漢司空史，其名長卿，明劫非也。」《史記‧呂太后本紀》：「及封中大謁者張釋為建陵侯。」《集解》引徐廣曰：「一云張釋卿。」《隋書‧經籍志》：「《雜字指》一卷，後漢太子中庶子郭顯卿撰」。《急就篇》：「周千秋，趙孺卿」。
〔註17〕 《淮南子》是淮南八公所撰。《呂氏春秋》多為荀子學派的學者所撰。

義‧言公上》所言：「古人之言，所以為公也，未嘗矜於文辭，而私據為己有也。志期於道，言以明志，文以足言。其道果明於天下，而所志無不申，不必其言之果為我有也。……諸子思以其學易天下，固將以其所謂道者，爭天下之莫可加。而語言文字，未嘗私其所出也。先民舊章，存錄而不為識別者，《幼官》《弟子》之篇，《月令》《土方》之訓是也」云云。章學誠此書論述古人言公之旨頗為詳盡。孫星衍的《問字堂集》、余嘉錫先生的《古書通例》均闡發了先秦時的古書（尤其是諸子書）被後學所增補實為慣例，乃是出於古人言公之心，並非作偽。我們只要參照諸子書成書的經過，就可以明白作為先秦的儒家的歷史教科書的《左傳》在流傳中完全可能被增補。但是《左傳》中所有的「君子曰」之言都是在戰國時期就已經插補進了《左傳》，所以司馬遷《史記》才有可能利用「君子曰」之言，這點足以證明《左傳》中的「君子曰」決不是西漢末年一代宗師劉歆所混入。

有人將《左傳》中的「君子曰」與《史記》的『太史公曰』相提並論，以為是同性質的評論。實則，我們認為二者全不相謀。王國維《觀堂集林》卷十一《太史公行年考》考證作為太史令的司馬遷為什麼被稱作太史公？王先生曰：「韋昭則以為外孫楊惲所稱。……惟公書傳自楊惲，公於惲為外王父，夫談又其外曾祖父也，稱之為公，於理為宜。韋昭一說，最為近之也。」也即是說《史記》中的「太史公曰」在司馬遷的筆下本來應該是太史曰或太史令曰。太史令本是一種職官，與《左傳》中的作為泛稱的君子不應混為一談。「太史公曰」之言出自司馬遷的手筆，而「君子曰」卻並非出自左丘明的創作。

總結本文，《左傳》的「君子曰」之言不可能是孔子、左丘明、劉歆之言，是春秋戰國時代評論歷史的一種學術慣例。司馬遷讀過的《左傳》已經有「君子曰」之言。「君子」並非專指一人，而是泛稱符合儒家價值觀的賢人。「君子曰」之言是《左傳》在戰國時代的儒家傳授過程中所引用和加入的評論，編入者很可能是虞卿學派和荀子學派。「君子曰」之言中的很多格言可能收編入先秦時代的各種《法語》書中。

論上古音二等字帶 l／r 介音說不能成立〔註1〕

提要：

　　前蘇聯漢學家雅洪托夫提出上古漢語的二等字帶有-l-介音的觀點在學術界有很大影響。本文從十一個方面列舉出證據論證了這個著名的音韻學觀點不能成立。主要論證是：這個學術觀點的邏輯不合音理，與聯綿字的事實不合，與擬聲擬態詞不合，二等字多與一等字相通，二等字多與三等字相通，二等韻影母字從不與來母字相通，與西方歷史語言學的音變規律不符合，與藏緬語言的音變規律不合，與古本音理論不合，藏語有複聲母不能證明古漢語有聲母，漢藏關係詞是借詞不是同源詞，漢藏民族之間自古有眾多的文化交流。以上十一個方面的證據可以證明上古漢語的二等韻不帶有-l-介音或-r-介音。

關鍵詞：雅洪托夫　二等字　一等字　二等韻影母

　　前蘇聯學者雅洪托夫 1960 年發表了《上古漢語的複輔音聲母》〔註2〕（《漢語史論集》，1986：42）一文首先注意到：「二等字幾乎任何時候都不以輔音 l

---

〔註 1〕本文是研究上古音的論文，但是按照先賢慣例，上古音屬於經學範疇，例如陳第《毛詩古音考》、顧炎武《音學五書》、段玉裁《六書音均表》、孔廣森《詩聲類》、江有誥《音學十書》都是音韻學專著，也都是經學論著。因此，我將自己研究上古音的專題論文也歸入我的經學文存。

〔註 2〕參看雅洪托夫《上古漢語的複輔音聲母》，收入雅洪托夫《漢語史論集》，北京大學出版社，1986 年，42～52 頁。

起首。」然後雅洪托夫（1986：43）說：「然而，當一些聲母為 l 的字和聲母為其他輔音的字處在同一字族時，聲母為其他輔音的字在多數場合是二等字而不是一等字。聲母為 l 的字可能是聲母為任何其他輔音的二等字的聲旁；反之亦然，聲母為任何其他輔音的二等字也可能是聲母為 l 的字的聲旁。最後，同一個字既能表示聲母為 l 的音節，又能表示聲母為其他輔音的二等字。對一等字來說，同樣聲母為 l-的字就不存在這種關係。……由此可見，上述例子不能推翻我們的下述見解：聲母為 l-的字最初在寫法上只能跟二等字有聯繫，而不能跟一等字發生關係。……依我看，二等字既然像上面我所指出的那樣同聲母為 l 的字緊密相聯，那麼它們當中應該有過介音 l，即它們的聲母曾是複輔音 kl、pl、ml 等等。當然，這種複輔音的字在語音上曾經跟聲母為 l-的字相當接近，這樣這兩類字才能進入同一字族。」以上是雅洪托夫關於二等字有介音 l 的基本觀點。當然，雅洪托夫依據董同龢的《上古音韻表稿》的材料，提到了二等字的來母字有「冷、犖、醶」三個字，因此其指出的規律並非沒有例外。雅洪托夫此文主要構擬的 Cl-型的複聲母〔註 3〕。（參看龐光華 2015：395～432）

　　雅洪托夫的觀點在漢語音韻學界發生了相當的影響。加拿大漢學家蒲立本《上古漢語的輔音系統》〔註 4〕的《捲舌音和介音-l-的失落》（1999：66～73）全面介紹和接受雅洪托夫的觀點，只是將-l-改為-r-。蒲立本的觀點得到周法高的認同〔註 5〕（周法高，1984：27）。李方桂《上古音研究》〔註 6〕（2015：23）採用其說，只是將-l-改為-r-〔註 7〕。其書《上古聲母》節為二等韻構擬了

〔註 3〕雅洪托夫此文還構擬了 xm 的複聲母，不在本文的討論範圍內，我對曉母合口與明母相通的論述，參看拙著《上古音及相關問題綜合研究》，暨南大學出版社，2015 年，395～432 頁。

〔註 4〕參看蒲立本《上古漢語的輔音系統》，中華書局，1999 年，66～73 頁。

〔註 5〕參看周法高《論上古音》，收入周法高《中國音韻學論文集》，中文大學出版社，1984 年，25～94 頁。

〔註 6〕參看李方桂《上古音研究》，商務印書館，2015 年，20～26 頁。

〔註 7〕另參看余廼永《上古音系研究》（二）《近人以音標擬構上古音之成果》1《介音》，中文大學出版社，1985 年，29～32 頁。但是周賽紅《r 介音央化說獻疑——讀李方桂〈上古音研究〉箚記》對李方桂主張的 r 介音央化說有所批評，指出李方桂的這個構擬與全書的論述有很多自相矛盾，所揭示的音變不合事實。李方桂的 r 介音有央化作用不僅是使得聲母央化，而且有使得主元音有央化的功能。（參見周賽紅《r 介音央化說獻疑——讀李方桂〈上古音研究〉箚記》，《古漢語研究》，2004 年第 4 期。）拙文不涉及主元音。

介音 r，全書所構擬的所有二等韻都有介音 r。鄭張尚芳《上古音系》（第二版）〔註8〕第五章《上古韻母系統》第三節《「介音」問題》3.2《二等的 r-》（2019：169～171）也承襲了雅洪托夫構擬的 l 介音，李方桂構擬的 r 介音。鄭張尚芳本人更傾向於李方桂構擬的 r 介音，他認為李方桂將 l 介音改為 r，改得很高明。但是王力先生《漢語史稿》〔註9〕（2012：73～92）和《漢語語音史》〔註10〕（1987：20～28）的先秦音系中二等韻都沒有 l/r 介音。郭錫良《漢字古音手冊》（增訂本）〔註11〕（2010：《例言》4～5）承襲王先生的體系，二等韻的介音是 e，沒有 r 介音。此外，音韻學名家高本漢〔註12〕（1997：552～554）、董同龢〔註13〕（1948：63～66 但構擬了帶-l 的複聲母）、陸志韋〔註14〕（1985：244～283）的上古音系都沒有專門為二等韻構擬-l-介音〔註15〕。

　　然而，按照我們的研究，雅洪托夫、蒲立本、周法高、李方桂的學術觀點是不能成立的。具體詳細論證如下：

一、不合音理

　　雅洪托夫此文（1986：45）說：「它們的聲母曾是複輔音 kl、pl、ml 等等。當然，這種複輔音的字在語音上曾經跟聲母為 l-的字相當接近，這樣這兩類字才能進入同一字族。」我們認為雅洪托夫的審音應該是錯誤的。即使真有複聲母 kl、pl 等等，在語音上也是更加接近 l 前面塞音聲母，而不是流音聲母。在語音上，塞音的音勢要強於流音的 l，在音節中為強勢音。在後世的語音演變中，也應該是 kl→k-、pl→p-發生音變。這也是一般主張古有複聲母的學者的共同的觀點。而雅洪托夫主張 kl、pl 更接近於 l-，則其所構擬的複聲母只會是 kl→l-、pl→l-發生音變，這明顯不合音理，因為清塞音要強於流音介音，只能是介音脫落，不會是清塞音脫落。

〔註 8〕　參看鄭張尚芳《上古音系》（第二版），上海教育出版社，2019 年，169～171 頁。

〔註 9〕　參看王力《漢語史稿》，中華書局，2012 年，73～92 頁。

〔註 10〕　參看王力《王力文集》第 10 卷，山東教育出版社，1987 年，20～28 頁。

〔註 11〕　參看郭錫良《漢字古音手冊》（增訂本），商務印書館，2010 年，《例言》4～5 頁。

〔註 12〕　參看高本漢《漢文典》修訂本，上海辭書出版社，1997 年，552～554 頁。

〔註 13〕　參看董同龢《上古音韻表稿》，收入《歷史語言研究所集刊》第 18 冊，商務印書館，1948 年，63～66 頁。

〔註 14〕　參看陸志韋《陸志偉語言學著作集》（一），中華書局，1985 年。244～283 頁。

〔註 15〕　另參看周法高《漢字古今音匯》，中文大學出版社，1982 年。《凡例》8～9 頁。

我們認為凡是認定複聲母 Cl，其中的 C 代表塞音聲母，在音理上不能夠與單輔音 l 發生通假關係。例如，假設有複聲母 kl 存在，那麼 kl 複聲母就不可能與單輔音的 l 發生通假關係。除非 kl 複聲母已經分化為單輔音 l，才有可能與單輔音 l 發生通假關係。因為 kl 這樣的塞音加上邊音的複聲母，從音理上看，p 或 t、k 之類的塞音是強勢音，而處於介音位置的 l 是弱勢的邊音，是比較次要的音素，所以 kl 中的 k 在決定諧聲關係或通假關係的時候所發揮的作用要大於 l。kl 與 l 在音理上則是沒有相通假或諧聲的可能。這從音理上是完全可以下斷言的。Kl-和 k-應該也不能相通，因為複聲母和單聲母相差太大，從音理上沒有通轉的可能。音韻學家也沒有證據表明 kl-和 k-可以相通轉，西方歷史語言學也沒有二者可以通轉的證據。

我們對此還可以做一個音理上的推導：klang 與 kang、lang 這兩個音比較起來，klang 在音值上更接近於 kang，而不是 lang；如果 klang 與 lang 之間可以有通假關係，那麼 klang 與 kang 就更應該可以相通。這樣一來，kang、lang 都可與 klang 相通轉，因此 kang 與 lang 至少在一定的程度上和在一定的範圍內可以相通。然而主張古有複聲母的學者堅決認為 kang 與 lang 之間絕對不能相通。因此，klang 與 kang、lang 三者不能相通。這就是理論上的邏輯推論。所以複聲母 kl-能夠與單輔音 l-相通假或者相諧聲的觀點一定不能自圓其說。我們的這個觀點將從根本上否定雅洪托夫提出的上古音的二等字都帶有介音 l 的觀點。因為雅洪托夫主張的上古音中的二等字都是帶有 l 的複聲母，是為了解釋二等字多與來母字相通或相諧的問題。現在我們認為即使採用雅洪托夫的說法，認為上古音中的二等字是帶 l 介音的複聲母，也不能夠與單輔音聲母的 l 相通。因此，我們認為雅洪托夫的這個著名的觀點實際上並不能成立。

二、與聯綿字的事實不合

單輔音聲母的字與複輔音聲母的字（暫時假設上古漢語有複聲母，並依照一般學者的構擬）不能夠組合成雙聲聯綿詞。如果採取雅洪托夫（1986）或李方桂（2015）的觀點，認為二等字有介音 l / r，那麼有的明顯是雙聲的聯綿詞，就不能成為雙聲關係了。如：上古就有的雙聲聯綿詞「綿蠻」。《詩經·小雅·綿蠻》：「綿蠻黃鳥，止于丘阿。」其中的「蠻」是二等字，按照雅洪托夫或李方桂的構擬，二者的聲母關係就是 m 與 ml / mr，這樣「綿蠻」就不成為雙聲關係了。因此二等韻的「蠻」不可能是複聲母 ml-，否則就不能構成雙聲聯綿

詞「綿蠻」。王國維《觀堂集林》〔註16〕卷五《〈爾雅〉草木蟲魚鳥獸名釋例下》（1984：223）：「又《釋草》：『蘄茞，蘪蕪，綿馬羊齒。』《釋木》：『木髦，柔英。《釋蟲》：『蠓，蛾蠓。』案：蘪蕪、綿馬以下，皆有小意。郭注云：『蘪蕪，葉小如蔞狀』。又云：『綿馬，草細葉羅生而毛，有似羊齒。』是二者皆小草。草之小者曰蘪蕪、曰綿馬，木之柔者曰木髦，蟲之小者曰蠛蠓，鳥之小者亦曰綿蠻（王國維小字注：《毛傳》：綿蠻，小鳥貌）。殆皆微字之音轉。《釋天》『小雨謂之霡霂』，亦同語之轉也。」則王國維的語源學研究認為「綿蠻、綿馬、蠛蠓、蘪蕪、木髦」都是同源詞，得意於「小」，都是「微」字的音轉，三等字的「微」字絕不可能是ml-複聲母，所以，「綿蠻」必然是明母的雙聲連綿詞，因為其同源詞「綿馬、蠛蠓、蘪蕪、木髦」都是明母雙聲連綿詞。黃侃《爾雅音訓》〔註17〕（1983：171）曰：「霡霂猶綿蠻、蠛蠓也，草木又有蘪蕪、綿馬，皆有小意。」姜亮夫《詩騷聯綿字考》〔註18〕（2002：363～364）曰：「霡霂，字或作『霢霂』，聲轉為『溟濛』，字亦作『溟沐』、『冥濛』、『濛濛』，倒言之則曰『濛溦』，心性不開展曰『憫默』，雨之小者曰『霡霂』，蟲之小者曰『蠛蠓』，草之叢小者曰『覭髳』，聲轉為『蔽芾』、『綿蠻』，小人曰『娓娓』，目不明曰『瞑瞑』，其理亦通。」

我們可以有明確的結論：二等字的「蠻」不會帶有後置輔音l／r。有學者認為：雙聲問題涉及介音問題，如果介音為韻母的部分，與聲母沒有關係，不存在一等與二等字構不構成雙聲問題了。我們認為在音韻學上的介音，一般是j／i、u、y，一般是元音，只有-j-是半元音，即使按照李方桂的觀點將l／r當作介音來處理的，與一般介音是元音或半元音的規律不合，不應該將複聲母的後輔音的l／r當作與韻母的一部分。眾所周知，在漢語的音節中，lu、ro之類的音節不能成為韻母。

我們可以從通假字系聯來進一步證明「蠻」的上古音不可能帶有介音l或r介音。在上古漢語中，「蠻」與「慢」古音相通。考《禮記・王制》：「南方曰蠻。」孔疏引《風俗通》：「蠻者，慢也。」《爾雅・釋地》邢昺疏引《風俗通》同。《尚書・禹貢》：「三百里蠻。」孔疏引王肅曰：「蠻，慢也。禮儀簡慢。」

〔註16〕 參看王國維《觀堂集林》第5卷，中華書局，1984年，223頁。又見彭林（點校）《觀堂集林》，河北教育出版社，2003年，頁。

〔註17〕 參看黃侃（箋識）《爾雅音訓》，上海古籍出版社，1983年，第171頁。

〔註18〕 參看姜亮夫《詩騷聯綿字考》，收入《姜亮夫全集》第17卷，雲南人民出版社，2002年，第363～364頁。

這明顯是用「慢」來音訓「蠻」，說蠻人在禮儀上怠慢。現代漢語的「野蠻」的「蠻」也是粗俗無禮義的意思。「蠻」與「曼」古音相通。《左傳·昭公十六年》的「戎蠻子」，《公羊傳》作「戎曼子」。二者明顯是通假字。而「慢、曼」（以及曼聲字）都是元部一等字，不可能帶有 l 或 r 介音，因此與其有古音通假關係的「蠻」也不可能帶有 l 或 r 介音，否則二者上古音不能相通轉。

三、二等字的擬聲擬態詞

《詩經·小雅·車舝》〔註 19〕：「間關車之舝兮，思孌季女逝兮。」毛傳、鄭箋都將「間關」看作聯綿詞，不分開來解釋〔註 20〕。「間關」都是二等字，依據學者的解釋，《詩經》「間關」是擬聲詞，是車輪轉動和車舝摩擦發出的聲音，不可能是 klan 這樣的聲音。《漢書·王莽傳》：「間關至漸臺。」顏師古注：「間關，猶言崎嶇輾轉也。」〔註 21〕（王先謙，2008：第 12 冊 6213）《後漢書·荀彧傳論》：「間關以從曹氏。」李賢注：「間關，猶輾轉也。」顯然也都是以「間關」為雙聲聯綿詞，屬於擬態詞。作為擬聲擬態詞的「間關」，如果都構擬為複聲母 kl-，顯然與常識不符。唐朝大學者顏師古、李賢都成「間關」猶如「輾轉」，而「輾轉」不可能是複聲母的聯綿詞，「間關」也不會是複聲母聯綿詞。

又如，《詩經·商頌·那》：「猗與那與！置我鞉鼓。奏鼓簡簡，衎我烈祖。」「簡」是二等字，這裡的「簡簡」是擬聲詞，是奏鼓的聲音，奏鼓之聲怎麼可能是 klan 這樣的聲音？只能是單輔音聲母。

四、二等字多與一等字相通

我們還有更直接的證據表明上古音中的二等韻不可能帶有 l/r 這樣的介音。因為在上古漢語中有大量的二等字與一等字發生通假關係或諧聲關係，一等字顯然是不帶 l/r 介音的。而且那樣的一等字往往不與來母字發生通假關係或諧聲關係。這就證明那些二等字不可能是帶有 l/r 介音的複聲母。今舉證如下：

〔註 19〕 以通行字引用，原文是「舝」的古字，太生僻。

〔註 20〕 毛傳、鄭箋都將「間關」解釋為車「設舝」。高文達（《新編聯綿詞典》，2001：185）解釋為：「形容車輪轉動和車舝摩擦發出的聲音。」參看高文達（主編）《新編聯綿詞典》，河南人民出版社，2001 年，185 頁。

〔註 21〕 參看王先謙（補注）上海師範大學古籍研究所（整理），《漢書補注》12，上海古籍出版社，2008 年，6213 頁。

1.「江」是見母二等字，有的學者構擬其聲母是 kl／kr（羅傑瑞、梅祖麟還專門就『江』字進行過討論）。然而，從文字學的角度來看，「江」肯定是從「工」得聲。但同樣從「工」得聲的「功、攻、工、槓、紅」等等都是一等字，不可能帶有 l／r 介音。而且「工」與「公」在上古音中相通〔註22〕（《故訓匯纂》，2003：654），而一等字的「公」的上古音只能是 k-聲母，不可能帶有 l／r 介音。這就證明從「工」得聲的二等字的「江」的上古音也沒有 l／r 介音，否則其與大量一等字的諧聲和通假關係就無法解釋。

2.「慣」是二等字，而所從得聲的「貫」以及「毌、遺」都是一等字。「貫、毌、遺」的上古音聲母只能是 k-，不會帶有 l／r 介音。這就證明「慣」也只能是單輔音聲母，如果是 kr／kl 聲母，那怎麼會與那些一等字發生諧聲關係呢。

3.「關」是見母二等字。但考《墨子・備城門》：「方尚必為關籥守之。」孫詒讓《墨子閒詁》引蘇雲稱「關」為「管」之借，而「管」是一等字；又，在上古文獻中「關」與一等字的「貫」相通。考《漢書・王嘉傳》顏師古注：「關，貫也。」朱駿聲《說文通訓定聲》稱「關」假借為「貫」。如果「關」是複聲母 kl／kr，那麼它與單輔音的 k-怎能相通假？可見二等字「關」的上古音就是單聲母，不可能帶有 l／r 介音。

4.「駭」是匣母開口二等字，而其聲符「亥」是一等字，同聲符的「該、賅、陔、荄」都是一等字，不會帶有 l／r 介音。因此，二等的「駭」也不可能帶有 l／r 介音。

5.「喃」是二等字，其聲符「南」是一等字，其上古音不會帶有 l／r 介音。所以二等字「喃」的上古音也不會帶有 l／r 介音。

6.「呱、孤、觚」都是從「瓜」得聲而為模韻合口一等字，而其聲符「瓜」是二等字；同樣從「瓜」得聲的「胍」等字也是二等字。

7.「項」是二等字，其聲符「工」卻是一等字；如果「項」帶有 l／r 介音，那麼為什麼會用沒有 l／r 介音的「工」為聲符？

8.「核、骸」是二等字，聲符「亥」是一等字。

9.「蟈」是二等字，聲符「國」是一等字。

10.「膱、馘」是二等字，聲符「或」是一等字。

〔註22〕 參看宗福邦、陳世鐃、蕭海波（主編），《故訓匯纂》，商務印書館，2003 年，654 頁。

11.「泓」是二等字，聲符「弘」是一等字。

12.「宏、弘」是二等字，聲符「厷」是一等字。

13.「橙」是二等字，聲符「登」是一等字。

14.「弸」是二等字，聲符「朋」是一等字。

15.「噌」是二等字，聲符「曾」是一等字。

16.「唬」是二等字，聲符「虎」是一等字。

17.「包」聲字多為二等字，但從「包」得聲的「袍、抱」是幽部一等字。

18.「嗃」是二等字，聲符「高」是一等字。

19.「握、渥、齷、喔、幄」都是二等字，聲符「屋」是一等字。

20.「蒿」是一等字，而「嚆」是二等字。

21.「瞠」是二等字，聲符「堂」是一等字。

22.「坑、阬」是二等字，聲符「亢」是一等字。

23.「皇、黃」是一等字，而同聲符的「橫、鍠」是二等字。

24.「斕」是二等字，同聲符的「瀾、蘭、攔、闌、欄」是一等字。

25.『讀』是二等字，同聲符的『檀、壇』是一等字。

類例眾多，無窮無盡，不再詳舉。我們的方法就是用二等字和一等字相通相諧的材料來證明二等字不可能帶有 l／r 介音，因為那些一等字的上古音沒有 l／r 介音。一切二等字帶有 l／r 介音的構擬盡同此破。

五、二等字多與三等字相通

二等字還多與三等字諧聲，而三等字公認為沒有介音 l 或 r，這就證明二等字也沒有 l 或 r-介音，否則二者難以相通。舉證如下：

1.「峙」是二等字，聲符「寺」是三等字。

2.「坳」是二等字，聲符「幼」是三等字。

3.「包」聲字多為幽部二等字，但從「包」得聲的「枹」是幽部三等字。

4.「磽、磝」是二等字，而「趬」是三等字，二者聲符相同。

5.「樂」（音樂）為二等字，而「藥、鑠」為三等字。

6.「棖」為二等字，而聲符「長」為三等字。

7.「崴」為二等字，而聲符「威」為三等字。

8.「禕」為二等字，而聲符「韋」為三等字。

9.「黸」為二等字，而聲符「亶」為三等字，「壇、禋、歖」等都是三等字。

因此，這些諧聲字材料表明二等字不會帶有 l 或 r 介音。複聲母與單聲母不可能相通假。

六、二等影母字不與來母相通

在二等字中有一定數量的影母字，如果按照雅洪托夫的構擬，二等字有-l-介音，由於影母是零聲母或帶有喉塞音聲母，這樣的聲母如果帶有-l-介音，那麼是很容易與來母發生諧聲和通假關係的，則二等影母字必然會出現與來母字相通的現象，但事實是二等影母字從不與來母發生諧聲和通假關係，沒有例外。這一現象表明二等影母字絕沒有帶 l 介音。二等影母字舉例如下：

1. 坳（於交反）；2. 鷽（於角反）；3. 泓（烏宏反）；4. 握、渥、齷、喔、幄都是二等影母字（於角反）；5. 啞；6. 鴉、雅；7. 窊；8. 臒（烏郭反）；9. 禕（於離反）10. 崴（乙乖反）；11. 殷（烏閒反）；12. 黶；13. 歁；14. 晏；15. 綰。這些二等影母字都與來母字不發生諧聲或通假關係。

因此，這種現象也表明二等字不可能帶有 l 或 r 介音。否則，二等影母字應該與來母字發生諧聲或通假關係。但事實上，完全沒有。

七、西方歷史語言學的證據

在西方歷史語言學中，我們也可以找到證據能夠證明上古漢語不可能有 Cl-型的複輔音聲母。我們這裡舉英文為例。因為我們發現在英語史上，凡是 Cl-型的複輔音聲母從來沒有分化演變為單輔音聲母，從古到今都是複輔音聲母。因此，我國一些音韻學者擬測的複聲母向單聲母演變的音變類型在英語史上根本不存在。我們現在從西方語言詞彙的歷史音變來仔細地考察一些具體的例子。如 1. kleptomania（偷竊狂）一詞有極其古老的來源。根據權威的《錢伯斯語源學辭典》〔註23〕（2002：567），其音變的過程是從原始印歐語 klep-→希臘語 kléptein、拉丁語 clepere、哥特語 hlifan、hliftus→新拉丁語 kleptomania→英語 kleptomania。可見其複輔音聲母從來沒有消失或單輔音化，其中的-l-始終存在，直到現在的英語；2. 據同書同頁，美國俗語 klutz（笨人、傻瓜）一詞的淵源是中古高地德語，其複聲母 kl-在其輾轉相借中從未發生過任何變化，沒有簡化成單輔音 k 或 l。我們發現英語中的 kl-開頭的單詞，凡是有古老

〔註23〕 參看 Robert K.Barnhart，《錢伯斯語源學辭典》英文本，Chambers 出版社，2002年，第 567 頁。

詞源可考的，都沒有發生過任何特別的音變，從古到今都大抵是如此。而古漢語複聲母派學者堅決主張上古時代的複聲母 kl-無一例外地簡化為單輔音聲母 k-，這與西方語源學不合。

再如，古漢語複聲母派學者主張上古漢語的 gl-型複聲母的演變趨勢是無一例外地簡化為單聲母 l-，失去前面的濁塞音（因為他們的審音認為濁音的強度較弱，所以容易脫落）。我們認為這與西方的歷史音韻學完全不符。根據《錢伯斯語源學辭典》〔註24〕（2002：434～438）的考察和研究，英語中大量的以 gl-開頭的詞彙，從遠古到現在其複輔音類型基本未變，如 glad、glade、glamour、glance、gland、glare、glass、glaze、gleam、glee、glen、glint、glory……，例子非常多，其複輔音聲母從來沒有分化為 g 或 l，或簡化為任何單輔音。類似的英語中的 Cl-型複聲母的詞彙在語源學上也是複聲母，而沒有分化為單輔音聲母；再舉幾種類型：

Pl-型複聲母：

placard、placate、place、placebo、placenta、placer、placid、placket、plagiarism、plague、plaice、plain、plaint、plaintiff、plaintive、plait、plan、plane、planet、plant、plantain、plash、plasma。類例極多，從古到今都是複輔音聲母 pl-，從來沒有發生過向單輔音演化的音變。

Sl-型複聲母：

slack、slag、slake、slalom、slam、slander、slang、slant、slap、slate、slash、slat、slate、slather、slattem、slaughter、slick、sleep、slay、slave、slaver。類例極多，從古到今都是複輔音聲母 sl-，從來沒有發生過向單輔音演化的音變，s 或 l 都沒有消失。

Bl-型複聲母：

blast、blatant、blaze、blazon、bleach、bleak、blear、bleat、bleed、blemish、blench、blend、bless、blight、blimp、blind、blink、blip、bliss、blister、blizzard、bloat、bloc、blond、blood。類例尚多，這些詞的 bl-從古到今一直沒有失落 b-或 l-，始終是複輔音聲母。

再如，古漢語複聲母派的學者構擬了 sk-這樣的複聲母，並說到中古分化

〔註24〕 參看 Robert K.Barnhart，《錢伯斯語源學辭典》英文本，Chambers 出版社，2002 年，第 434～438 頁。

為 s-和 k-這樣的單輔音。但是，英語中的由複聲母 sk-構成的詞彙非常多，從古到今始終沒有分化為 s-和 k-這樣的單輔音聲母，而且 sk-中的 s 從來沒有失落，一直都要發音，例如：

skald，skate，skein，skeleton，skeptic，sketch，skid，skiff，skill，skillet，skim，skimp，skin，skink，skip，skipper 等等，其例甚多。自古以來都是複聲母 sk-，並沒有單輔音化。

另外，英文、法文從來都沒有 ml-這樣的複輔音聲母，學者構擬漢語上古音有 ml-這個類型的複輔音（如「蠻」字），也得不到西方語言的印證。

我從《錢伯斯語源學辭典》中還可以舉出非常多的例證，表明漢語複聲母派學者所構擬的複輔音類型的演變規律與西方語源學不合，不能得到西方歷史語言學的支持。奇怪的是古漢語複輔音派學者往往有西方歷史語言學的背景。這種現象不是發人深省嗎？我們可以明確地說在複輔音派學者口中的西方歷史語言學只是一個幌子，與他們構擬的古漢語複聲母及其演變規律根本毫無關係。如果古漢語真的有複輔音聲母，那麼決不可能在現代漢語的眾多方言中消失得毫無蹤跡，一定會有殘餘現象。如果不是這樣的話，我們寧可相信古漢語從來就沒有過複輔音聲母。

依據《錢伯斯語源學辭典》所提供的學者構擬的原始日耳曼語的音系沒有複輔音聲母出現。該書還有原始的印歐語音系，也沒有複輔音聲母出現。西方學者很明確認為原始日耳曼語和原始印歐語都沒有複輔音聲母。因此，複輔音聲母不是原始語言的普遍形態。

八、民族語言學材料的證據

龔煌城院士的《上古漢語與原始漢藏語帶 r 與 l 複聲母的構擬》（2004：183～212）和英文論文《The First Palatalazation of Velars in Old Chinese》（2004：67～78）對 r 和 l 在藏緬語族中作為介音成分的現象多有論述。李方桂院士在《上古音研究》中構擬二等介音 r 也許與他對藏語的研究有關，因為在藏語中的作為複輔音聲母的後置輔音的 r 確實有捲舌化的功能。孫宏開《藏緬語若干音變探源》〔註25〕（1982）指出：「藏語中的融合情況是：基本輔音和後置輔音 r 結合成的複輔音在現代口語中大部分變讀為捲舌塞擦音。」不過孫宏開同

〔註25〕 參看孫宏開《藏緬語若干音變探源》，《中國語言學報》，商務印書館，1982 年第 1 期。

文也指出：在緬甸語中「舌根輔音和後置輔音 l、r、j 結合時，融合為舌面音。」孫宏開也多有舉證。也就是說介音 r 不僅有捲舌化的功能，也有舌面化的功能。而且從孫宏開此文來看，在藏緬語中的複輔音中的後置輔音 r 也沒有導致其前面的塞音脫落的功能，而是與前面的塞音融合為塞擦音。據馬學良主編《漢藏語概論》（第 2 版）〔註26〕（2003：118）稱：藏語的 Cr-型複輔音「後來都趨於簡化。到現代藏語各方言，大部分變作了捲舌音或舌面音。」〔註27〕李方桂《上古音研究》〔註28〕（2015：23）頁也說：「因此我們可以說介音 r 有一種中央化的作用 centraliazation。」李方桂還指出 r 介音有使聲母捲舌化的作用，這與李方桂研究藏語的音變應該有關係。汪大年《緬甸語與漢藏語系比較研究》〔註29〕之《語音篇》8《緬甸語方言中的複聲母後置輔音 r l j》（2008：183～185）首先闡述了古代緬甸語有複聲母的後置輔音 r、l、j，然後說：「從第一種寫法中，可以看到，碑文時期的後置輔音 l 到後來變成了 r 或 j，而碑文時期，r、l 音是不分的，兩個音可以互相通轉。」在中古緬甸語時期：「碑文時期的後置輔音 l 變成齶音 j。舌根軟齶音 kj、khj 有些已進一步變成舌面硬齶音 tɕ。而在四譯館時期的後置輔音 l 與雙唇音或鼻輔音結合的音節中，都變成了上齶音 j。……四譯館時期，後置輔音-r 仍然保留了碑文時期的（後期）特點，發成顫音 r（省略其例）。……從上列例子可以看出，後置輔音 r、l，在歷史的發展中，變化的步驟是：從 r、l 分化後變成 r、l、j，後來流音 l 消失，剩下 r、j。後來顫音 r 又消失，只剩下 j。最後 j 顎化，變成 tɕ。在現代標準化話——仰光話中已經沒有後置輔音 r、l 的蹤跡。」這一段論述揭示了古代緬甸語的後置輔音 l 或 r 在消失後會留下 j 介音，影響前面的輔音發生顎化音變，而不是簡單的消失。

我們認為在漢語語音史上沒有出現過藏緬諸語言這樣的音變。1. 古漢語的二等字固然後來有與三等韻合流的現象，但也有很多與一等韻合流而不發生顎化音變的現象，從來沒有產生過舌面介音-j-，這就與藏緬語族的音變規律不合，因此，藏緬語族的歷史音變與漢語的歷史音變的規律並不一致。2. 更為

〔註26〕參看馬學良（主編）《漢藏語概論》（第 2 版），民族出版社，2003 年，118 頁。

〔註27〕R.L.Trask《歷史語言學》（英文本，北京外研社，2000：62）也論述到了在瑞典語中，〔r〕有捲舌化的功能。

〔註28〕參看李方桂《上古音研究》，商務印書館，2015 年，第 23 頁。

〔註29〕參看汪大年《緬甸語與漢藏語系比較研究》，崑崙出版社，2008 年，第 183～185 頁。

重要的是二等韻與三等韻合流發生得較晚。即使認可上古漢語的二等韻有-l-介音，在魏晉以前已經完全消失，但是直到宋時代的二三等韻都還沒有合流，這就說明-l-介音消失後的一千年的時間中二等韻都沒有 j 介音。這個時間差至為重要。所以，在假設的-l／r-消失後，並沒有很快產生 j 介音，而是在千年以後部分二等韻才產生 j 介音，從而與三等韻合流。因此，古代漢語中的二等韻與三等韻合流絕對與假設的上古漢語的 l 介音的消失毫無關係。這就說明古漢語二等韻的顎化音變與緬甸語中的音變沒有共同性。不能以藏緬語族的歷史音變來類推古漢語的歷史音變。

在藏語中的 Cr-型複輔音聲母的演變並不是簡單的脫落一個聲母，將複聲母演化為單聲母，而是使得前面的塞音聲母發生捲舌化或舌面化的音變。因此，民族語言學的證據也可以否定音韻學者所假設的複輔音聲母向單輔音聲母演變的方式。

有學者認為漢語語音史上聲母顎化運動，早期見組字顎化是*k+j／i〉tɕi，後期的精組顎化也是*ts+j／i〉tɕi，因為介音導致聲母顎化。現代晉語如太原話，聲母顎化擴散到幫組、端組字，其實就是增加介音 j 的過程，如德韻一等字幫母「北」讀 piəʔ，端母「德」tiəʔ 等，還有官話中見組二等字如「家街」現代聲母都是*ki〉tɕi，都是增加介音 j。我們認為介音既對聲母發生影響，也對韻母發生影響，這是不可置疑的事實。聲母的顎化音變當然是-j-介音造成的，也是聲母的一種弱化音變。由於太原音系有舌根塞音顎化的傾向，不僅產生了二等開口見系字的顎化音變，而且帶動了一等韻的唇塞音聲母字「北、百、柏、伯」、唇鼻音聲母的「墨、默、陌、麥、脈」、舌尖塞音聲母的「得、德、的」都產生-i-介音，再聯繫到其他洪音字也有主元音細音化的傾向，我們可以基本上推斷晉中方言的主元音有細音化音變的傾向，這是晉中方言片區的語音特徵。這樣的音變是漢語語音史上相當晚期的現象，而且是主要在北方方言區發生，很可能首先發生在晉中方言區，後來擴散到其他地區，南方擴展到達了江淮地區，如合肥方言和揚州方言（文讀）。考其原因，可能是明朝中後期以後到清朝，由來自晉中地區的晉商將生意擴展到北京、山東、合肥、揚州、武漢等地，大批富有的晉商進入這些地區，從而將晉中片區方言（包括太原方言）的語音擴散到了這些地區。或者是首先擴散到北京，再作為官話從北京擴散到其他地區。太原方言的見組開口二等字如「家嫁佳夾假賈甲稼架駕價招恰蝦瞎霞狹匣轄下夏鴉鴨壓牙芽涯雅啞亞街」，全部都已經發生了顎化音變，讀舌面

塞擦音聲母。這些見系開口二等字很可能隨著晉商的生意發展而擴散到在北京方言、濟南方言、西安方言、太原方言、武漢方言、成都方言、合肥方言、揚州方言（文讀）〔註30〕等方言區中。這些地區的見系開口二等字都是讀為舌面塞擦音，發生了顎化音變。從以上各方言的音系比較來看，太原方言等晉中方言應該是最早發生見系開口二等韻顎化音變的方言區。而晉中方言的這個音變趨勢是方言自身的韻母細音化音變的結果，才導致聲母顎化，這與是否有後置輔音-l／r-沒有任何關係。

九、與黃侃古本音理論不合

二等韻帶-l／r-介音的觀點也與黃侃古本韻的理論不合。劉申叔《音論序贊》〔註31〕（劉師培，2014：5212～5213）：「實考古音二等，《廣韻》四等。一與四者，古音之本，其二與三，本音變也。」黃侃《與人論治小學書》〔註32〕（2006：155）：「顧其理有暗與古會，則其所謂一等音，由今驗之，皆古本音也。此等韻巧妙處，其他則繽紛連結，不可猝理。」〔註33〕因此，按照黃侃的古本音理論，二等韻是從一等韻分化出來的，三等韻是從四等韻分化出來的。而一等韻不可能帶l／r介音，因此從一等韻分化出的變韻二等韻當然不可能帶有l／r介音。

從二等韻的演變來看，在唐宋以後的方言中很多與一等韻合流，也有很多與三等韻合流，這顯然只是與各方言發音習慣的洪細有關，絕對與l／r介音沒有任何關係。因為即使按照複聲母派學者的觀點，一切複輔音聲母在魏晉時

〔註30〕揚州方言（文讀）、雙峰方言（文讀）、長沙方言（文讀）、蘇州方言（文讀）的見系開口二等字也發生了顎化音變，這些音變可能發生更晚，是受到官話影響的結果，時代可能要晚到二十世紀。與晉中方言和北京方言的二等開口見系字的顎化音變不是一個時代層次。

〔註31〕收入劉申叔《左庵外集》卷17。參看劉師培（著）萬仕國（點校）《儀徵劉申叔遺書》第12冊，廣陵書社，2014年，第5212～5213頁。

〔註32〕參看黃侃《黃侃國學文集·黃侃國學講義錄》，中華書局，2006年，第155頁。

〔註33〕參看王力《黃侃古音學述評》，收入《王力語言學論文集》，商務印書館，2000年，第249～250頁。王力先生梳理甚詳。何九盈《中國現代語言學史》（修訂本）第三章第十一節《上古音研究》，商務印書館，2008年，第276～278頁。王寧、黃易青《黃侃先生古本音說證辨——兼論考古與審音二法之於古聲研究的影響》，北京師範大學民俗典籍文字研究中心編《民俗典籍文字研究》第1輯，商務印書館，2003年。陳新雄《古音研究》第二章《古韻研究》第十三節《黃侃之古韻研究》，臺灣五南圖書出版公司，1998年，第214頁。

代已經完全消失，複輔音聲母是上古音的現象，在中古音時代已經毫無蹤跡。而且依據學術界最近的研究，上古漢語根本就沒有過複輔音聲母〔註34〕。

十、藏緬語族有複聲母不能證明古漢語有複聲母

藏緬語族的眾多語言和方言都有複輔音聲母，這不但不能證明漢語上古音有複輔音，恰好證明漢語自遠古以來就沒有複輔音。我的邏輯是：藏緬語族的很多語言都有複輔音聲母，現在依然很多複輔音聲母，可以參看馬學良《漢藏語概論》〔註35〕（2003）、《藏緬語語音和詞彙》編寫組《藏緬語語音和詞彙》〔註36〕（1991）、孫宏開等主編《中國的語言》〔註37〕（2007）、黃布凡主編《藏緬語族語言詞彙》〔註38〕（1992）、歐陽覺亞、孫宏開、黃行主編《中國民族語言文字大辭典》〔註39〕（2017），以及《中國少數民族語言簡志叢書》所收的藏緬語族的各書等等〔註40〕。如果漢語曾經與藏緬語族同源，那麼漢語必然如同藏緬語族一樣在現代漢語的方言中會有方言保留了複輔音聲母，不可能在眾多的漢語方言中完全消失得無影無蹤，因為藏緬語族的複輔音聲母也是從古到今一直保留著的，雖有增減，但沒有消失。為什麼藏緬語族都能一直數千年都保留複輔音聲母，而有眾多方言的漢語偏偏完全沒有複聲母的蹤影呢？這是完全不可想像的，唯一合理的解釋是漢語自遠古以來就從來沒有複聲母。

漢語有的方言是保留了上古音的一些特徵的，例如閩方言、湘方言、吳方言、晉方言、粵方言等，但都沒有複聲母。因此，無論漢藏語是否同源，藏緬語族有複聲母都不能作為漢語上古音有複聲母的證據。至於不能依據所謂的漢藏同源詞對音來研究和構擬上古漢語的音系，我在《上古音及相關問題綜合研究》〔註41〕一書的第一章第八節有詳盡的論證。

〔註34〕 參看龐光華《上古音及相關問題綜合研究》，暨南大學出版社，2015年。龐光華此書對上古漢語中複聲母的構擬做了全面的批評，論證詳密。
〔註35〕 參看馬學良《漢藏語概論》（第2版）民族出版社，2003年。
〔註36〕 參看《藏緬語語音和詞彙》編寫組《藏緬語語音和詞彙》中國社會科學出版社，1991年。
〔註37〕 參看孫宏開、胡增益、黃行（主編）《中國的語言》，商務印書館，2007年。
〔註38〕 參看黃布凡（主編）《藏緬語族語言詞彙》，中央民族學院出版社，1992年。
〔註39〕 參看歐陽覺亞、孫宏開、黃行（主編）《中國民族語言文字大辭典》，中國社會科學出版社，2017年。
〔註40〕 以上文獻僅為舉例，相關藏緬語族的文獻極多。
〔註41〕 參看龐光華《上古音及相關問題綜合研究》，暨南大學出版社，2015年。

　　如果有學者拿出諸如漢語的「量」和藏語 graŋs／bgraŋ 數字／計數，格曼語 kɹuŋ 量，計量，博嘎爾語 ruŋ 量、計量，相比對，這是毫無道理的。漢藏語之間的關係詞只能是借詞，而且所有借詞都會在借入時要適應本民族語言的語音特徵而發生變異，不能機械地對應。雖然現代藏緬語族有些方言已經失去了複輔音聲母，但是很多方言依然保留複輔音，並沒有像漢語各大方言一樣消失得毫無蹤影。因此，不能依據部分藏緬語失落了複輔音，而推論現代漢語各大方言沒有複輔音聲母是語言發展的結果。事實上，漢語的上古音在現代漢語方言中幾乎都有保留，有的甚至是原封不動地保留。例如：

上古音聲母	現代漢語某些方言聲母
曉母 x	x
匣母 ɣ	ɣ
見母 k	k
溪母 kh	kh
群母 g	g
疑母 ŋ	ŋ
端母 t	t
透母 th	th
定母 d／dh	d／dh
尼母 n	n
幫母 p	p
滂 ph	ph
並 b／bh	b／bh
明 m	m
影母 ø	ø
精母 ts	ts
清母 tsh	tsh
從母 dz／dzh	dz／dzh
心母 s	s
邪母 z	z
書母 ɕ	ɕ
禪母 ʐ	ʐ

　　閩方言的知組聲母要讀為端組，這就是上古音的保留，為學者所公認。怎麼會上古漢語的複聲母在現代漢語的眾多方言都沒有保留，毫無例外，這是不可思議的現象。因此，我們認為上古漢語根本不存在複輔音聲母。

　　我在《上古音及相關問題綜合研究》之外，再補充一些可以參考的材料。李方桂有一段話很有參考價值，今引錄如下：

　　　　比如說，傣語有一種聲調系統與漢語的非常相像。那該說什麼呢？說它們有聯繫，因為它們有同類的聲調系統，在這方面或多或少比較發達嗎？人們會說：「噢，這種相似一定有某種原因。所以它們可能從根本上是相互有聯繫的語言。」而別的人又會反駁說：「哎，這種語音變化在任何古語裏都會產生。它們並不表示任何明確的、根本的關係。」所以，我認為可以得出不同的結論，但其中沒有一種確定無疑。如果你研究傣語就知道，傣語聲調系統與漢語的聲調系統非常相似。同樣，苗瑤語聲調系統同傣語，還有漢語等非常相近。另外，像藏語這樣的語言就有非常不同的聲調系統——一不同於漢語，不同於傣語，也不同於苗瑤語。但是人們認為：「藏語與漢語是發生學上的關係。」反而認為「苗瑤語和傣語與漢語之間沒有系屬關係」等等。這些觀點，大多是想方設法根據這一種觀念形成的：什麼種類的相似點可構成某種發生學關係。〔註42〕

　　可見，要確定兩種語言有發生學上的同源關係，要有多方面的證據，不能根據一些語言現象上的相似就輕易判斷兩種語言同源。

　　瞿靄堂《論漢藏語語言聯盟》〔註43〕（2016：5～6）指出了確定漢藏語同源的五大困難：「研究漢藏語言語族層級同源關係產生的困難是由於：1. 語言結構系統差異大，2. 同源詞數量少，3. 確定同源詞和借詞困難，4. 同源詞語音對應規律的判斷缺乏規則性和嚴密性，5. 記載語言發生期的文化、歷史和民族關係的文獻少。」〔註44〕這幾個質疑應該是比較尖銳和正確的，我完全贊成。同文三、《漢藏語言聯盟》還稱漢語和藏語是語言聯盟關係，不是發生學上

〔註42〕參看王啟龍、鄧小詠《見李方桂先生談語言研究》，《中央民族大學學報》1994年 6 期。

〔註43〕原載於《民族語文》2013 年第 5 期。收入瞿靄堂 勁松《漢藏語言研究新論》，中國藏學出版社，2016 年，第 5～6 頁。本文依據《漢藏語言研究新論》本引述。

〔註44〕參看瞿靄堂、勁松《漢藏語言研究新論》，中國藏學出版社，2016 年，第 5～6 頁。

的同源關係，觀點非常鮮明：「根據上文的探索和對同源的理解，漢語和藏緬語族的語法結構具有根本性的差異，完全不屬於同一類語言。簡單來說，漢語屬於孤立語，藏緬語族屬於黏著語。按照單一分化起源的理論，漢藏共同語必定屬於這兩類語言中的一種。如果是孤立語，就得證明藏緬語族是如何從孤立語演變成黏著語的；如果是黏著語，就得證明漢語是如何從黏著語演變成孤立語的。南島語言和南亞語言是多音節的黏著語，漢語是單音節孤立語，三系一體觀點還得證明華澳語系共同語是單音節的還是多音節的，是黏著語還是孤立語。……多音節變成單音節和黏著語變成孤立語容易說得通，反過來就無法設想。必然的結果是：三個語系的語言互有同源詞，語言結構又如此不同，它們的原始共同語只能是多音節的黏著語。持譜系分類單一分化論的人都在努力證明，只是成果了了，缺乏嚴密的論證和事實根據，沒有說服力。」〔註45〕同文又稱：「我們的語言聯盟包括框架包括藏緬語族，實際上不承認漢藏語系的存在。」〔註46〕瞿靄堂先生前些年的理論文章就已經對漢藏語是否同源的問題提出過質疑，認為確定漢藏語是否同源比確定印歐語語系要困難很多，並在方法和原則上做過一些論述，當然那時還沒有明確否定漢藏語同源，可以參看瞿靄堂、勁松《漢藏語言研究的理論和方法》〔註47〕二《系屬篇》中的三篇論文《漢藏語言歷史研究的新課程》、《漢藏語言的系屬研究》、《漢藏語言的關係研究》。

魏建功《古音系研究》五《研究古音系的條件》〔註48〕（1996：279）稱：「過去的漢學先生講究不用單文孤證。如今只憑了比較同語族語的時興，單舉一二例來比附，是危險的！」這真是學者態度。

李榮先生在1983年的上古音學術討論會上發言（1984：5）說：「至於漢藏語的比較，現在還處在『貌合神離』的階段，看著藏文有點兒像，就湊上了。目前，漢藏語的研究還在起步時期，我們不能過分苛求。要依據漢藏語的比較來研究上古音，現在恐怕為時尚早。」李榮先生的態度是科學的。

〔註45〕 參看瞿靄堂 勁松《漢藏語言研究新論》，中國藏學出版社，2016年，第14頁。瞿靄堂先生接著論述了自己的漢藏語聯盟的觀點與陳保亞先生的《論語言接觸和語言聯盟——漢越（侗臺）語源關係的解釋》（北京大學出版社，1995年）一書的研究語言聯盟上的五點不同。但瞿靄堂先生的研究方法是吸取了陳保亞該書的方法，而有發展（例如，陳保亞專注於同源詞，而瞿靄堂強調語法結構的異同）。

〔註46〕 參看瞿靄堂、勁松《漢藏語言研究新論》，中國藏學出版社，2016年，第15頁。

〔註47〕 參看瞿靄堂、勁松《漢藏語言研究的理論和方法》，中國藏學出版社，2000年。

〔註48〕 參看魏建功《古音系研究》，中華書局，1996年，第279頁。

　　朱德熙先生《方言分區和連讀變調芻議》〔註49〕（《朱德熙選集》，2001：425）一文所舉的動物的分類與演化的例子對於漢藏語學者也有參考作用。朱先生曰：「有的生物學家指出，鳥類和哺乳動物之間確實存在不少共同的特徵，但是這並不能證明二者有直接的共同祖先，這種共同點不過是器官或功能在演化過程中的『趨同現象』（convergency）。例如蝙蝠的翼手和鳥類的翅膀在構造、形狀和飛行方式上有驚人的相似之處，但是並沒有人因此推斷鳥類和蝙蝠有共同的祖先。」朱先生的質疑十分有力。

　　日本著名語言學家服部四郎《日語的系統》〔註50〕（1999：102）一書中的《對安田德太郎博士的著作的批評》在論述日語中的一些基本詞彙和南方諸語言之間存在較大的相似性的問題時認為：「日語和南方諸語言比較的時候，太相似的反而可能是借詞，這一點必須充分予以考慮。」他還舉例說：英語中的 face 和法語中的 face 當然有對應關係，但這不是英語和法語都共同保留了遠古印歐語的原始形態，而是英語從較古的法語中借入了 face 一詞，這是一種借詞現象，與語言之間是否有同源關係無關。服部四郎此文還認為即使語言中的基本詞彙也會發生緩慢的變化，並非長久不變。服部四郎對安田德太郎的有些批評富有啟發性，例如安田德太郎說日語基本詞彙的一些語根和南方諸語言有對應關係，而在阿爾泰語系中絕對找不到關係詞。但服部四郎指出安田德太郎的觀點忽視了阿爾泰語學的研究成果，事實上，日語的基本數詞就和朝鮮語、阿爾泰語有明顯的對應關係；而且日語的三身代詞（表示『你、我、他』的基本代詞）以及近稱、中稱、遠稱三個代詞的語根和阿爾泰語系諸語言也有明顯的對應關係。因此，不能根據日語中的這些基本詞彙和南方諸語言有對應關係就說日語和南方諸語言同源，因為這些基本詞彙在北方的阿爾泰語系中也可以找到關係詞以及有對應關係的語根。服部四郎的研究態度是比較嚴謹的。

十一、漢藏語的關係詞是借詞不是同源詞，漢民族和藏民族自古有眾多的文化交流

　　漢語和藏語在歷史上確實有過大規模的交流。從唐代以來，漢藏語言之

〔註49〕收入《朱德熙選集》。參看朱德熙《朱德熙選集》，東北師範大學出版社，2001年，第425頁。

〔註50〕日文本，岩波文庫，1999年。參看服部四郎《日語的系統》，日本岩波書店出版社，1999年，第102頁。

間的交流從來沒有中斷。據任繼愈主編《佛教大辭典》〔註51〕1059 頁「桑希」
條：藏族高僧桑希「最早將漢文佛經翻譯為藏文的譯師。姓巴氏，一說是金
城公主時留藏漢人的後裔。曾被墀德祖丹（704～755 在位）派往長安取經。
返拉薩時，墀德祖丹已卒。王子墀松德贊（755～797 在位）幼年即位，反佛
大臣禁佛，遂將帶來的千餘卷漢文經典藏在青浦（今桑耶附近）石崖中，把
請來的漢僧送還內地。墀松德贊漸長，與信佛大臣共議興佛，乃將所藏佛經
取出，呈送贊普，並略述其大意。贊普大悅，命他同梅瑪果、阿難陀共譯為
藏文。」可見藏族高僧桑希曾前往大唐長安取經，將千餘卷漢文佛經帶回西
藏，後與藏族高僧梅瑪果、阿難陀共同將這些佛經翻譯為藏文。楊貴明、馬
吉祥編譯《藏傳佛教高僧傳略》〔註52〕前宏期收錄《桑希》條。據同書《巴·
賽囊》條（4～7 頁）前宏期的巴·賽囊和桑希等吐蕃高僧三十人被吐蕃贊普
派遣前往長安，向唐肅宗皇帝求取佛經。由於西藏是政教合一，佛教為國教，
必然對西藏的語言產生重大影響。而且有大量的漢僧進入西藏地區傳法，同
時必然傳播漢語。

　　任繼愈主編《佛教大辭典》〔註53〕1287 頁「管·法成」條：藏族翻譯家
法成（公元九世紀）將漢文佛經《賢愚經》、《金光明最勝王經》、《解深密經
疏》等十四種佛經翻譯為藏文：法成「亦稱『郭曲主』。藏族佛教學者，佛經
翻譯家。生於後藏達那（今西藏謝通門縣）地方吐蕃貴族管氏家族。唐大和
七年（833）到沙州（治所在今甘肅敦煌）永康寺從事譯經。翌年，為比丘福
漸講經說法。會昌二年（842）到甘州（治所在今甘肅張掖）修多寺。大中二
年（848）後返沙州開元寺，講授《瑜伽師地論》。精通藏、梵、漢文，一生
從事佛經漢藏雙向翻譯，所譯藏漢典籍可考者有二十三種。其中漢譯藏者有
《賢愚經》、《金光明最勝王經》、《解深密經疏》等十四種，藏譯漢者有《般
若波羅蜜多心經》、《諸星母陀羅尼經》等五種。此外，由他抄錄和講述的經
籍有《大乘四法經論及廣釋開決記》等四種。時稱其為『大蕃國大德』，在河
西一帶對漢藏佛教文化交流貢獻很大。」明稱法成對河西一帶的漢藏文化交
流貢獻很大。則法成將十四種漢文佛經翻譯為藏文，必然對藏語產生重大影
響。陳寅恪先生對法成的貢獻極為重視。考陳寅恪《斯坦因 Khara-Khoto 所

〔註51〕江蘇古籍出版社，2002 年。
〔註52〕青海人民出版社，1992 年。
〔註53〕江蘇古籍出版社，2002 年。

獲西夏文大般若經考》〔註54〕稱：「唐代吐蕃翻經大德法成譯義淨中文本《金光明最勝王經》為藏文，不論中文原本作『有情』或『眾生』，一概以藏文之Sems-can 譯之，其意殆以為此二名祠，意義既悉相等，無庸強為分別，譯以不同之語。法成如此翻譯，自有其理由。」陳寅恪稱唐代吐蕃翻經大德法成將義淨中文本《金光明最勝王經》為翻譯藏文。陳先生此文還提到了西夏文的《金光明最勝王經》是從唐朝高僧義淨的漢文本翻譯過去的，翻譯的方法與法成的方法有所不同。〔註55〕另參看王堯《〈賢愚經〉藏文本及其譯者考》（收入王堯《西藏文史考信錄》，中國藏學出版社，1994 年）。

陳寅恪《陳垣墩煌劫餘綠序》〔註56〕：「唐蕃翻經大德法成辛酉年（當是唐武宗會昌元年）出麥與人抄綠經典，及周廣順八年道宗往西天取經，諸紙背題紀等，皆有關於學術之考證者也。但此謹就寅恪所曾讀者而言，其為數尚不及全部寫本百分之一，而世所未見之奇書佚籍已若是之眾。」再次提及唐蕃翻經大德法成。

陳先生有專門研究西藏譯經高僧「法成」的論文《大乘稻芊經隨聽疏跋》〔註57〕對法成做了相當的考證，《大乘稻芊經隨聽疏》是法成所撰。陳先生結論稱：「夫成公之於吐蕃，亦猶慈恩之於震旦；今天下莫不知有玄奘，法成則名字湮沒者且千載，迄至今日，鉤索故籍，謹乃得之。同為溝通東西學術，一代文化所託命之人，而其後世聲聞之顯晦，殊異若此，殆有幸有不幸與！讀法成《隨聽疏》竟，為考其著述概略，並舉南山律肺之語，持較慈恩，以見其不幸焉。」陳先生此文考證了法成將玄奘弟子圓測《解深密經疏》譯為藏文〔註58〕。陳先生也指出了很可能是法成將很多藏文佛經翻譯為漢文。楊貴明、馬吉祥編譯《藏傳佛教高僧傳略》〔註59〕前宏期收錄《法成》條，可以參看。日本佛學權威學者中村元監修《新佛教辭典》（日文本，第三版）〔註60〕沒有「法成」條，應為疏漏。藏學家王堯先生《吐蕃譯師管・法成身世事蹟考》〔註61〕對法

〔註54〕收入《陳寅恪集》（三聯書店，2011 年）之《金明館叢稿二編》。215 頁。
〔註55〕另參看任繼愈主編《佛教大辭典》787 頁《金光明最勝王經》條。
〔註56〕收入《陳寅恪集》（三聯書店，2011 年）之《金明館叢稿二編》。267 頁。
〔註57〕收入《陳寅恪集》（三聯書店，2011 年）之《金明館叢稿二編》。288～289頁。
〔註58〕另參看任繼愈主編《佛教大辭典》1264 頁《解深密經疏》條。
〔註59〕青海人民出版社，1992 年。
〔註60〕日本東京：誠信書房，平成 18 年版（公元 2007 年）。
〔註61〕收入王堯《西藏文史考信錄》（中國藏學出版社，1994 年）。

成的身世考論較詳，且詳細考證其譯著，編制了目錄，比陳寅恪先生的論文更加詳細。此文又題為《藏族翻譯家管·法成對民族文化交流的貢獻》〔註62〕。

其他的相關闡述如《佛光大辭典》「法成」條稱：「西藏名 Chos-grub，為唐代譯經僧，吐蕃（西藏）人。生於後藏達那（日喀則附近）吐蕃貴族管氏家族，世稱管法成（一說師係漢人，俗姓吳，世稱吳法成，而自幼生長於敦煌）。嘗住西藏果耶寺，任吉祥天王（即吃栗徠巴贍王）之翻譯官，封號『大蕃國大德三藏法師』。師將大寶積經被甲莊嚴會、入楞伽經、楞伽阿跋多羅寶經、賢愚經、善惡因果經、金光明最勝王經等二十部漢文佛典翻傳為西藏語，對吐蕃及當時河西地區之佛教具有莫大貢獻。太和七年（833），於沙州（甘肅敦煌）永康寺著有四法經廣釋開決記。會昌二年（842），師住甘州（甘肅張掖）修多寺，漢譯諸星母陀羅尼經、般若波羅蜜多心經、薩婆多宗五事論、釋迦牟尼如來像法滅盡記各一卷，並講說諸經論。遺有大乘稻稈經隨聽疏一卷、瑜伽論手記、瑜伽師地論分門記等殘缺之講錄。寂年、世壽均不詳。〔西藏大藏經甘殊爾勘同目錄、西藏大藏經總目錄、敦煌劫餘錄卷十、鳴沙餘韻解說）矢吹慶輝〕。」

《中華佛教百科全書》「法成」條：「西元八至九世紀前半期（時值西藏統治敦煌後半期至敦煌復歸唐朝時期），活躍於敦煌的譯經僧。西藏人（一說為漢人）。生卒年不詳。俗姓吳，世稱吳法成。在西藏統治敦煌時期，以『大校閱翻譯僧』、『大蕃國都統三藏法師』之名義，參與漢譯佛典之藏譯。至今可確認為其譯著者有《大寶積經被甲莊嚴會》、《入楞伽經》、《楞伽阿跋多羅寶經》、《賢愚經》、《善惡因果經》、《金光明最勝王經》、《千手千眼觀自在菩薩廣大圓滿無礙大悲心陀羅尼經》、《如意輪陀羅尼經》、《十一面神咒心經》、圓測《解深密經疏》等二十部。由敦煌出土的文獻群中，也可見有法成譯自藏譯經典的漢譯佛典及漢文著作。前者如《般若心經》、《菩薩律儀二十頌》等；後者如《大乘稻芊經隨聽疏》、《瑜伽論手記》等。其中，《大乘稻芊經隨聽疏》係法成根據耶些德的《見差別》而將中觀分類為『依經中宗』、『依論中宗』，以及依據蓮華戒的《稻芊經疏》所撰成。西元848年敦煌復歸唐朝以後，法成居住在沙州（敦煌）開元寺，專心致志於《瑜伽論》的講解。」此條在前人研究的基礎上對法成的譯經記載較詳。任繼愈主編《佛教大辭典》〔註63〕592頁《瑪尼全集》條也稱：「別稱《松贊干布全集》。藏傳佛教文獻彙編。相傳為松贊干布著

〔註62〕收入金雁聲等主編《敦煌古藏文文獻論文集》，上海古籍出版社，2007年。
〔註63〕江蘇古籍出版社，2002年。

（一說為支塞乳恭頓編集）。分上、下兩帙，共約七百頁。上帙共八部分：大悲觀音、千佛大史、佛說大乘莊嚴寶筴經（益希德等譯）、千手千眼觀自在菩薩廣大圓滿無礙大悲心陀羅尼（管・法成譯自漢文）、法王松贊干布傳、吉登旺曲太子本生、松贊干布廿一行、大慈悲修習法。下帙主要是松贊干布對親屬大臣們的各種教誡和遺訓。」藏文的《千手千眼觀自在菩薩廣大圓滿無礙大悲心陀羅尼》是法成從漢文佛典翻譯為藏文的。

　　任繼愈主編《佛教大辭典》〔註64〕68 頁《八囀聲頌》條稱：「佛教論典。作者不詳，唐法成譯。一卷。『八囀聲』，是梵文名詞的八格變化。本文獻為五言偈頌，每四句為一頌，共四頌。前兩頌八句，以樹為例，作八格變化；後四頌八句，直述八格。在法成《瑜伽論手記》與《瑜伽論分門記》中均引用了此頌。又，敦煌遺書中還存有本文獻的藏文譯本，尾題並稱該藏文譯本係從漢文轉譯而來。本文獻中國歷代經錄未予著錄，歷代大藏經亦未收載，僅存於敦煌遺書中。」可見敦煌遺書中藏文本的《八囀聲頌》是從漢文本翻譯過去的。

　　據劉保金《中國佛典通論》〔註65〕114～115 頁《梵網經》，鳩摩羅什譯為漢文，唐朝從漢文翻譯為藏文。唐玄奘翻譯的《俱舍論》，被翻譯為藏文。同書 381～382 頁，唐代的窺基撰《妙法蓮華經玄贊》亦稱《法華玄贊》、《玄贊》，曾翻譯為藏文。同書 467 頁，《楞嚴經》在唐代從漢文翻譯為藏文。其他例證極多，可知漢文佛經翻譯為藏文後，必然對藏語產生重大影響，同時借入很多漢語詞彙。因此，漢藏語的關係詞都是借詞，不是同源詞。另有羅秉芬《唐代藏漢文化交流的歷史見證》〔註66〕，通過研究敦煌古藏文佛經變文來考察唐代的藏漢文化交流。

　　西藏從吐蕃時代就有以十二生肖紀年的曆法傳統，還有以陰陽、五行、屬相相結合來紀年的方式〔註67〕。這明顯是在漢文化的影響下成立的。雖然漢文化沒有陰陽、五行、屬相相結合來紀年的方式，但藏族的這種紀年法只是變異了漢文化的方式而已，顯而易見是在漢文化的深度影響下成立的。

　　王堯先生《吐蕃時期藏譯漢籍名著及故事概述》〔註68〕這一長篇論文非常詳細闡述了吐蕃時代將漢文典籍如《尚書》、《戰國策》、《史記》等翻譯為藏

〔註64〕江蘇古籍出版社，2002 年。
〔註65〕河北教育出版社，1997 年版。
〔註66〕收入金雁聲等主編《敦煌古藏文文獻論文集》，上海古籍出版社，2007 年。
〔註67〕參看王堯《藏學概論》324～325 頁，山西教育出版社，2004 年。
〔註68〕收入王堯《西藏文史探微集》中國藏學出版社，2005 年。

文的情況，有重大學術價值〔註69〕，可以確定大量漢文典籍翻譯為藏文後，在西藏廣泛流傳，必然深刻影響藏語。王堯先生還指出收入敦煌變文的《孔子項託相問書》有藏文本，馮蒸先生曾將藏文本翻譯為漢語〔註70〕。另據王堯先生考證，在清朝乾隆年間蒙古族學者工布查布將唐玄奘、辯機合撰的《大唐西域記》翻譯為藏文〔註71〕。在西藏的扎什倫布寺有唐玄奘西天取經的壁畫，可見漢文化早已深入西藏。

更考《新唐書·吐蕃傳（上）》：「十五年，妻以宗女文成公主，詔江夏王道宗持節護送，築館河源王之國。弄贊率兵次柏海親迎，見道宗，執婿禮恭甚，見中國服飾之美，縮縮愧沮。歸國，自以其先未有昏帝女者，乃為公主築一城以誇後世，遂立宮室以居。公主惡國人赭面，弄贊下令國中禁之。自褫氈罽，襲紈綃，為華風。遣諸豪子弟入國學，習《詩》、《書》。又請儒者典書疏。」有幾個要點：1. 松贊干布迎娶文成公主時，「見中國服飾之美」，感到吐蕃文化落後，深覺羞愧。2. 松贊干布敬重文成公主，專門修了一座城和宮室來讓公主安居。3. 松贊干布從此崇尚漢文化，廢除了西藏固有的一些風俗，如「赭面」，還廢除了西藏固有的用「氈罽」做成的服飾，喜歡上了漢民族的絲綢用品，即「紈綃」。學習大唐的風俗。4. 派遣貴族子弟到大唐留學，學習儒家經典《詩經》、《尚書》。5. 請儒家知識分子掌管文化典籍。以上五點說明松贊干布從迎娶文成公主後，在西藏推行漢文化，漢文化風靡西藏。

元、明、清三朝，中央政權都對西藏有管理，漢語和漢文化必然進一步進入西藏。元帝國對西藏的管理，參看韓儒林主編《元朝史》〔註72〕第八章第四節《吐蕃地區》。陳慶英等主編《西藏通史》〔註73〕第四編第四章第四節《元代西藏和內地的文化交流》討論元朝的內地和西藏的文化交流頗為詳細。元代高僧八思巴做了元帝國的國師，藏傳佛教深入元朝皇室。大量藏族僧人往來於內地和西藏地區。1285～1287 年，帝師達瑪巴拉為首的藏漢維吾爾僧人進行

〔註69〕 另參看黃布凡《〈尚書〉四篇古藏文譯文的初步研究》，收入金雁聲等主編《敦煌古藏文文獻論文集》，上海古籍出版社，2007 年。

〔註70〕 參看馮蒸《敦煌藏文本〈孔子項託相問書〉考》，收入金雁聲等主編《敦煌古藏文文獻論文集》，上海古籍出版社，2007 年。

〔註71〕 參看王堯《〈大唐西域記〉藏譯本及譯者工布查布》，載《法音》月刊，2000 年12 期。

〔註72〕 修訂本，人民出版社，2008 年版。

〔註73〕 中州古籍出版社，2003 年。244～250 頁。但此書主要論述的是藏傳佛教對內地的影響，很少闡述內地文化對西藏地區的影響，這是不足之處。

了藏漢文大藏經的對勘，編成了《至元法寶勘同總錄》〔註74〕。《西藏通史》對明清兩朝管理西藏也有詳細的介紹。因此藏語必然會產生從漢語中來的大量借詞，這是十分正常的。

　　我們還要注意南宋時代金國與西藏地區的文化交流，因為金國的勢力在管轄甘肅青海地區，與藏族文化有密切關係，漢文化在金國時代可能通過甘青地區大量進入西藏。這個課題需要做詳盡的專門研究。

　　綜合以上十一項證據，我們相信雅洪托夫的這個著名的論點是完全不可信的，實在經不住學術性的驗證，因此漢語二等字帶有 -l／r- 介音的觀點根本不能成立，這是我們明確的結論。

參考文獻

1. 班固（撰）王先謙（補注）：上海師範大學古籍研究所（整理）2008／2012《漢書補注》，上海古籍出版社。
2. 陳新雄：1998，《古音研究》，臺灣五南圖書出版公司。
3. 董同龢：1948，《上古音韻表稿》，《歷史語言研究所集刊》第 18 冊，商務印書館。
4. 高文達（主編）：2001，《新編聯綿詞典》，河南人民出版社。
5. 龔煌城：2004，《漢藏語研究論文集》，北京大學出版社。
6. 郭錫良：2010，《漢字古音手冊》（增訂本），商務印書館。
7. 何九盈：2008，《中國現代語言學史》（修訂本），商務印書館。
8. 黃侃：2006，《黃侃國學文集·黃侃國學講義錄》，中華書局。
9. 黃侃（箋識），黃焯（編次）：1983，《爾雅音訓》，上海古籍出版社。
10. 姜亮夫：2002，《姜亮夫全集》第 17 卷，雲南人民出版社。
11. 李方桂：2015，《上古音研究》，商務印書館。
12. 李榮：1984，《上古音學術討論會上的發言》，見《語言學論叢》第 14 輯，商務印書館。
13. 劉師培（著），萬仕國（點校）：2014，《儀徵劉申叔遺書》第 12 冊，廣陵書社。

〔註74〕參看蘇晉仁《藏漢文化交流的歷史豐碑——紀念元代初期藏漢文化合作 700 年》，收入《藏族史論文集》，四川民族出版社，1988 年。另看陳慶英等主編《西藏通史》248 頁。

14. 陸志韋：1985，《陸志偉語言學著作集》（一），中華書局。

15. 馬學良（主編）：2003，《漢藏語概論》（第 2 版），民族出版社。

16. 龐光華：2015，《上古音及相關問題綜合研究》，暨南大學出版社。

17. 瞿靄堂、勁松：2016，《漢藏語言研究新論》，中國藏學出版社。

18. 孫宏開：1982，《藏緬語若干音變探源》，《中國語言學報》第 1 期。

19. 汪大年：2008，《緬甸語與漢藏語系比較研究》，崑崙出版社。

20. 王力：1987，《王力文集》第 10 卷，山東教育出版社。

21. 王力：2012，《漢語史稿》，中華書局。

22. 王力：2000，《王力語言學論文集》，商務印書館。

23. 王寧、黃易青：2003，《黃侃先生古本音說證辨——兼論考古與審音二法之於古聲研究的影響》，北京師範大學民俗典籍文字研究中心編《民俗典籍文字研究》第 1 輯，商務印書館。

24. 王國維：1984，《觀堂集林》第 5 卷，中華書局。

25. 王國維（著），彭林（點校）：2001，《觀堂集林》，河北教育出版社。

26. 王啟龍、鄧小詠：1994，《見李方桂先生談語言研究》，《中央民族大學學報》第 6 期。

27. 魏建功：1996，《古音系研究》，中華書局。

28. 余廼永：1985，《上古音系研究》，中文大學出版社。

29. 鄭張尚芳：2019，《上古音系》（第二版），上海教育出版社。

30. 周法高：1984，《中國音韻學論文集》，中文大學出版社。

31. 周法高（主編），張日升等（編纂）：1982，《漢字古今音彙》，香港中文大學出版社。

32. 周賽紅：2004，《r 介音央化說獻疑——讀李方桂〈上古音研究〉札記》，《古漢語研究》第 4 期。

33. 朱德熙：2001，《朱德熙選集》，東北師範大學出版社。

34. 朱駿聲（撰）：1998 年，《說文通訓定聲》，中華書局。

論上古音歌部不帶-r 或-l 尾

提要：

　　高本漢等不少音韻學者認為漢語上古音中的歌部帶有-r 或-l 輔音尾，也有不少學者反對這種構擬。本文從四個方面論證漢語上古音的歌部不可能帶有-r 或-l 輔音尾。本文的論證材料和方法可補充前人的不足。

關鍵詞：歌部　輔音尾　合音　對音　合韻

　　自從高本漢以來，不少學者認為漢語上古音中的歌部帶有-r 或-l 輔音尾。例如，高本漢、李方桂〔註1〕認為上古音中的歌部帶有-r 輔音尾，鄭張尚芳〔註2〕、潘悟雲〔註3〕認為上古音中的歌部帶有-l 輔音尾。這兩種觀點實際上屬於一派，沒有本質上的區別〔註4〕。王力〔註5〕、董同龢〔註6〕、龍宇純〔註7〕都主張歌部沒有輔音韻尾。我自己主張古音中的歌部不帶有-r 或-l 輔音尾，與

〔註1〕作者簡介：龐光華，北京外國語大學碩士，北京大學漢語史博士、香港科技大學博士後，現為廣東五邑大學中文系副教授，從事古代漢語、音韻學、文字學、訓詁學、古文獻學的研究。本文的參考引用文獻隨文出注，文末不詳列。
　　　　李方桂《上古音研究》（商務印書館，1998 年版）。
〔註2〕鄭張尚芳《上古音系》（上海教育出版社，2003 年版）。
〔註3〕潘悟雲《漢語歷史音韻學》（上海教育出版社，2000 年版）。
〔註4〕楊劍橋《漢語現代音韻學》（復旦大學出版社，1998 年版）《總論》第三章第二節的《陰聲韻的輔音韻尾》部分對有關問題做了一些綜述，但語焉不詳。
〔註5〕王力《漢語語音史》（中國社會科學出版社，1985 年）。
〔註6〕董同龢《漢語音韻學》（中華書局，2001 年版）。
〔註7〕龍宇純《中上古漢語音韻論文集》（臺灣五四書店、利氏學社聯合出版，2002 年）。

王力、董同龢、龍宇純相一致，但我在以上各位先生的論證之外，尚有自己的論證材料和方法。今分條討論於下。

一、從合音字論歌部不帶有-r 或-l 輔音尾。考「盍」字，根據古人的訓詁，這個字在表示「反問」語氣的時候，應該是「何不」二字的合音。其合音的方式是「不」的聲母併入了『何』的韻母，而成為閉口韻的「盍」。在古人的訓詁中有很多證據。如《左傳‧桓公十一年》：「盍請濟師於王。」杜注：「盍，何不也。」《論語‧先進》：「盍徹乎？」《集解》引鄭玄曰：「盍者，何不也。」《左傳‧襄公二十一年》：「子盍詰盜？」孔穎達《正義》：「鄭玄、服虔皆以『盍』為『何不』也。」《禮記‧檀弓上》：「子盍言子之知於公乎？」鄭玄注：「盍，何不也。」《國語‧魯語上》：「君盍以名器請糴於齊？」韋昭注：「盍，何不也。」《孟子‧公孫丑下》：「子盍為我言之？」趙注：「盍，何不也。」《論語‧公冶長》：「盍各言爾志？」皇侃疏：「盍，何不也。」類例還有很多。顧炎武《音學五書》的《音論》卷下《反切之始》提到：「何不」為「盍」；俞正燮在《癸巳類稿》卷七《反切證義》中說：「何不為盍，奈何為那」。而「何」正是歌部字，如果「何」的上古音是收 r〔註8〕，那麼「何不」合音為「盍」之後的讀音就成了-rp 尾了〔註9〕。這是絕對不可能的事。從這個例子可以證明上古音的歌部決不是收 r 尾的，只能是開音節。龍宇純《上古陰聲字具輔音韻尾說檢討》〔註10〕對此已有精闢的論述，頗為犀利。類似的合音例子如據呂叔湘的觀點，「我們」合音為「俺」，「你們」合音為「您」，「他們」合音為「怹」，「咱們」合音為「喒」〔註11〕；蔣希文《贛榆方言的人稱代詞》〔註12〕提到在贛榆方言中，「他們」讀音為〔t'am〕，這分明是「們」的聲母〔m-〕併入了「他」的韻尾。可見這種合音方式在古漢語中肯定存在。

二、從對音材料論歌部不帶有-r 或-l 輔音尾。我們這裡比較詳細地列舉出有關的對音材料來證明自上古以來的『歌』部就不帶-r 或-l 尾。我將自己收集的對音材料排比於下：

〔註8〕 李方桂《上古音研究》53 頁擬音為 gar；鄭張尚芳《上古音系》392 頁擬音為 gaal／。

〔註9〕 根據鄭張尚芳的擬音『盍』的上古音就成了- lp 韻尾。

〔註10〕 見《歷史語言研究所集刊》第 50 本第四分 698 頁。

〔註11〕 參看呂叔湘《中國文法要略》第十章 158 頁，商務印書館，1982 年；呂叔湘《漢語語法論文集》中的《釋您、俺、咱、喒，附論們字》。

〔註12〕 收入蔣希文《漢語音韻方言論文集》，貴州人民出版社，2005 年。156 頁。

（一）我國古代往往用-n 尾的陽聲韻去對音外語的-r。如 1. 法國著名東方學家列維《吐火羅語》一文〔註13〕稱：「安息蓋為適用於波斯 Arsak 王朝之古稱，……觀安息（Arsak）之例，足見漢語之 n 與外國語之 r 在韻母后互換之易。」〔註14〕列維在此文的注解十二在引述了一條窣利語材料後說：「漢文第一字鼻音收聲曾由僑居其地之伊蘭僑民用流音 r 代之」云云。〔註15〕窣利語就是粟特語。光華按，『安息』一詞在《史記·大宛列傳》中已經出現，屬於上古時代。2. 日本學者石田幹之助《長安之春》〔註16〕一書有《隋唐時期傳入中國的伊朗文化》一章指出在我國從唐、五代到宋的曆法書中記錄了在粟特語中表示『星期四』的譯音詞為『溫沒斯』或『溫沒司』，而與此漢語譯音詞相對應的粟特文原文是 Wrmzt。這顯然是用漢語的『溫』來音譯粟特文的『Wr』〔註17〕。3. 伯希和《吐火羅語與庫車語》〔註18〕稱：「安息確可比對 Arsak，然在紀元初年，當漢語古齒音閉口音純為齒音之時，而漢語無 r 尾聲，遂有時以 n 譯寫外國語尾聲之 r；佛教傳佈中國之初，譯梵文俗語一種寫法之 Uttarāvatī（＝Uttarakuru）為『鬱單越』或『鬱單曰』，譯 Parinirvāṇa 為『般涅槃』，其理正同。」伯希和在此文的注解十二〔註19〕還舉有一例：「至若『鮮卑』名稱，在中國上溯至紀元前 300 年左右，我以為此名代表之原名，與後譯之『室韋』所本者同，似為 Särbi、Sirbi、Sirvi 等對音，我們在此處又見一用 n 譯 r 之例，惟在漢代同漢以前譯法如是。」伯希和的話清楚地表明這樣的對音在漢代以前就是如此，非始於唐代。4. 余太山《柔然、阿瓦爾同族論質疑》〔註20〕指出中古漢語的『般』可以音譯外國音『pan』或『par』。5. 據周季文《藏譯漢音的般若波羅蜜多心經校注》〔註21〕的介紹，在唐代中後期，

〔註13〕見馮承鈞譯《吐火羅語考》95 頁，中華書局，2004 年。

〔註14〕美國東方學家麥高文《中亞古國史》（章巽翻譯，中華書局，2004 年版）第四章《匈奴帝國之前期》134 頁也認為：「因為『安息』二字，古音讀如〔Ansak〕，而帕西安帝國的建立者名〔Arsak〕，兩者原是一音之轉。」與列維的觀點完全相同，當屬可信。

〔註15〕見同書 97 頁。

〔註16〕日文本，日本國講談社，昭和 59 年版。

〔註17〕參看《長安之春》日文本 171 頁。

〔註18〕見《吐火羅語考》106 頁。

〔註19〕見《吐火羅語考》143 頁。

〔註20〕見《文史》第二十四輯 109 頁，中華書局，1985 年。

〔註21〕見《語言研究》1982 年第 1 期。

漢語的《般若波羅蜜多心經》在被音譯為藏文時，漢語的『涅槃』的『槃』被音譯為 par。6. 岑仲勉《突厥集史》下《突厥語及其相關外語之漢文譯寫的考定表》〔註22〕1127 頁指出突厥文的『Urga』被音譯為漢語的『溫禺、溫偶』。也就是用漢語的『溫』來音譯突厥文的『ur』〔註23〕。同書 1128 頁指出突厥文中的『qar』被音譯為漢語的『寒』。7. 據岑仲勉先生《漢書西域傳地理校釋》〔註24〕附錄五《西域地名》，古突厥文 Batar 被音譯為漢語的『卑闐』〔註25〕。這明顯是用『闐』的尾音 n 來對音 r。8. 據岑仲勉先生《楚辭中的古突厥語》〔註26〕一文的論述：「故古突厥文 bars（虎也）可以轉呼為 ban 即『班』。」9. 饒宗頤《上古塞種史若干問題》〔註27〕指出《詩經》中的『混夷』，《漢書·匈奴傳》所記秦穆公時候的『緄戎』，其中的『混、緄』都是古代埃及文中出現的 Hur（或 Hrw）的譯音。這也是用 n 來對音 r 的例子。饒宗頤先生指出的這個例子時代最早，早到了先秦的西周時期。饒先生指出的這個對音應該是可靠的，與我們上面所引述的大量材料相吻合。這樣，我們就可以為一個音韻學上的疑難問題作出裁定。李方桂先生等音韻學家所主張的漢語上古音中的陰聲韻『歌』部是收-r 尾，現在看來這是沒有根據的。因為我們上面的論述顯示：我國自上古以來直到唐代，在音譯外語的帶-r 韻尾的音的時候，一直是用收-n 的陽聲韻的字去音譯。10. 摩尼教經典中摩尼的母親的名字是 Maryam，在漢語中是音譯為『滿豔』〔註28〕。11. 據 R.L.Trask 的《歷史語言學》〔註29〕55 頁在討論異化問題的時候，舉有一例：在拉丁語中的表示『靈魂』的詞 anima

〔註22〕見《岑仲勉著作集》，中華書局，2004 年。

〔註23〕光華按，『溫偶』一詞早見於《漢書·匈奴傳下》；「此溫偶駼王所居地也。」在《後漢書》中作『溫禺』。

〔註24〕中華書局，2004 年。

〔註25〕光華按，『卑闐』一詞早見於《漢書·西域傳·康居國傳》，屬於上古時代。

〔註26〕見《岑仲勉史學論文續集》（中華書局，2004 年）。參看此書 182 頁。

〔註27〕載張廣達、榮新江《于闐史叢考》，上海書店，1993 年。

〔註28〕可參看劉迎勝《古代中原與內陸亞洲地區的語言交往》（見《學術集林》第 7 輯，上海東方出版社，1996 年）。牛汝辰《關於西域地名、族名的漢譯對音研究》（見《中國邊疆史地研究》，1999 年第 1 期）；我們不再引述。R.L.Trask《歷史語言學》（英文本，北京外研社，2000 年版）55 頁在討論異化的時候提到：r 與 n 二者因為因為異化現象而通轉。如拉丁文的 anima→巴斯克語 arima。據朝克《滿——通古斯諸語比較研究》（民族出版社，1997 年）45 頁的論述，在通古斯諸語言中，r 可以發生同化音變而成 n。

〔註29〕英文本，外研社，2000 年版。

在進入巴士克語（Basque）中發生了異化音變而成 arima。這表示 n 可與 r 相通。根據北村甫編《世界的語言·阿伊努語》〔註30〕章 420 頁論及：在阿伊努語中，在兩個音節的連接點的相鄰輔音會產生輔音連接限制和輔音交替。如：-rr-→-nr-；-rn-→-nn-。這樣的與形態變化無關的輔音交替顯示 r 與 n 可以相通。日本著名語言學家服部四郎《日語的系統》〔註31〕一書中的《阿爾泰諸語言》一文提到：通古斯語族是沒有以 r 開頭的單詞的，凡是外來語的 r 開頭的詞彙，有的方言是把〔r-〕改換成〔n-〕或〔l-〕。

（二）我國古代還用-t 尾的入聲字去對音外語的-r。如據法國漢學家沙畹《西突厥史料》第四篇《西突厥史略》216 頁〔註32〕所論述：「De Guignes〔註33〕昔已認識希臘人之 Tardou，即中國人之『達頭』。今日吾人較廣之知識，愈足證明此考訂之是，且在語學一方面亦可證實也。案『達頭』之『達』昔讀若 tat，而語尾之 t 在譯寫外國語名中則等若 r。此 dharma 之所以作『達摩』，而 tarkan 之所以作『達幹』也。」沙畹的論述是有見地的。這表明在我國中古時期，t 與 r 是比較接近的兩個音，是可以相通的。同書 204 頁稱：「至若 Moukri 似即中國載籍所稱之『勿吉』或『靺鞨』。」如果沙畹所指出的這個對音不錯的話，那麼在公元五世紀，我國古人是用『吉』或『鞨』來音譯外語的 kri，這也是用古漢語的 t 來音譯外語的 r 的證明。考佛經中『天龍八部』中的『乾闥婆』是音譯梵語 gandharva，這是用收-t 的『闥』來對音梵語 dhar。

據季羨林等《大唐西域記校注》〔註34〕89 頁，《新唐書·西域傳·安國》：「募勇健者為柘羯。柘羯，猶中國言戰士也。」其中『柘羯』的『羯』是對音 kar 或 kīr。而『羯』是收-t 尾的。

其他例子如古代西域的 Samarkand 國，《魏書》作『悉萬斤』，《新唐書·康國傳》作『薩末鞬』，《大唐西域記》卷一作『颯秣建』。『末、秣』是收-t 的入聲字，而古人以之來音譯外語的 mar〔註35〕。

〔註30〕日文本，《講座語言》第 6 卷，大修館書店，1981 年。

〔註31〕日文本，岩波文庫，1999 年。

〔註32〕馮承鈞翻譯，中華書局，2004 年。

〔註33〕光華按，中文一般音譯為『德經』，此人是法國東方學家。

〔註34〕中華書局，1995 年版。

〔註35〕有關的一些討論見季羨林等《大唐西域記校注》（中華書局，1995 年版）88～89 頁。張星烺《中西交通史料彙編》第三冊 1281 頁（中華書局，2003 年）。

又，據周季文《藏譯漢音的般若波羅蜜多心經校注》〔註36〕的介紹和研究，大致在唐代宗寶應二年到唐宣宗大中五年（八世紀中期到九世紀中期），漢語的《般若波羅蜜多心經》被逐字音譯為藏文。其中與藏文對應的漢語音應該是唐代中後期的西北方音〔註37〕。其中漢語的『菩薩』的『薩』被音譯為藏文的 sar。『薩』的古音是收-t 的入聲，而藏文用-r 來音譯-t。據同文，『滅』、『佛』、『舌』、『實』、『說』、『曰』、『涅』的尾音-t 也被音譯為-r。『切』的尾音-t 在藏文音譯的《千字文》中也被譯為-r。據周季文等《敦煌吐蕃漢藏對音字彙》〔註38〕有《漢——藏古今字音對照表》，『八』對音 par；『劣』對音 ljwar；『決』對音 kwar；『厥』對音 kwar；『絕』對音 tshwar；『桀』對音 kher；『絜』對音 kjar；『節』對音 tsar；

另外，古代史書中的『突厥』二字，學術界公認為是 Türküt 的譯音〔註39〕。這表明古人是用『突』的尾音-t 去音譯外語的-r。

岑仲勉《突厥集史》下《突厥語及其相關外語之漢文譯寫的考定表》〔註40〕也指出 1. 突厥文的『Apar、Abar』在中古時被音譯為漢語的『阿拔』，而『拔』是收 t 的入聲字。2. 突厥文的『Ongur、Ugur』被音譯為漢語的『恩屈』，而『屈』是收 t 的入聲字。3. 突厥文的『Kasar』被音譯為漢語的『葛薩』，而『薩』是收 t 的入聲字。4. 突厥文的『bara』音、梵文的『vara』音〔註41〕被音譯為漢語的『缽』，而『缽』是收 t 的入聲字。5. 突厥文的 Kügär 被音譯為漢語的『曲越』，而『越』是收 t 的入聲字。6. 突厥文的『tarqan』中的『tar』被音譯為漢語的『達』，而『達』是收 t 的入聲。7. 突厥文的『nur』，被音譯為漢語的『訥』。而『訥』是收 t 的入聲字。8. 突厥文的『Bur』被音譯為漢語的『勃』，而『勃』是收 t 的入聲字。9. 突厥文的 Sir 被音譯為漢語『薛延陀』

〔註36〕見《語言研究》1982 年第 1 期。

〔註37〕可能是當時敦煌一帶的方言，尚待深考。

〔註38〕中央民族大學出版社，2006 年。

〔註39〕據伯希和《漢譯突厥名稱之起源》（見馮承鈞翻譯《西域南海史地考證譯叢》第二編，商務印書館，1995 年版）一文的論述，漢語的『突厥』一詞不是突厥語 Türk 的譯音，而是 Türküt 一詞的音譯，Türküt 一詞也許是柔然語（-t 尾是表示複數形式）。也就是說漢語的『突厥』一名是根據柔然語音譯而來。這種譯名現象在我國文化史上很多，如我國古稱俄國為『俄羅斯』不是從俄語音譯來的，而是從蒙古語音譯來的；伯希和認為漢語的『吐蕃』一名不是從西藏語音譯而來，而是從突厥語音譯來的；

〔註40〕見《岑仲勉著作集》，中華書局，2004 年。

〔註41〕光華按，這是我選取突厥文和梵文單詞中的一部分音節，並非整個單詞。

的『薛』，而『薛』是收 t 的入聲字〔註 42〕。據岑仲勉先生《漢書西域傳地理校釋》〔註 43〕附錄五《西域地名》，古突厥文的 Bartang 是音譯漢語的『佛堂』。這明顯是以『佛』來對音 Bar，而『佛』是收 t 的入聲，其尾音 t 是對音 r。岑仲勉《西突厥史料不闕及考證》〔註 44〕245 頁稱：古突厥文的〔ir〕音譯為漢語的『乙』。這些材料確實是在古音中 t 和 r 相近的證據，不可輕易抹煞。

岑仲勉《中外史地考證》下〔註 45〕所收入的《娑里三文行程之前段》445 頁有曰：「唐人對外語 r 收聲者常讀如 t。」

羅常培《從借字看文化的接觸》〔註 46〕稱：「沒藥，……當是阿拉伯文 murr 的對音，譯云『苦的』。中文或作沒藥，或作『末藥』。『沒』muət 和『末』muât 的聲音都和 murr 很相近的。」這分明是說-r 與-t 可以相通。同文又曰：「藏文借字的時代有明文可考的，咱們可舉『筆』字作例。漢文的『筆』字藏文借字作 pir。……古漢語的-t 尾許多中亞語都用-r 來對，所以 pir 恰是古漢語 piēt 很精確的對音。」這些論述是完全可信的。

據韓儒林《突厥官號考釋》〔註 47〕一文的考釋，《北史・突厥傳》中的『他鉢可汗』中的『他鉢』是突厥文 Tabar 的對音。而『鉢』是收-t 的入聲，對音突厥文中的-r。

姚大力《探新應當有堅實的依據——評中國北方諸族的源流》〔註 48〕的注解 18 稱：「古代常以-t 收聲的入聲字來音寫非漢語的-r 收聲音節。所以『韃靼』是 tatar 最貼近漢語的音寫形式」。與這個注解相對應的正文說：「年代上稍後於突厥碑銘的漢文史料中所出現的『韃靼』一名，乃是對 tatar 這個突厥語名稱的精確音寫。」

李方桂《上古音研究》13～14 頁稱：「因此可以推測喻母四等很近 r 或者 l。又因為它〔註 49〕常跟舌尖塞音諧聲，所以也可以說很近 d-。」這表明李方桂認為 r 與 d 是可以相通轉的。

〔註 42〕 以上九條材料散見於岑仲勉此文的各處，我作收集歸納如上。
〔註 43〕 中華書局，2004 年。
〔註 44〕 中華書局，2004 年。
〔註 45〕 中華書局，2004 年。
〔註 46〕 見《羅常培語言學論文集》（商務印書館，2004 年）；羅常培《語言與文化》（語文出版社，1989 年）第四章。
〔註 47〕 見韓儒林《穹廬集》（河北教育出版社，2001 年）。
〔註 48〕 見《九州學林》2003 年秋季創刊號，復旦大學出版社。
〔註 49〕 李方桂原文作『他』，徑改。

　　羅常培《唐五代西北方音自序》〔註50〕注意到唐五代西北方音中的入聲
p、t、k，藏文寫作 b、r（或 d）、g（羅先生原注：參看 69 頁）。可見藏文的 r 或 d，
都可以對音唐五代西北方音中的入聲〔t〕〔註51〕。

　　據高田時雄《回鶻字注音得吐魯番漢文寫本殘片》〔註52〕的考察，回鶻語
var 對音漢文的收-t 的『八』。

　　日本梵學大家榊亮三郎有一篇關於古代波斯 Mithra 教及其信仰的講演〔註
53〕，其文論及：唐代的不空三藏翻譯的《宿耀經》有曰：「日耀、太陽，胡名
蜜。」榊博士指出其中收-t 的『蜜』是古伊朗語的 Mihr 的譯音，當為可信。韓
儒林《關於西北史中的審音與勘同》〔註54〕一文也稱：「入聲字中『質、術』等
十三韻的字，收聲為 t，唐代民族語中音節有 d、t、r、l 收聲的，用漢字音譯時，
均選用這十三韻中聲音相近的字，如『密』譯 mir（星期日），『闕特勤』譯 Kül
Tigin（人）。」不過，較早論述『密、蜜』與 Mir 對音的論著似乎是伯希和、沙
畹撰《摩尼教流行中國考》一文〔註55〕。而據李約瑟《中國科學技術史》第 4
卷《天文》〔註56〕78～79 頁提到首唱這個對音的學者是 Dudgeon〔註57〕。

　　根據北村甫編《世界的語言・阿伊努語》〔註58〕章 420 頁論及：在阿伊努

〔註50〕見《羅常培語言學論文集》（商務印書館，2004 年）。
〔註51〕姚大力《探新應當有堅實的依據——評〈中國北方諸族的源流〉》（載《九州學
　　　　林》2003 年秋季創刊號，復旦大學出版社）。一文也注意到了同樣的問題，其
　　　　文稱：「用『萬』、『末』等帶-n 或-t 收聲的漢字來譯寫-mar 的音節，完全符合
　　　　當日的轉寫規則。」見上揭書 321 頁。
〔註52〕收入高田時雄《敦煌・民族・語言》（中文本，中華書局，2005 年）。
〔註53〕見於日本大漢學家宮崎市定《榊亮三郎博士的 Mithra 教研究筆記》（載桑山正
　　　　進譯《大唐西域記》的添頁，中央論社，昭和 62 年版）。
〔註54〕見韓儒林《穹廬集》（河北教育出版社，2001 年版）。
〔註55〕見馮承鈞翻譯《西域南海史地譯叢》第八編，商務印書館，1995 年。54～55
　　　　頁。羽田亨《西域文明史概論》（耿世民翻譯，中華書局，2005 年版）第十章
　　　　《回鶻時代的西域文明》68 頁也討論了『蜜』對音粟特語『mir』的問題。根
　　　　據羽田亨此文的介紹，最早這個問題的是德國著名東方學家穆勒。可惜我不
　　　　能參考有關的德文原著。
〔註56〕中譯本，科學出版社，1975 年。
〔註57〕徐文堪《外來語古今談》（語文出版社，2005 年）47～48 頁也提到了我們這裡
　　　　討論的『密』的對音問題，然而絲毫沒有言及我們所說的-t 與 r 可以對音的現
　　　　象。此書是通俗讀物，所引諸例雜取各家，不明注所處，僅在書末附錄參考文
　　　　獻，本非學術撰述之體。所以其中的材料難以作學術性的引述和討論，只有逐
　　　　一核查原文。
〔註58〕日文本，《講座語言》第 6 卷，大修館書店，1981 年。

語中，在兩個音節的連接點的相鄰輔音會產生輔音連接限制和輔音交替。如：
-rt-→-tt-；-rc-→-tc-。這樣的與形態變化無關的輔音交替顯示 r 與 t 可以相通。

不僅如此，類似的情況在翻譯佛經中有明顯的反映。如俞敏《後漢三國梵漢對音譜》〔註59〕的梵漢對音表顯示，後漢三國的佛經翻譯家們往往是用漢語收 t 的入聲字來對譯梵音的 r 音。如用『遏』對音〔ar〕，用『郁』對音〔ur〕，用『羯』對音〔kar〕，用『詰』對音〔kir〕，用『揭』對音〔gar〕，用『竭』對音〔kar〕和〔gar〕，用『闥』對音〔dhar〕，用『弗』對音〔pur〕，用『拔』對音〔var〕，用『薩』對音〔sar〕〔註60〕。但俞敏的有些推論卻未必可靠。如在同書 20 頁稱：「『薩』這個字，從後漢起最常用來對 sarva 裏的 sar。唐譯經師玄奘、義淨、不空、智廣……這些位字音講究極了，就是維持這個音譯不動。他們的音大概就是收-l。」這樣的推論是錯誤的，不能說唐代的『薩』字在玄奘、義淨、不空、智廣的方言中是收-l〔註61〕。不過，俞敏同文也指出有用歌部字去音譯-r 尾的梵語詞的情況。我認為這有兩種解釋：1. 這些音譯是省譯，而不是完全精確的對音。省譯在翻譯佛經中是很常見的，此為佛學常識〔註62〕；

〔註59〕 見《俞敏語言學論文集》18～20 頁，商務印書館，1999 年。

〔註60〕 鄭張尚芳在《上古音研究十年回顧與展望（一）》（見《古漢語研究》1998 年第 4 期）一文中對俞敏的這篇文章有較高的評價：「要特別指出的是，俞敏氏的構擬建立在梵漢對音與漢藏對比基礎上，尤值得重視，只是散見在《後漢三國梵漢對音譜》（1984《中國語言學論文選》，東京，光生館），及《漢藏同源字譜稿》（民族語文 1989～1，2）內。」

〔註61〕 在現代贛方言中的-l 尾，方言學家公認為是從-t 尾音變而成。另可參看王洪君《漢語非線性音系學》（北京大學出版社，1999 年）202 頁。

〔註62〕 我們可以舉出其他類似的旁證：張永言《漢語外來詞雜談》〔收入張永言《語文學論集》增補本，語文出版社，1999 年〕提到隋唐以來的文獻中有一個詞『胡祿』，意思是『盛箭矢之器』〔光華按，這個詞在字書中始見於《玉篇》，然而不知是原本《玉篇》所有，還是在唐代增補進去的〕。岑仲勉《隋唐史》〔中華書局，1982 年〕上冊 222 頁認為『胡祿』是突厥語〔qurluq〕的譯音。岑仲勉的這個對音應該是正確的。則『胡』字可以對音〔qur〕，這只能理解為省譯，不能認為六朝以後的『胡』字還帶有〔r〕尾音；又如，據宇井伯壽《佛教辭典》997 頁，佛經中的『摩訶』和『摩賀』都是梵文〔mahat〕的譯音，這只能理解為省譯，不能說『訶』與『賀』是帶有〔t〕音尾的入聲。類似的例子在佛經中非常多。在漢藏對音中也有這樣的情況。據李方桂《藏語複輔音的中文轉寫》（原文是英文，見《歷史語言研究所集刊》第 50本 231～240 頁，中國臺北）一文考察了 7～9 世紀的藏語中的專有名詞與相應的漢語對音詞的對音關係（李方桂自稱此文利用了羅常培、勞費爾、伯希和、圖奇、湯姆斯等學者的研究成果）。李方桂在 232 頁指出藏語中的複輔音往往省譯為漢語的單音節詞，被省略掉的複輔音的第二個輔音很多時

2. 正如我們上面所指出的一樣，後漢三國時代的翻譯佛經有很多、甚至基本上都不是從梵文直接翻譯過來的〔註63〕，而是從印度俗語或巴利語或中亞語的佛經文本翻譯過來的，其中的音譯情況當然與梵文有所不合，這是很自然的。更考《出三藏記集》卷一《胡漢譯經文字音義同異記第四》〔註64〕稱：「自前漢之末，經法始通，譯音胥訛，未能明練。故『浮屠、桑門』，遺謬漢史。音字猶然，況於義乎？案中夏彝典，誦詩執禮，師資相授，猶有訛亂。……華戎遠譯，何怪於『屠、桑』哉。」《大唐西域記》卷一《序倫》稱：「然則佛興西方，法流東國，通譯音訛，方言語謬。音訛則義失，語謬則理乖。」〔註65〕

正因為如此，俞敏所揭示的這些例子是否可靠就值得懷疑〔註66〕。以上的論述表明自上古音以來的歌部應該從來不是收 r 尾的〔註67〕。

三、從同族詞和通假字論歌部不帶有-r 或-l 輔音尾。如『我、吾』是公認的同族詞或通假字（參看王力《同源字典》〔註68〕135 頁；在訓詁中證據很多，可參看《故訓匯纂》844 頁、328 頁；日本學者尾崎雄二郎《『吾』·『我』的分用問題》〔註69〕一文的論述，『吾、我』也顯然應該看作是同源

候是 r，也有 d 的情況。如藏語 khri 音譯為〔棄〕，lde 音譯為〔獵、隸〕等；梵學大家水野弘元《巴利文法》（許洋主譯，臺灣華宇出版社，1986 年版）第五章《巴利語與梵語等的發音和綴字的比較》專門設有《音的省略》一節，57 頁稱：「順便一提，在漢譯語中，有不少是從這種意義的省略的原語翻譯過來的。……在巴利語中，也有可能因厭氣語之繁雜，而省略語中一部分的。」

〔註63〕 光華按，後漢時代的梵文本佛經無論在印度還是在中亞都很少。因為早期的佛經本來就不是用梵文寫成的。參看季羨林《原始佛教的語言問題》、《再論原始佛教的語言問題》、《三論原始佛教的語言問題》，均收入《季羨林自選集》，重慶出版社，2000 年。梵本佛經很可能是從印度西北部的說一切有部的論學佛典開始的。

〔註64〕 中華書局標點本，1995 年版。13～14 頁。

〔註65〕 又見《法苑珠林》卷四所引。

〔註66〕 光華按，俞敏提供的這些例子與上文我們引述的伯希和的論述不合。

〔註67〕 我最近注意到日本的阿伊努語中有一個例子也有參考價值。據日本著名語言學家服部四郎《日語的系統》（日文本，岩波文庫，1999 年）355 頁的介紹，日本阿伊努語的卡拉夫脫方言的一大半存在一種音變現象：音節末的〔r〕的演變趨勢不是失去〔r〕，而是在其後產生出一個元音，從而形成開音節。從這個角度來看，上古漢語如果真有〔-r〕尾，其演變的趨勢也不應該是完全消失，而有可能是發展出雙音節詞，但漢語史中從來沒有這種演變。因此，我們只能認為上古漢語的語音中根本就沒有〔-r〕尾。

〔註68〕 商務印書館，1987 年。

〔註69〕 日文，見尾崎雄二郎《漢語音韻史研究》，創文社，昭和 61 年版。

詞，該文主張由『我』分化出『吾、我』﹝註70﹞。此文還引述了金守拙《再論吾我》﹝註71﹞的觀點，認為『吾、我』是由同一字分化而來，二者意思上和功能上的區別是通過聲調上的分化來表現的。『吾』是平聲，『我』是非平聲；平聲的『吾』非重讀，仄聲的『我』要重讀；『吾』不出現在句末，『我』可以出現在句末。不過，尾崎先生對金守拙此文的某些觀點有所批評，如關於重讀與非重讀的觀點，尾崎就不同意）。而『我』是歌部字，『吾』是魚部字，按照王力先生的上古音系，魚部與歌部音近可通﹝註72﹞。但是如果認為魚部為-ag，歌部為-ar 或-al，那麼二者斷然沒有通假的可能，也不會是同源詞。還有類似的例證如：(1)『何』與『胡』是同源詞或通假字，參看王力《同源字典》435～436 頁，高亨《古字通假會典》﹝註73﹞666 頁，《故訓匯纂》1852 頁，章太炎《新方言》﹝註74﹞。『何』是歌部，『胡』是魚部。(2)『夫（魚部）』與『彼（歌部）』有通假關係。《孫子兵法·九地》：「夫霸王之兵。」銀雀山漢簡本『夫』作『彼』。另可參看《故訓匯纂》482 頁。(3)《莊子·應帝王》：「以告蒲衣子。」『蒲（魚部）衣』，《淮南子·道應》作『被（歌部）衣』。學者們公認這裡的『蒲』與『被』是通假字。(4)『于（魚部）』與『為（歌部）』有通假關係，參看《故訓匯纂》56 頁，高亨《古字通假會典》662 頁，王輝《古文字通假釋例》﹝註75﹞645 頁。(5)『亞（魚部）』與『阿（歌部）』有通假關係，參看王輝《古文字通假釋例》631 頁。類例頗多。可知，歌部與魚部相通應無可疑。這個事實就可以否定歌部-ar、-al 的構擬。高本漢、李方桂、鄭張尚芳、潘悟雲等人構擬上古音的某些錯誤，可以同樣的方法予以闡明。

﹝註70﹞尾崎先生指出在甲骨文、早期金文乃至《詩經》中都沒有用『吾』的例子，但是有『我』的用例；陳夢家《殷虛卜辭綜述》第三章第四節討論卜辭中的人稱代詞的時候，也指出卜辭中有『余、我、朕』，沒有提到『吾』；值得注意的是陳夢家觀察到卜辭中的『我』是表示複數、是多數，『余』是少數或單數；這個區別似乎也適用於『我』與『吾』。後來的張玉金《西周漢語代詞研究》有比較詳細的論述（中華書局，2006 年）。

﹝註71﹞見《中央研究院史語所集刊》第 28 本。

﹝註72﹞章太炎撰、龐俊等疏證《國故論衡疏證》﹝中華書局，2008 年﹞110 頁早已稱：「魚部古音皆閣口，從是開口則近歌，此魚部所以常與歌、支相轉」章太炎的《成均圖》對此也有闡發。

﹝註73﹞齊魯書社，1997 年版。

﹝註74﹞見《章太炎全集》第 7 卷 7 頁，上海人民出版社，1999 年。

﹝註75﹞臺灣藝文印書館，1993 年。

四、從上古音的合韻論歌部不帶有-r或-l輔音尾。

（1）在上古典籍中，魚部歌部合韻確為事實。如段玉裁《六書音均表》四〔註76〕第十七部《古合韻》中的『路』字、『豵』字注；段玉裁《說文解字注》111頁『虖』字條稱：「魚歌古又通，虍聲即魚歌之合也」。汪啟明《先秦兩漢齊語研究》〔註77〕355頁指出《晏子春秋‧內問上》有『化（歌部）、假（魚部）』合韻〔註78〕。江有誥《音學十書‧古韻凡例》21頁稱：「魚之半入於麻，麻之半通於歌，則當以魚次五，歌次六。」據龍宇純《先秦散文中的韻文》〔註79〕的歸納和統計，魚部與歌部通押在《管子》有2次，在《鶡冠子》有2次，在《素問》有2次。足見『歌、魚』二部音近可通〔註80〕；據張雙棣師《淮南子用韻考》〔註81〕109頁的考察和統計，在西漢前期的《淮南子》有十處歌部與魚部合韻的地方。《楚辭‧九辯》：「彼日月之照明兮，尚黯黮而有瑕；何況一國之事兮，亦多端而膠加。」「瑕」（魚部）與「加」（歌部）合韻。魚部是陰聲韻，沒有有輔音尾。即使按照有的學者個構擬為-g，也絕對不可能與-r或-l合韻。可知，我們從合韻現象就能判斷歌部帶有-r或-l輔音尾的觀點是站不住的。

〔註76〕參看段玉裁《說文解字注》857頁。

〔註77〕巴蜀書社，1999年版。

〔註78〕江有誥《音學十書》中的《先秦韻讀‧晏子春秋》179頁沒有指出這裡的合韻現象。

〔註79〕收入龍宇純《絲竹軒小學論集》，中華書局，2009年。

〔註80〕魚部的上古音一定是陰聲韻尾，不帶任何輔音尾。我們這裡引述高亨先生的一段論述。高亨《古韻魚部元讀考》（最早發表於1935年3月。後收入《高亨著作集》第十卷，清華大學出版社，2004年。今據後者引述。）從上古漢語的擬聲詞材料證明上古音的魚部不收輔音韻尾。高先生此文共舉6證，此轉錄數例：1.《呂氏春秋‧淫辭》：「今舉大木者前呼輿諤，後亦應之，此其於舉大木者善矣。」高注：「輿諤，或作邪諤，前人倡，後人和，舉重勸力之歌聲也。」又見《淮南子‧道應》作「邪許」。輿、邪、諤、許四字的上古音都為魚部，此為舉大木者前後相應之聲，為擬聲詞，現代人已每每如此，斷無收濁塞音尾的可能。2.李斯《諫逐客書》：「夫擊甕叩缶彈箏搏髀，而歌嗚嗚快耳者，真秦之聲也。」李善《文選注》曰：「《說文》曰：甕，汲瓶也；缶，瓦器也。秦人鼓之以節樂。」《五臣注》稱：「翰曰：嗚嗚聲也。」楊惲《報孫會宗書》：「奴婢歌者數人，酒後耳熱，仰天撫缶，而呼嗚嗚。」『嗚嗚』是魚部字，為歌呼的擬聲詞。如構擬為收濁塞音尾，則於常理不合。3.《尚書‧益稷》：「啟呱呱而泣。」《詩經‧生民》：「后稷呱矣。」《說文》：「呱，小兒啼聲。」『呱』是魚部字，為嬰兒的哭啼聲，本於天然，豈能帶有濁塞音尾。

〔註81〕商務印書館，2010年。

（2）在上古音中，歌部與支部合韻，這是任何人都承認的事實。《楚辭》有這樣的合韻。考《楚辭‧離騷》：「貫薜荔之落蕊。矯菌桂以紉蕙兮，索胡繩之纚纚。」「蕊」（歌部）與「纚」（支部）合韻。《楚辭‧九歌‧少司命》：「悲莫悲兮生別離，樂莫樂兮新相知。」「離」（歌部）與「知」（支部）合韻。《楚辭‧大招》：「姱修滂浩，麗以佳只。曾頰倚耳，曲眉規只。滂心綽態，姣麗施只。小腰秀頸，若鮮卑只。魂乎歸來！思怨移只。」「佳、規、卑、移」（支部）與「施」（歌部）合韻。據張雙棣師《淮南子用韻考》〔註82〕108～109 頁的考察和統計，在西漢前期的《淮南子》有八處歌部與支部合韻的地方。據張雙棣師《呂氏春秋詞彙研究》（修訂本）〔註83〕405 頁的考察和統計，在《呂氏春秋》中有兩處歌部與支部合韻的地方。支部是陰聲韻，沒有輔音尾，即使按照有的學者的觀點構擬為-g，也絕對不可能與-r 或-l 合韻。因此，從《楚辭》、《淮南子》、《呂氏春秋》歌部與支部合韻的例證，可以確知上古音的歌部不可能帶有-r 或-l 韻尾。

（3）在上古音中，歌部與微部、脂部可以合韻。《詩經‧小雅‧谷風》：「習習谷風，維山崔嵬。無草不死，無木不萎。忘我大德，思我小怨。」「嵬」（微部）與「萎」（歌部）合韻。《詩經‧商頌‧玄鳥》：「四海來假，來假祁祁。景員維河。殷受命咸宜，百祿是何。」「河、宜、何」（歌部）與「祁」（脂部）合韻。《楚辭‧遠遊》：「騰告鸞鳥迎宓妃。張《咸池》奏《承雲》兮，二女御《九韶》歌。使湘靈鼓瑟兮，令海若舞馮夷。玄螭蟲象並出進兮，形蟉虯而逶蛇。雌蜺便娟以增撓兮，鸞鳥軒翥而翔飛。音樂博衍無終極兮，焉乃逝以徘徊。」「妃、飛」（微部）、「夷」（脂部）、「歌、蛇、徊」歌部合韻。《楚辭‧九歌‧東君》：「駕龍輈兮乘雷，載雲旗兮委蛇。長太息兮將上，心低徊兮顧懷。羌聲色兮娛人，觀者憺兮忘歸。」「雷、懷、歸」（微部）、「蛇」（歌部）合韻。《楚辭‧九辯》：「白日晼晚其將入兮，明月銷鑠而減毀。歲忽忽而遒盡兮，老冉冉而愈弛。」「毀」（微部）、「弛」（歌部）合韻。據張雙棣師《淮南子用韻考》〔註84〕111～112 頁的考察和統計，在西漢前期的《淮南子》中歌部與脂部、微部合韻的地方有幾十處之多，極為普遍。脂部、微部是陰聲韻，沒有輔音尾，不可能與-r 或-l 合韻。因此，從《詩經》、《楚辭》、《淮南子》歌部與脂部、微

〔註82〕商務印書館，2010 年。
〔註83〕商務印書館，2008 年。
〔註84〕商務印書館，2010 年。

部合韻的例證，可以確知上古音的歌部不可能帶有-r 或-l 韻尾。

（4）上古音存在歌部與之部合韻的現象，可以證明歌部不帶-r 或-l。《詩經》、《楚辭》沒有歌部之部合韻的現象。但是據張雙棣師《呂氏春秋詞彙研究》（修訂本）〔註85〕404 頁的考察和統計，在《呂氏春秋》中有八處歌部與之部合韻的地方。據張雙棣師《淮南子用韻考》〔註86〕108 頁的考察和統計，在西漢前期的《淮南子》中歌部與之部合韻的地方有三處。據汪啟明《先秦兩漢齊語研究》〔註87〕321 頁的考察，銀雀山漢簡《孫臏兵法》有兩處歌部與之部合韻。之部是陰聲韻，沒有輔音尾，即使按照有的學者的觀點構擬為-g，也絕對不可能與-r 或-l 合韻。因此，從《淮南子》、《呂氏春秋》、《孫臏兵法》歌部與之部合韻的例證，可以確知上古音的歌部不可能帶有-r 或-l 韻尾。

以上是從上古文獻的合韻現象論證上古音歌部不可能帶有-r 或-l 韻尾。

總之，我們根據以上多個方面的論證判斷上古音中的歌部不可能帶有-r 或-l 輔音尾。

〔註85〕商務印書館，2008 年。
〔註86〕商務印書館，2010 年。
〔註87〕巴蜀書社，1999 年版。

論《釋名》以動詞為名詞的語根

　　劉熙《釋名》是我國語言學史上的一部名著，前人已做了相當精博的研究。饒宗頤先生的《梵學集》〔註1〕中《尼盧致論與劉熙的釋名》一文論劉熙《釋名》不僅主音訓，而且以動詞名詞之法與古天竺之書冥符。饒氏謂劉熙可能受有梵學的影響。饒先生指出：

　　「(《尼盧致論》)最重要的是確立由動詞推求名詞的法則。……反觀我國西漢時候，已盛行聲訓的方法。董仲舒在《春秋繁露》中《深察名號篇》曾揭出兩個例子，解說王及君兩號各有五科：王——皇、方、匡、黃、往；君——元、原、權、溫、群。他注意被解釋之名號具備的作用，都是採用同音字或音近字的動詞和形容詞來加以解說。其後緯候家及經今文學家都喜歡這種聲訓說字的方法。到了東漢末，遂有劉熙撰作這一部《釋名》，全面性地以聲音相同的動詞來探討名詞的根原之字原學（etymology）性質的著作。……劉熙不聞其懂得梵文，他所掌握的利用同聲的語根以動詞解說名詞的法則與 Yaska 基本上沒有什麼差別，這只是說是思想的暗合。但劉熙的時代正是佛教輸入漢土的初期，這時期從天竺來的高僧，像中天竺的曇柯伽羅（法時）善學《四圍陀論》，魏嘉平中至洛陽。東天竺的維祇難，喜奉異道，以火祠為正，黃武三年至武昌。（俱見《高僧傳》卷一）。這輩必是婆羅門出身。佛行傳像《普曜經》亦於是時傳入中國，三國已有蜀地的譯本。佛陀本人能曉得《尼建圖論》與《尼盧致論》，一般僧眾亦耳熟能詳。……意者劉熙在耳濡目染之下，也許得以一點啟發，亦未可知。他能擴大董仲舒以來聲訓的方法，全面運用以動詞（或形

〔註1〕上海古籍出版社，1993 年。

－585－

容詞）解說名詞的法則，去解釋一切的物名，這該是一椿極了不起的工作。」饒先生的這篇論文是很寶貴的收穫，開拓了《釋名》研究的新領域。但是我想做一點補正。

我認為以動詞釋名詞之義法不僅早在《釋名》之前已成立，而且遠在《春秋繁露》之前已很流行。我們可以追溯到春秋時代。劉熙只是沿襲一個我國固有的傳統，未必關涉天竺。《論語・八佾》：「宰我對曰『周人以栗，曰使民戰慄』。」宰我以戰慄（今作慄）之栗，釋樹木之栗。黃季剛《爾雅音訓》〔註2〕75頁：「《說文》『木至西方戰慄』。是慄亦以栗為語根。」《論語・顏淵》：「政者，正也。」「正」為動詞，為名詞「政」的語根。《孟子・滕文公上》：「徹者，徹也。」上一徹為名詞，下一徹為動詞，動詞是名詞的語根。《孟子・滕文公上》又曰：「庠者，養也。校者，教也。序者，射也。」皆以動詞為名詞的語根。《管子・心術上》：「故德者，得也；得也者，其謂所得以然也。」此以動詞之『得』解釋名詞的『德』，動詞為名詞的語根。《荀子・大略》：「咸，感也。」同篇又曰：「禮者，人之所履也。」此以動詞的「感」釋名詞的「咸」，以動詞的「履」釋名詞的「禮」。《周易・繫辭下》：「爻也者，效此者也。」以動詞的效為名詞爻的語根。又曰：「象也者，像此者也。」又曰：「象也者，像也。」均以動詞釋名詞。《詩經・卷耳》：「我姑酌彼兕觥，維以不永傷。」韓詩說曰：「觚，寡也；觶，適也；角，觸也；散，訕也；觥者，廓也。觥，廓也，所以著明之貌。」韓詩釋名之法無不以動詞釋名詞。《呂氏春秋・下賢》：「帝也者，天下之所適也。王也者，天下之所往也。」此以動詞的「適」釋帝，以「往」釋王。《禮記・鄉飲酒義》：「春之為言蠢也。夏之為言假也。秋之為言愁也。冬之為言中也。中者，藏也。」《禮記・郊特牲》：「祊之為言倞也。」鄭注：「倞猶索也。倞或為諒。」《郊特牲》又曰：「脤之為言敬也。首也者，直也。」《禮記・樂記》：「夫樂者，樂也。」〔註3〕第二個「樂」是快樂，第一個「樂」是音樂。《禮記・檀弓上》：「葬也者，藏也。」《大戴禮記・保傅》釋太保、太傅曰：「保，保其身體。傅，傅之德義。」則用動詞之保和傅去解太保、太傅。又謂：「弼者，拂天子之過者也。」弼與拂古音相通，此以動詞之「拂」釋名詞之「弼」。《大戴禮記・夏小正》：「拂桐芭。拂也者，拂也。」此亦以動詞之拂釋名詞之拂。

〔註2〕上海古籍出版社，1983年。
〔註3〕亦見《史記・樂書》。

　　《史記・律書》中此類以動詞釋名詞的現象比較普通，如曰：「子者，滋也；滋者，言萬物滋於下也。其於十母為壬癸。壬之為言任也，言陽氣任養萬物於下也。癸之為言揆也，言萬物可揆度，故曰癸。東至牽牛。牽牛者，言陽氣牽引萬物出之也。牛者，冒也，言地雖凍，能冒而生也。……寅言萬物始生蟫然也，故曰寅。……卯之為言茂也，言萬物茂也。乙者，言萬物生軋軋也。南至於氏者。氏者，言萬物皆至也。南至於亢。亢者，言萬物亢見也。……軫者，言萬物益大而軫軫然。西至於翼。翼者，言萬物皆有羽翼也。巳者，言陽氣之已盡也。西至於張。張者，言萬物皆張也。西至於注。注者，言萬物之始衰，陽氣下注，故曰注。……丙者，言陽道著明，故曰丙；丁者，言萬物之丁壯也，故曰丁」。諸如此類的例證還頗多。這些例證都遠在《釋名》之前。

　　另如同是東漢的《風俗通義・聲音》：「鼓，郭也」。「郭」意為擴張。〔註4〕《白虎通・禮樂》：「徵，止也，陽氣止。」又，「角。躍也」。「羽者，紆也」。《白虎通・爵》：「侯者，候也，候逆順也。子者，孳也。男者，任也。」均以動詞釋名詞。《風俗通義・聲音》引劉歆《鍾律書》：「角，觸也，物觸地而出。」又，「商，章也，物成熟可章度也」。「章」，《白虎通・禮樂》引作「張」。《白虎通》、《風俗通義》、《說文》均以動詞釋名詞為慣例。〔註5〕故知《釋名》之義法為我國古傳，即使關係梵書，也在先秦。清代學者張金吾《廣釋名》一書收羅漢代以前的聲訓實例頗多。近年，吳澤順《清以前漢語音訓材料整理與研究》〔註6〕收集歷史文獻的音訓材料最為詳盡。劉青松《古釋名輯證》（中華書局，2022年）收集匯編三國以前的聲訓材料，分類編撰，頗為詳密。不過，在漢語訓詁學史上，確實是劉熙的《釋名》將音訓的原理發揚光大，但未必是受到古印度語源學的影響。以動詞為名詞的語根是我國語言學史的一個強大而久遠的傳統。

　　我們最後補充一句，《沈兼士學術論文集》〔註7〕180～181頁載有《吳檢齋先生來書》有曰：「以本字釋本字，實即以動詞狀詞釋名詞。蓋名詞本由動詞狀詞來也。如蒙卦之名，由蒙昧來」云云。其「狀詞」是形容詞，吳承仕先生之說洵為卓見，已先於饒先生而發。

〔註4〕《釋名・釋樂器》同。
〔註5〕崔樞華《說文解字聲訓研究》是研究《說文》中的聲訓的專著，甚為詳細。
〔註6〕商務印書館，2016年版。
〔註7〕中華書局，2004年版。

《詩經‧簡兮》的押韻問題

　　《詩經‧邶風‧簡兮》:「簡兮簡兮,方將萬舞。日之方中,在前上處。碩人俁俁,公庭萬舞。有力如虎,執轡如組。左手執籥,右手秉翟。赫如渥赭,公言錫爵。」毛傳:「赫,赤貌。渥,厚漬也。祭有畀煇胞翟閽寺者,惠下之道,見惠不過一散。」鄭箋云:「碩人容色赫然如厚傅丹。君徒賜其一爵而已,不知其賢而進用之。散受五升。」《釋文》:「散,素但反,酒爵也。」江有誥《音學十書‧詩經韻讀》〔註1〕以「左手執籥,右手秉翟。公言錫爵。」押宵部韻〔註2〕,「赫如渥赭」一句不入韻。王力《詩經韻讀》〔註3〕承襲江有誥的韻讀,以「左手執籥,右手秉翟。公言錫爵。」押藥部韻,「赭」不入韻。陸志韋《詩韻普》〔註4〕因為相信上古音的陰聲韻帶有濁塞音尾,故以「赭」與「虎、組」相押,同收-g尾。王顯《詩經韻譜》〔註5〕承襲陸志韋之說,以「赭」與「虎、組」相押,為魚部。

　　但是以上四家都沒有注意到:《詩經》原文是「爵」,而毛傳沒有提到爵,而是作「散」字。鄭箋、《釋文》依據毛傳,都提到了「散」。這個「散」字從何而來呢?王國維《觀堂集林》〔註6〕卷三《說斝》引述羅振玉之言稱經典中的「斝」字常常訛為「散」。王國維本人列舉五證。其第四證稱《簡兮》「經言爵而傳言散,雖以《禮》詁經,為毛傳通例,然疑經文爵字本作『斝』,轉訛

〔註1〕中華書局,1993年。32頁。
〔註2〕江有誥的上古音系陰陽二分,入聲併入陰聲。
〔註3〕見《王力全集》第十二卷,中華書局,2014年。158頁。
〔註4〕收入《陸志韋語言學著作集》(二),中華書局,1999年。見30~31頁。
〔註5〕商務印書館,2011年。155頁。
〔註6〕河北教育出版社,2003年。69頁。

為『散』，後人因『散』字不得其韻，故改為『爵』。實則『散』乃『斝』之訛字。赭、斝為韻，不與上文龠、翟為韻。其證四也。」我認為王國維的見解精確不易。原文的「爵」本當作「斝」，在先秦時的傳抄中訛為「散」，導致失韻，於是很可能在西漢就被改為「爵」，以趁藥部韻。毛傳的「散」字顯示出《毛詩》的經文是作「散」，而不是「爵」。

還有證據可以支撐王國維之說。毛傳稱：「祭有畀煇胞翟閽寺者，惠下之道，見惠不過一散。」足見「散（斝）」是為了「惠下」，「下」就是地位卑賤的下人。先秦古禮正是用「斝」來惠下，而不是用「爵」來惠下。「爵」是用來敬禮尊貴的人。考《禮記・禮器》：「有以小為貴者：宗廟之祭，貴者獻以爵，賤者獻以散；尊者舉觶，卑者舉角。五獻之尊，門外缶，門內壺，君尊瓦甒。此以小為貴也。」鄭玄注：「凡觴，一升曰爵，二升曰觚，三升曰觶，四升曰角，五升曰散。五獻，子男之饗禮也。壺大一石，瓦甒五斗，缶大小未聞也。《易》曰尊酒簋貳用缶。」王國維《說斝》也認為其中的「散」當作「斝」。「散（斝）」為五升的量器，比較大，《說文》「斝」字條更稱「或說斝受六升」〔註7〕，而「爵」是一升的小量器〔註8〕。而《禮器》明稱「貴者獻以爵，賤者獻以散」，因此用於「惠下」的只能是「散（斝）」，而不可能是「爵」。以《禮器》證之，《毛詩》原文只能是「斝」，因在古文字中形近而訛為「散」，不可能是「爵」。《詩經》此節乃是以「虎、組、赭、斝」共押魚部，紋絲不亂。此例可見古文字學和訓詁學之有裨於音韻學〔註9〕。

〔註7〕段注稱：「或說斝容六升，故字從斗。」《太平御覽》卷760引《三禮圖》：「散受五升。」

〔註8〕《說文》「斝」字段注引《考工記》：「爵受一升而已。」《太平御覽》卷760引《三禮圖》：「爵受一升。」

〔註9〕劉毓慶等《詩經百家別解考（國風）》（山西古籍出版社，2002年）、劉毓慶等《詩義稽考》（學苑出版社，2006年）彙集對《簡兮》的別解，都沒有引述到王國維的《說斝》。

《春秋合成圖》與《春秋握成圖》

　　東漢緯書有《春秋合成圖》〔註1〕。《史記・秦始皇本紀》的司馬貞《索隱》：「《春秋緯》云：諸侯冰散席捲也。」《文選》卷五十一《過秦論》李善注引此文作《春秋握成圖》，《文選・三都賦・魏都賦》李善注又作《推成圖》。程金造《史記索隱引書考實》〔註2〕上冊《春秋合成圖》條152頁將司馬貞《索隱》所引的《春秋緯》判斷為《春秋合成圖》。同書153頁稱：「案合誠，作握成者，聲之誤。誠誠，亦聲之誤。」今按，「合」的中古音為匣母合韻，為收-p入聲；「握」為影母覺韻，為收-k入聲。因此「合」與「握」的中古音相去較遠，上古音也區別較大，無論中古音或上古音都不易相通。《古微書》卷八輯錄《春秋合成圖》，《古微書》卷二十輯錄《春秋握誠圖》，《緯書集成》〔註3〕均予以採錄。馬國翰《玉函山房輯佚書》〔註4〕第五冊也是分別輯錄《春秋合成圖》與《春秋握成圖》。詳考《緯書集成》和《玉函山房輯佚書》所輯錄此二書，彼此無一吻合，當本是不相干的兩本書。程金造混而為一，頗為失考。司馬貞《索隱》所引的《春秋緯》當是《春秋握成圖》，而不是《春秋合成圖》。「推成圖」的「推」當為「握」形近而訛，應以作「握」為確切。類似的形近而訛的如緯書有《春秋佐助期》，而《後漢書・樊英傳》注引「佐」為「佑」。〔註5〕《緯書集成》和《玉函山房輯佚書》所輯錄並無《春秋推成圖》一書。

〔註1〕「成」別本作「誠」。
〔註2〕中華書局，1998年。
〔註3〕上海古籍出版社，1994年。
〔註4〕江蘇廣陵古籍刻印社，1990年。
〔註5〕參看陳槃《古讖緯研討及其書錄解題》上，上海古籍出版社，2010年。348頁。

附錄：清代八股文譯注評析（五篇）〔註1〕

一、《子曰詩三百》

《詩》正人心，一言可以該全旨矣。夫詩言多矣，而括其旨則在「思〔註2〕無邪」之言〔註3〕。學詩者不可知詩教哉〔註4〕？昔者，夫子屢言詩，一則曰「興於詩」〔註5〕，再則曰「學夫詩」〔註6〕，要〔註7〕皆明夫詩之可以分，而未言夫詩之可以合。日者〔註8〕，恐人之逐〔註9〕夫詩而詩之教人者

〔註1〕附錄所收的五篇清代八股文是依據趙基耀、李旭等編著《清代八股文譯注》（上海古籍出版社，2011年版。）其書8～12篇是龐光華過錄、譯注、評析。

〔註2〕思，語氣詞，無實在意思。但據朱熹《詩集傳》的解釋，這裡的「思」就是「情思」的意思。

〔註3〕《論語·為政》：「子曰：「詩三百，一言以蔽之，曰『思無邪』。」《論語集注》：「詩三百十一篇，言三百者，舉大數也。蔽，猶蓋也。『思無邪』，《魯頌·駉》篇之辭。凡詩之言，善者可以感發人之善心，惡者可以懲創人之逸志，其用歸於使人得其情性之正而已。然其言微婉，且或各因一事而發，求其直指全體，則未有若此之明且盡者。故夫子言詩三百篇，惟此一言足以盡蓋其義，其示人之意亦深切矣。程子曰：『思無邪』者，誠也。」范氏曰：「學者必務知要，知要則能守約，守約則足以盡博矣。經禮三百，曲禮三千，亦可以一言以蔽之，曰『毋不敬』。」

〔註4〕章學誠《文史通義》有《詩教》篇。

〔註5〕《論語·泰伯》：「子曰：興於詩，立於禮。成於樂」。原卷的「興」是俗體寫法，很難辨識，容易被誤認為「具」字。

〔註6〕《論語·季氏》：「陳亢問於伯魚曰：『子亦有異聞乎』？對曰：『未也』。嘗獨立，鯉趨而過庭，曰：『學詩乎』？對曰：未也。曰：『不學詩，無以言。』鯉退而學詩。」

〔註7〕要，重要的是、關鍵的是。

〔註8〕前些日。昔日。

〔註9〕逐，過分拘泥。

不明，且恐人之泥於詩而人之求詩者又太鑿於是。摘其語以示人曰「義必取其所能通」；而教祗曰「於其至正」〔註10〕。讀詩者凡以得其要焉可耳。

　　古者主德〔註11〕之流傳備陳於國史，而藏於朝者載君德於一時，頒諸學者，正人心於萬世。雖問俗亦藉軒車〔註12〕之出而列褒譏以風世教。故《詩》不名史而名經〔註13〕。從來人心之蘊滌恒藉〔註14〕乎聲歌而偕八音〔註15〕者，特器數之相求〔註16〕；奏三終〔註17〕者，必樂章之告備。故按節亦多未錄之篇〔註18〕。陳善敗以被管絃，則詩亦循聲而入樂。夫《詩》三百篇，大抵化人心之不正以歸於正耳。豈在多言哉？自吾論之，蔽〔註19〕以一言而已。

　　且夫讀詩者與作詩者異，與箋詩〔註20〕者亦異。作詩者緣情體物，詞各指

〔註10〕遍考文獻，此二句格言不知所出。不見於儒家十三經以及其他儒家經典。當為作者所自設。

〔註11〕光華按，原卷照片原文的字形分明作彴形，此字見於《集韻》、《康熙字典》，音皮，義為『走貌』。但這樣的解釋在本文不可通。我考訂此字乃是『德』的俗體寫法，這裡是『主德』，下面還有『君德』的『德』也是這樣寫法。釋讀為其他字都不可通。在本書《吾十有五》一文中有：「夫人生之德業何常」。其中的「德」字也作此形。

〔註12〕軒車，古代比較高大的一種車，有屏障，大夫以上官員所乘。這裡是指古代朝廷派往民間採訪民俗的官員所乘的車。訪問民俗的一項重要內容就是採集民間的詩歌。

〔註13〕儒家學派從來不把《詩經》當作普通的文學作品，而是當作能夠教化世道人心的經典，也就是有重大的教育意義，其地位高於歷史書，更不是一般的詩集（如後來的唐詩宋詩等）所能比。

〔註14〕藉，借助於。

〔註15〕我國古代對於八種傳統樂器的統稱，指金、石、絲、竹、匏、土、革、木八種可以製造樂器的材質。《尚書·舜典》：「三載，四海遏密八音」。同篇：「詩言志，歌永言，聲依永，律和聲。八音克諧，無相奪倫，神人以和」。《周禮·春官·大司樂》：「大司樂掌成均之法，以治建國之學政，而合國之子弟焉。……以六律、六同、五聲、八音、六舞，大合樂。同篇：「凡六樂者，文之以五聲，播之以八音。」《周禮·春官·大師》：「皆文之以五聲：宮、商、角、徵、羽；皆播之以八音：金、石、土、革、絲、木、匏、竹」。

〔註16〕相求，語出《易經·乾》：「同聲相應，同氣相求」。

〔註17〕三終，演奏完三章音樂。《儀禮·大射禮》：「小樂正立於西階東，乃歌《鹿鳴》三終」。《禮記·鄉飲酒義》：「工入，升歌三終」。孔穎達疏：「謂升堂歌《鹿鳴》、《四牡》、《皇皇者華》，每一篇而一終」。在唐代宴饗貢士時候要歌《鹿鳴》之章，所以「三終樂」專指《詩經·小雅·鹿鳴》。

〔註18〕意思是：按照音樂的節奏，可以推斷《詩經》也有好很多沒有收錄的詩歌。也就是有音樂而無相應的歌詞。

〔註19〕總結、概括。

〔註20〕東漢大學者鄭玄在《詩經》毛傳的基礎上對《詩經》作了箋。當時鄭玄的箋是用小字書寫，而毛傳的字體較大。

其所之。故有旨近於風而不可以入雅，旨近於雅而不可以入頌者〔註21〕。若夫合數百年之名篇〔註22〕，考巧製而任吾往復於其中〔註23〕，則不在於析其詞，而在於通其義矣。故無泥於正變貞淫之殊制〔註24〕。

　　箋詩者分章宅句〔註25〕，體亦各有所歸。故有義符於朝廟而不可以達鄉人〔註26〕，則起於閨門而不可以通燕享〔註27〕者。若夫總數十輩之詠歎長言〔註28〕而任我旁通於其地，則不在於明以辨，而在於精以括矣。又奚事注疏傳序之紛繁？《駉》之篇曰：「思無邪」。斯言也，不可以蔽三百篇之旨乎？概教必操乎其能大極〔註29〕百家之聚訟，而〔註30〕不足以完說之指歸〔註31〕，則言繁而教不宏也。若詩則舉三百篇之為害為惡而反而斂之於所思〔註32〕。忠臣孝子莫非名義之防，思婦懷人備有條常〔註33〕之係。其言簡，思其意彌該，而千秋風教之□□〔註34〕獨持於志氣〔註35〕。

〔註21〕此言《詩經》的風、雅、頌三者的宗旨不同，各有特色，不一定能相互密合。
〔註22〕《詩經》三百篇製作的年代各有不同，從西周到春秋，跨度數百年。據學者研究，其中《頌》的產生年代最早，其次是《雅》，《國風》的年代最晚。
〔註23〕意思是：在《詩經》三百篇中無所拘束地尋找精彩的篇章。
〔註24〕正與變是反義詞，貞與淫是反義詞。
〔註25〕宅句，即斷句，設定句與句之間的界限。
〔註26〕這裡的「鄉人」可能有二義：一是鄉大夫。《禮記·鄉飲酒義》：「鄉人士君子尊於房戶之間」。鄭玄注：「鄉人，鄉大夫也」。二是指鄉下人，或一般的俗人。如《孟子·離婁下》：「舜為法於天下，可傳於後世，我由未免為鄉人也，是則可憂也」。本文此處當以第二義較勝。
〔註27〕燕享，古代帝王飲宴群臣、國賓，是古代的一種重要的國家禮儀。
〔註28〕長言，引長聲音吟唱，語出《禮記·月記》：「故歌之為言也，長言之也。說之，故言之；言之不足，故長言之；長言之不足，故嗟歎之」。
〔註29〕大極，這裡是「作終極的判斷和取捨」的意思。
〔註30〕這裡的「而」當訓為「若」，或者是「若」的錯字。
〔註31〕「完說之指歸」意思是總結出各種學說的根本思想，「完」是動詞。
〔註32〕本文作者將《詩經》「思無邪」的「思」理解為「所思、思想」，這不符合《詩經》的原義。不過，古人也有「斷章取義、詩無達詁」之說。但本文作者應該是根據朱熹《詩集傳》的解釋，《詩集傳》正是把這個「思」解釋為思想。
〔註33〕條是絲繩、絲帶；常是綱常、倫常。「條常」在這裡是一個生動的比喻，是說綱常倫理好像一條繩子一樣約束規範思婦懷人的行為，不至於出軌。
〔註34〕原卷此二字難以辨認，讀者可參看原卷照片。可能是一個典故，尚待考證，未敢臆測。
〔註35〕持於志氣，據我考證當是出典於《孟子·公孫丑上》：「夫志，氣之帥也；氣，體之充也。夫志至焉，氣次焉。故曰：持其志，無暴其氣」。

理必舉乎其最精極，眾說之雜陳而不〔註36〕足以害詞之體要〔註37〕，則言多而理愈泛也。若詩則舉三百篇之為懲為勸而統以括之，曰「無邪」。周邵〔註38〕皆郅治之音，固襄〔註39〕成教〔註40〕；鄭衛〔註41〕半淫靡之什，亦與〔註42〕箴銘。其言約，斯其旨彌博，而一字褒誅之筆不獨著於春秋。願以告世之讀詩者。

通譯〔註43〕

《詩經》可以正人心，這句話可以概括出整部《詩經》的宗旨。《詩經》所說的事情很多，但「思無邪」三個字就能夠概括其精髓。學習《詩經》的人怎能夠不懂得其教育意義呢？從前，孔子多次談到過《詩經》，一則說「興於詩」，再則說「學夫詩」。其關鍵是孔子懂得《詩經》的趣致可以分，孔子並沒有說《詩經》的趣致可以合。前些日，我恐怕讀《詩經》的人過於拘泥於《詩經》的文本，而不能探明《詩經》的教育意義。而且我還擔心人們過分執著於《詩經》的表面形式而不能獲得真正的啟發。我對別人說：「學習要注重通達而不拘泥」。我教育別人只說：「最終目的是得到真理」。讀《詩經》的人要注意得其要領。

從前歷朝歷代的君臣傳記完備地載於國史，使後人能得以很快地博覽周知，古代動人的事蹟足以教化後世的人心。雖然尋訪民風民俗要依靠朝廷派出

〔註36〕「不」字疑是衍文，否則義不可通。

〔註37〕體要，典出《尚書・周書・畢命》：「辭尚體要，不惟好異」。《文心雕龍・徵聖》：「故知正言所以立辯，體要所以成辭」。同篇：「微辭婉晦，不害其體要。體要與微辭偕通，正言共精義並用」。《文心雕龍・詮賦》：「雖讀千賦，愈惑體要」。

〔註38〕指《詩經》中的《周南》和《召南》。

〔註39〕襄，相助、輔佐。

〔註40〕成教，可能有兩種含義，一是「傳統的風教」，如同「成式、成法、成命」；二是「成」為「盛」的通假字，乃「盛教」的意思。從古漢語語法上講，當是「成教」連讀為一詞，不應是「襄成」連讀。

〔註41〕指《詩經》中的《鄭風》和《衛風》。

〔註42〕與，這裡相當於「算得上」。

〔註43〕光華按，這裡用「通譯」，不用「語譯」，是因為我們的翻譯不是照字面逐字直譯，而是為了現代漢語行文的必要而加了若干變通，然而意旨不違背原文。林語堂《論翻譯》（收入羅新璋、陳應年編《翻譯論集》（修訂本），商務印書館，2009 年版）一文稱：「忠實（的翻譯）非字字對譯之謂」。錢歌川《翻譯的基本知識》（湖南科學技術出版社，1981 年）四《嚴復說的信達雅》稱：「所謂信是對原文忠實，恰如其分地把原文的意思，用適當的中文表達出來，即令字面不同，只要含義不錯，也就算是信了」。

的官員，但《詩經·國風》帶有褒貶，這就有助於教化世道人心。因此，《詩經》不是一般的史書，而被稱為經書。

自古以來，洗滌人心、教化萬民都要借助和諧的音樂，要想音樂和美一定要各種樂器相互協調。要演奏《詩經·鹿鳴》，一定要每節的樂章都要完備。我從音樂的章節來推斷，知道《詩經》有許多遺漏的篇什。古人用管絃之樂來陳述美惡成敗，《詩經》正具備音樂之美。

《詩經》三百篇，其宗旨在於教化人心，使人棄惡揚善，端正行為，並不在於要喋喋不休地說教。依我看來，用一句話就可以概括其精神。

況且讀詩者與作詩者不同，與釋詩者又不同。作詩者緣情體物，遣詞行文要表達自己的意志。所以《國風》中有的精神不同於《雅》，《雅》的精神有的不同於《頌》。《詩經》三百篇各自產生的年代互不相同，有的相距數百年，我在其中尋求美文佳作，並不注重其文辭，而是關注其精義。所以，我不拘泥於原作文體是正還是變，其意旨是貞還是淫。

注解《詩經》的學者分章斷句，文體各有不同。有時其意旨符合朝廷的需要而非下民所能領會；有時涉及男女私情而不適合於國家禮儀。《詩經》囊括了數十代人的心畫心聲，我能夠遨遊期間，旁通曲喻。我並不追求明辨其間微妙的區別，而著意於其整體的精神意趣。我斷斷不會去從事那些浩繁無邊際的疏證。《詩經·駉》曰：「思無邪」。這句話難道不能總括《詩經》三百篇的精神嗎？要成功地教育必須要先能明斷各家各派的分歧。如果不能掌握各家學說的精髓，那麼一定是博而寡要，勞而少功。《詩經》三百篇講述並譏諷了各種邪惡，而最後歸結於「所思」。忠臣孝子這樣的名稱是人倫的榜樣；思婦的幽怨、情人的依戀都有綱常倫理來加以防範，不至於流蕩。「思無邪」三個字是多麼簡潔明瞭，其意卻囊括無邊。可知千古教化的關鍵在於《孟子》說的「志氣」二字。

理論在精而不在繁。眾家學說紛然雜陳卻只能破壞文辭的體要，所以言辭越多，其理致必然泛而不切。《詩經》三百篇雖然闡述了各種懲戒、各種讚譽，其歸結只是「無邪」二字。《周南》、《召南》皆是治世之音，能夠更加促進教化；《鄭風》、《衛風》多半是淫靡之篇，也可作為反面教材。其言簡約，其精神更加奧博。《詩經》能夠一字寄託褒貶，不僅僅只有孔子的《春秋》才是如此。我願意將自己的這點心得告訴讀《詩經》的人們。

評析

這是科舉時代以四書為考試核心內容的一篇範文，供考生在備考時閱讀參考。《論語‧為政》：「子曰：「詩三百，一言以蔽之，曰『思無邪』。」其中的關鍵詞是『思無邪』，這本是《詩經‧魯頌‧駉》中的話。考題叫做《子曰詩三百》，但本文破題並沒有涉及「子曰」二字，而是直接從《詩》入手破題，稱：「《詩》正人心」。下面的「夫詩言多矣」是寫題目中的「三百」而言，扣題還算緊密。在後面才說出的「昔者，夫子屢言詩，一則曰興於詩，再則曰學夫詩」，這是對應題目中的「子曰」。只是本文破題的順序有點問題，因為題目中的「子曰」在最前面，其後才是「詩三百」；而破題將對應「子曰」的內容放在了對應「詩三百」的後面。這就與題目不完全對應了，這未必是最高明的做法。

本文所討論的核心問題有以下幾個：

一、讀詩者和詩教都要注意領會《詩經》的整體精神，而不能拘泥於《詩經》的零章碎語，不能拘泥於其表面形式。而其整體的精神是一種和諧的，貫穿始終的精神，好像不同的樂器相互配合奏出和諧的音樂。事實上，《詩經》與音樂也確實有密切的關聯，《詩經》中的大部分都可以入樂。考《史記‧孔子世家》：「三百五篇，孔子皆絃歌之，以求合韶武雅頌之音。禮樂自此可得而述，以備王道，成六藝。」

二、《詩經》是經書，與一般的史書或實錄不同，不是簡單的傳授知識，而是有教化人心、匡正風俗、警醒統治者的作用。因此，《詩經》的價值不在於多言，而在於其精神醇正。讀詩者必須努力掌握其精神實質，善於旁通，不可沉溺於表面文辭。

三、闡述了寫作文章貴文辭簡約而義理精深，也就是「理必舉乎其最精極」。理想的文章是「其言簡，思其意彌該」。批評了「眾說之雜陳而足以害詞之體要，則言多而理愈泛也」。

以上三個問題是本文討論的重心，闡述得也很明確。其實我國的古代文論也一直認為文章以簡勁為貴，不以繁博為尚，在《文心雕龍》中有很多這樣的論述。此文之所以要強調文章應簡約，這是因為孔子說了一句「一言以蔽之，曰『思無邪』」。可見，孔子讀書善於用簡單的話來概括三百篇的《詩經》的精神，善於得其要領，不會泛濫無歸。孔子認為《詩經》三百篇的整體精神是「思無邪」，所以詩教才能正人心，去邪惡。本文闡述的詩經的教化功能正是發揮孔子說的「思無邪」三個字。

另外，本文在最後說不僅孔子的《春秋》有運用字句藏褒貶的手法，而且早於《春秋》的《詩經》也早已有了褒貶之筆。如果這個看法能得到證實，那麼孔子的春秋筆法就不是孔子的獨創，而是承襲了《詩經》的傳統。但在我看來，二者實有不同。《詩經》的褒貶是直接的、明顯的，可以訴諸讀者的直覺；而《春秋》的褒貶是含蓄的、委婉的，非感覺所能捕捉，正如《左傳·成公十四年》稱：「君子曰『春秋之稱，微而顯，志而晦，婉而成章，盡而不污，懲惡而勸善，非聖人，誰能修之』？」所以才有《春秋》三傳來闡明孔子的《春秋》筆法，《春秋公羊傳》更是逐句解釋，在西漢被公認為是孔子《春秋》的正宗解釋，就是嫡傳。

最後，我認為本文的行文有時濫用虛辭，文氣不甚暢通，行文忸怩做作，缺乏自然流暢。文句頗有奇詭坳牙之處。其文風既不同於三代兩漢之文，也不同於唐宋古文。這樣的文風斷不能作為現在的人們學習古文的典範。

二、《人而無信》〔註44〕

人以信為本，誠慮乎其無之也。夫人之為人，恃此信耳。苟無信焉，而人之本不已失歟〔註45〕？且人類之所恃以長存者，惟此不忍欺、不敢欺之心隱相維〔註46〕於不敝〔註47〕而已。

自夫人以天下為不可欺也。於是乎巧用吾欺，至於欺自我開〔註48〕，而生平之作偽心勞〔註49〕亦且必著於耳目之間，而不容以或遁〔註50〕。

〔註44〕《論語·為政》：「子曰「人而無信，不知其可也。大車無輗，小車無軏，其何以行之哉？」在《論語》中，孔子很多次談到「信」，既是為人的行為準則，也是一種道德理想。今稍微引述《論語》中關於「信」的一些論述，以供參考。《學而》：「曾子曰：吾日三省吾身：為人謀而不忠乎？與朋友交而不信乎？傳不習乎？《學而》：「子曰：道千乘之國：敬事而信，節用而愛人，使民以時。」《學而》：「子曰：弟子入則孝，出則弟，謹而信」。《學而》：「與朋友交言而有信」。《學而》：「有子曰：「信近於義，言可復也」。《公冶長》：「子曰：老者安之，朋友信之，少者懷之。」《泰伯》：「正顏色，斯近信」。《泰伯》：「子曰：狂而不直，侗而不願，悾悾而不信，吾不知之矣」。《顏淵》：「去食。自古皆有死，民無信不立」。《子路》：「上好信，則民莫敢不用情」。《子路》：「言必信，行必果」。《憲問》：「不逆詐，不億不信」。

〔註45〕這兩句在意思上時化用《論語·顏淵》：「去食。自古皆有死，民無信不立」。

〔註46〕維，維持、維繫。

〔註47〕不敝，不敗。

〔註48〕欺自我開，是說欺詐不了別人，就先欺詐自己。

〔註49〕作偽心勞，用於作偽、欺詐的心思也不容易，也很辛苦。

〔註50〕作偽的動機一定會表現出來，不能完全掩飾。

今夫人與人相周旋，所貴先立乎【信】〔註51〕。言，信之本者，捨信奚屬哉？意氣猶外襲之端，而信則相見以性〔註52〕。一動念而鬼神鑒〔註53〕之，一失口〔註54〕而肝膽示之。□〔註55〕以性非飾以情〔註56〕，信之所為，無欲〔註57〕而通也。智術皆後起之具〔註58〕，而信則各返其天〔註59〕。忘機能〔註60〕，狎鷗鷺〔註61〕，中孚〔註62〕且格〔註63〕豚魚。動以天，不鑿以人〔註64〕。信之所為，持源而往也〔註65〕。

〔註51〕原卷這裡應該是脫落一個「信」字。立乎信，即《論語‧顏淵》：「民無信不立」。如果將後面的「言」字上屬，則義不可通。

〔註52〕信則相見以性，重誠信則彼此會以真性情相見。

〔註53〕鑒，照察、審辨。

〔註54〕從上下文考察，這裡的「失口」不是說錯話的意思，而是說話的意思。

〔註55〕原卷此字難以辨認，讀者可參看圖版。字形似乎是左『耳』右『矣。』遍考字書，不見此字。我懷疑這是「職」的異體俗字，訓「主」。尚待俗字學家的考證。

〔註56〕這句是用「性」和「情」相對立，「性」是本來的、固有的、真誠的，不加偽飾；而「情」是作偽的、不真切的。

〔註57〕無欲，沒有私利。

〔註58〕智術皆後起之具，智術都不是天然的，是人生後才學習擁有的工具。

〔註59〕天，天然、天性，是本來的、固有的。

〔註60〕機能，不是現代漢語的「機能」，而是機詐、巧詐、投機專營的本事。

〔註61〕狎鷗鷺，是說本著純真自然之心行事，完全沒有私利私欲，與自然為伍。狎，親近。典出《列子‧黃帝》：海上之人有好漚鳥者，每旦之海上，從漚鳥遊，漚鳥之至者百住而不止。其父曰：「吾聞漚鳥皆從汝遊，汝取來，吾玩之。」明日之海上，漚鳥舞而不下也。故曰：至言去言，至為無為；齊智之所知，則淺矣。

〔註62〕中孚，誠信不欺。本是《易經》中的卦名。典出《易經‧中孚》：「中孚，豚魚吉，利涉大川，利貞」。孔穎達疏：「信發於中，謂之中孚」。《文心雕龍‧書記》：「徵召防偽，事資中孚」。謝靈運《初發石首城》：「遂抱中孚爻」。

〔註63〕格，至。

〔註64〕天，天然、自然；鑿，穿鑿。人，人為的，不自然的，違反天性的。典出《莊子‧應帝王》：「南海之帝為儵北海之帝為忽，中央之帝為渾沌。儵與忽時相與遇於渾沌之地，渾沌待之甚善。儵與忽謀報渾沌之德，曰：『人皆有七竅以視聽食息此獨無有，嘗試鑿之』。日鑿一竅，七日而渾沌死」。不過，本文也可能是利用《孟子》中的文句作出典，考《孟子‧離婁下》：「孟子曰：「天下之言性也，則故而已矣。故者以利為本。所惡於智者，為其鑿也」。聯繫到本文前面說「智術皆後起之具」，後面說「動以天，不鑿以人」，則分明以「智」與「鑿」相關聯，與「天」相對立並舉，正與《孟子》對應較為緊密。因此，本文此處出典於《孟子》的可能性更大。

〔註65〕這裡的「源」是指人的本性、天然的真。

則信蓋重也。若之何有人而信無信者〔註66〕？彼非不知信之必能動物也，而機心與機事日相間於方寸之中〔註67〕，則無形之虛假悉隨有形之言笑以俱流〔註68〕。豈必詳究其本末之何如哉？知此妄情之偶觸而偶露者，已不啻〔註69〕窮形盡相也。則第概指為無信而譸張〔註70〕之意氣，故其人之不能自匿耳。

彼非不知信之為人任〔註71〕也，而私智與私心驟相乘〔註72〕於世故之險，則無窮之譎詐且隨有窮之閱歷以屢遷。豈必遍勘〔註73〕其表裏之何如哉？祇此倫態之與接為構〔註74〕者，已不禁驚心而怵目也。則且共指為無信，而悖誕之情形固其人之不能終掩耳。

吾見有顯用其無信者援《詩》、《書》以佐其矯誣，而言之偽者愈亦逞才智以濟其狂妄，而行之詭者彌堅。其視天下一愚夫愚婦之無知而靡不入吾彀中〔註75〕也。則顯用其欺而豈復計無信之至於斯極。

抑有〔註76〕陰用其無信並飾長厚之聲情，而機〔註77〕之起伏者不測，

〔註66〕為什麼偏偏有人要相信「無信」呢？「信無信」應該是動賓結構，「無信」是賓語。

〔註67〕機心、機事，出《莊子・天地》：「吾聞之吾師，有機械者必有機事，有機事者必有機心。機心存於胸中則純白不備。純白不備則神生不定，神生不定者，道之所不載也。吾非不知，羞而不為也」。成玄英疏：「有機動之務者，必有機變之心」。方寸，人的心臟。我國的中醫相信人的心臟是方寸大小。葛洪《抱朴子・嘉遯》：「方寸之心，制之在我」。賈島《易水懷古》：「我歎方寸心，誰論一時事」。

〔註68〕流，傳播，流傳。

〔註69〕不啻，不僅僅，不止。

〔註70〕譸張，典出《尚書・無逸》：「民無或胥譸張為幻」。孔傳：「譸張，誑也。君臣以道相正，故下民無有相欺誑幻惑也」。《經典釋文》：「譸，竹求反；馬本作輈。《爾雅》及《詩》作侜，同侜。張誑也」。《尚書・無逸》：「此厥不聽人乃或譸張為幻」。傳釋「譸張」為「狂惑」。

〔註71〕任，誠篤可信。《詩經・燕燕》：「仲氏任只，其心塞淵」。箋云：「任者以恩相親信也。《周禮》六行：孝、友、睦、姻、任、恤。《經典釋文》：「任，入林反。毛云：大也」。

〔註72〕相乘，相加、相繼。《漢書・王莽傳中》：「前後相乘」。顏師古注：「乘，積也」。柳宗元《非國語跋》：「而反分為二篇，務以相乘」。

〔註73〕遍勘，全面考察。

〔註74〕與接為構，相互串通、合謀勾結。

〔註75〕彀中，箭射出去所能達到的有效範圍。《莊子・德充符》：「遊於羿之彀中」。郭象注：「弓矢所及為彀中」。

〔註76〕抑有，又有。

〔註77〕機，機心、機詐、機巧。

假〔註78〕顢愚〔註79〕使〔註80〕之面目而詐之，隱藏者愈深。有時且不惜指天誓〔註81〕可以自明，則將使墜吾術中〔註82〕也。則陰用其欺而何暇計無信之難以告人？此無倫〔註83〕形妄形〔註84〕日積，而聲音笑貌盡屬詭機，而即此真意□〔註85〕索然。覺耳目〔註86〕、官骸骸〔註87〕，皆成虛器〔註88〕，如是而猶曰：「吾將行也。」可乎不可乎？

通譯

人以誠信為本，這確實是擔心萬一沒有「信」該怎麼辦？人之所以成其為人正是因為人重誠信。如果沒有「信」，人不就失掉根本了嗎？人類之所以能夠萬年長存，就是因為人類有「不忍欺、不敢欺」這樣講究誠信的心理。

可是有的人以為既然天下之人皆不可欺，於是用機巧之心來欺騙自己。這樣一來，欺騙之行就從欺騙自己開始了。平常作偽瞞騙的良苦用心也必然會從耳目之間流露出來，斷不可能完全掩飾。

現在，人與人的交往是建立在誠信的基礎上的。語言是誠信的主要對象，非講究誠信不可。意氣只是如同人的外表衣服一樣，而誠信能夠讓人們以真心相待。一動念頭，就有鬼神能洞見；一說話，就肝膽相照。真心相見而不矯情做作。以誠信之心做事能夠無所不能。人類的才智手段都是後天獲取的，但人類的誠信卻是來自其天性。忘掉機巧之心，與自然融為一體，心中的誠

〔註78〕假，借、利用。

〔註79〕顢愚，愚昧、笨拙。

〔註80〕光華按，原卷「使」字分明，但這裡不能講通，當是衍文無疑。我們在翻譯中略去此字。

〔註81〕指天誓，用手指著天起誓。

〔註82〕術中，策略之中、圈套之中。

〔註83〕「倫」字，原卷字形潦草，難以確切辨認，姑且這樣判定，尚待俗字學者的考訂。「無倫形」與「妄形」相併列，意思是不符合倫理的姿態或行為。

〔註84〕妄形，狂妄的姿態或行為。

〔註85〕此字原卷形似「主」或「王」，但意思不可能通。也可能是「之」字或「立」字的草寫，都可以講通。我們暫時闕疑，不加判定。如果處理為衍文，則文意更貫通。

〔註86〕使耳目聰明。

〔註87〕官骸骸，官，管理好，作動詞；骸骸，猶言「骸形」，不斷變化的形體，意思是人的身體有生老病死的變化過程，這是很自然的現象。典出《莊子·大宗師》：「且彼有骸形，而無損心」。郭象注：「以變化為形之骸動，故不以死生損累其心」。不為死亡而憂慮，這是《莊子》典型的達觀思想。

〔註88〕虛器，有名無實的意思。

信能夠感動鳥獸蟲魚。本著自然去行動，不要人為地強求。誠信的特徵是本著天性而行。

誠信太重要了。可是偏偏有人把「無信」作為行事的習慣。這樣的人並非不知道「誠信」能夠感人肺腑。只是機巧之心和投機之行過多，從而看不見的虛偽欺瞞就隨著看得見的言談笑語沆瀣一氣，流播開來。實在沒有必要去追究其本末端詳，因為這樣的悖妄只要偶然一流露，就已經窮形盡相了。那些不講誠信的謬妄虛誕，斷然不是能夠深藏得了的。

這樣的人並非不知道誠信是人擁有的高貴品質，但私智和私心不斷被運用於去應付艱難的世道。因此，無窮的欺詐就會隨著人的閱歷流傳開來。我們無需詳究那些欺詐行為的端詳細節，只看看這些欺詐行徑所表現出的串通勾結，就足以讓人觸目驚心了。對於「無信」，人們是有共識的，所以悖妄虛誕的事情絕不是一個人所能始終隱藏的。

我看見過明顯是「無信」之人卻引據《詩經》、《尚書》來為自己的矯誣辯護，虛偽之言也特別炫耀才智以濟其奸，行為詭怪者更加固執。他覺得天下人都是愚夫愚婦，了無知見，無不入其彀中。他明目張膽地行騙，哪裏想到他的「無信」會到了這種極端的程度。

還有一種人，暗地裏「無信」，而表面卻溫柔敦厚，實則其機心起伏，難以預測。裝扮成愚昧無知的樣子而兜售其欺詐，這種隱藏是很深的。有時候，他甚至可以對天立誓，自表高潔，那是為了使別人墜入他的圈套。他暗地裏使用欺詐，根本不會想到「無信」是見不得人的。這種不光彩的、悖妄的行徑日積月累，他的聲音笑貌就會全是詭詐，真心誠意都將蕩然無存。讓耳目聰明、修身養性，這都成為有名無實。在這種情況下還說：「我將要去實現我的抱負」。這樣到底行不行？

評析

本文根據《論語・為政》子曰：「人而無信，不知其可也」，敷衍成文。其實文章還根據了《論語・顏淵》中的一段話：子貢問政。子曰：「足食，足兵，民信之矣。」子貢曰：「必不得已而去，於斯三者何先？」曰：「去兵。」子貢曰：「必不得已而去，於斯二者何先？」曰：「去食。自古皆有死，民無信不立。」其中的「民無信不立」更是本文發揮的重要思想。

本文從正反兩方面立論。既闡明「信」的重要性，也闡明其反面「欺」在實際生活中有相當的普遍性及其危害。作者說「信」符合人的天性的，似乎是

說明「信」是人性的一個各方面，例如作者說：「智術皆後起之具，而信則各返
其天。……動以天，不鑿以人。信之所為，持源而往也」。這就有問題了。因為
孔子並沒有表達過這樣的思想，孔子從來沒有講過「信」是人類的本能，就如
同「聖智」並不是人類天生的本能一樣。「信」也是後天培養的道德修養，與「智
術」同樣是「皆後起之具」，並非先天所有。因此，本文說「信」是人類先天就
有的天性本能，這是沒有根據的，不符合孔子的思想。《孟子》闡述「性善」的
觀點，《孟子·盡心上》還闡述了良知良能的觀點〔註89〕，還大量言及「忠信」
和「誠信」，但也沒有說「信」是人的本能，沒有說「信」是人類的天性之一。

　　本文在論述人的誠信能夠造就和諧的時候，不僅僅從儒家經典中舉證，也
利用道家的智慧。本文稱：「狎鷗鷺，中孚且格豚魚。動以天，不鑿以人」。這
裡除了利用《易經》和《孟子》外，也明顯利用了道家經典《列子》，甚至也可
能關係到《莊子》。其實，從思想史上看，儒家講究社會和諧、人際關係的和諧，
而道家的《莊子》卻有更大的視野，講究人類與自然的和諧，人類與鳥獸蟲魚
之間的和諧，並不強調等級區分。儒家說的和諧是依靠等級和禮樂，社會各階
層各就各位，互不僭越，各安本分。「信」也是促成社會和諧的一種力量。但道
家說的和諧絕不借助於禮樂制度、等級區分，而是真正意義上的「天人合一」。

　　本文闡述了一個有趣的觀點：那些慣於欺詐的人也不是不知道「信」的美
德和力量，但世道險惡，有時不得不行欺詐之道。

　　本文還提及：有的無信之徒還引經據典來為自己的「不信」辯護；有的無
信之人表面上裝得很老實，實則包藏機心，暗行機事，無所不用其極。以至人
心敗壞、道義淪喪。這樣的人還會冠冕堂皇地宣稱要去實現自己的抱負和理想。
本文雖然對此予以質疑甚至譴責，但並沒有拿出一個解決問題的方案，沒有設
想該怎麼辦才能杜絕這樣的不信現象和不信心態。這倒不能怪本文作者的無能，
因為古之聖人如孔子、孟子、荀子也沒有想出辦法來根絕社會中的不信行為。
也許按照法家的辦法，可以消滅「不信」。如果把「信」理解為嚴格遵守法律制
度，那麼法家正是用嚴厲的法制來保障法律的權威和公平、公正。在儒家的教
育框架中，用說服教育來灌輸「信」的理念，這究竟不能根本改造社會。

　　作為一篇八股文，其宗旨雖是代聖人立言，但行文怪癖，語言詰屈聱牙，

〔註89〕《孟子·盡心上》：孟子曰：「人之所不學而能者，其良能也；所不慮而知者，
　　　　其良知也。孩提之童，無不知愛其親者；及其長也，無不知敬其兄也。親親，
　　　　仁也；敬長，義也。無他，達之天下也。」

思想根本沒有清晰的邏輯。感想多於論證，印象多於推理。雖有憂世之心，卻無救世之藥，徒有一腔憤慨而已。

三、《吾十有五》〔註90〕

聖人自明其志學，其基已定矣。夫子之學終身而不盡者也。十五而志，其基不已定乎？且儒者束髮〔註91〕受書，其詣力非一端竟〔註92〕也。況始基所繫，顧不可不專念其慮〔註93〕哉。

夫操修靡已〔註94〕，莫不於婉孌〔註95〕肇其基。吾也〔註96〕靜課〔註97〕修能，覺此時〔註98〕雖屬髫齡〔註99〕而中心嚮往者，猶得追憶之而不能忘。吾今者已非十有五時矣。間嘗〔註100〕靜驗〔註101〕生平，歷按〔註102〕姱修〔註103〕。

〔註90〕《論語·為政》子曰：「吾十有五而志於學，三十而立，四十而不惑，五十而知天命，六十而耳順，七十而從心所欲，不逾矩。」正是根據孔子的這段話，後人用「志學」來表示十五歲或少年時代。

〔註91〕束髮，古代男孩成童時束髮為髻，表明到了成童之年。賈誼《新書·容經》：「古者，年九歲入就小學，蹍小節焉，業小道焉。束髮就大學，蹍大節焉，業大道焉」。《禮記·玉藻》：「童子之節也，緇布衣，錦緣，錦紳並紐，錦束髮，皆朱錦也」。唐朝詩人鮑溶《苦哉遠行人》：「去時始束髮，今來髮已霜」。

〔註92〕一端竟：一端，一方面；竟，結束，到頭。這句話的意思是：其詣力不僅僅限於某一個方面。

〔註93〕專念其慮，猶言全神貫注、聚精會神。

〔註94〕操修靡已，修煉氣節沒有停止。

〔註95〕婉孌，本意是指少年少女的靚麗。出典《詩經·齊風·甫田》：「婉兮孌兮，總角丱兮。未幾見兮，突而弁兮」！鄭玄箋：「婉孌，少好貌」。由於在《詩經》此言中，婉孌的下一句緊接著「總角丱兮」，因此，古人的修辭就可以用「婉孌」來代表「總角」，而「總角」是少年的意思。古人的這種修辭法很普遍，尤其是在八股文中。所以本文中的「婉孌」的具體意思不是「美好」，而是「少年時代」。全句說：在少年時代開始奠定基礎。

〔註96〕這裡的「也」是句中停頓，稍微舒緩語氣。

〔註97〕靜課，安安心心做功課。

〔註98〕此時，當時。

〔註99〕髫齡：髫，兒童下垂之髮，用以指少年。相關的詞語還有髫髮、髫小、髫丱、髫童、髫歲、髫冠、髫齒等等，都是少年的意思。

〔註100〕間嘗，曾經有時。

〔註101〕靜驗，心平氣和地反思。

〔註102〕歷按，一個一個地查驗、考核。「按」的這種用法很普遍。如《韓非子·外儲說上》：「故籍之虛辭則能勝一國，考實按形不能謾於一人」。《漢書·郊祀志上》：「少君見上，上有故銅器，問少君。少君曰：『此器齊桓公十年，陳於柏寢』。已而按其刻，果齊桓公器」。

〔註103〕姱修：光華按，「姱」字不出現於儒家經典，在我國古籍中首先出現於《楚辭》，

竊歎吾自有生以來固有無窮之責望，莫大之功修，詎〔註104〕僅趨向一端遂足畢吾能事哉？然究其全，雖有難竟之業，而溯其始先有養正〔註105〕之功。吾也詎忘十有五時耶〔註106〕？

十五如何？蓋已志於學，云修己治人之學。事事默寄〔註107〕於薎躬〔註108〕，而顧〔註109〕必以年衰〔註110〕氣盛，遂以有用之精神半消磨於自暇自逸之中。此則所甚惜也。

夫人生之德業何常？而童年之居諸〔註111〕易邁。故刪訂〔註112〕猶待異日，而好古即在此時。念茲在茲〔註113〕，正不敢以昧厥嚮往〔註114〕，誤入歧

当是戰國時代楚地方言。「嫭修」的意思本是美麗修長（古人無論男女都以身高為美）。考《楚辭·離騷》：「茍余情其信嫭以練要兮，長頷頷亦何傷」。《離騷》有「修嫭」之言：「余雖好修嫭以鞿羈兮，謇朝誶而夕替」。又《楚辭·九章·抽思》：「憍吾以其美好兮，覽余以其修嫭」。《離騷》還有「修」與「嫭」互文對舉之例：「汝何博謇而好修兮，紛獨有此嫭節」？《楚辭·九章·橘頌》：「紛縕宜修，嫭而不醜兮」。《楚辭·招魂》：「嫭容脩態，絙洞房些。」另外，《楚辭·大招》：「嫭脩滂浩，麗以佳只」。這是「嫭修」一詞的最早出典。在本文中用來指品德高尚的人，這種用法在明朝以前就存在了。如高攀龍《孝廉陳貫聞墓誌銘》：「屈子古今嫭修人也」。

〔註104〕詎，豈，表反問。

〔註105〕養正，培養正確的心態和思想。這是儒家的常用語。

〔註106〕耶，表反問。在先秦西漢文獻中一般作「邪」，在東漢以後的隸書中，作為語氣詞的「邪」在字形上演變為「耶」。

〔註107〕默寄，考《樂府詩集》卷三十七謝靈運詩《折楊柳行四解》：「桑苧迭生運，語默寄前哲」。

〔註108〕薎躬，孱弱的身體。《清史稿·德宗紀》：「薎躬何堪自問」？薎，小、弱小、幼小。

〔註109〕顧，表轉折，相當於「卻」。

〔註110〕原卷作「哀」，當是「衰」的錯字。「年衰」易解，「年哀」則難通。

〔註111〕居諸，即日月的意思，典出《詩經·柏舟》：「日居月諸，胡迭而微？心之憂矣，如匪澣衣」。古人這樣的修辭法值得注意，在宋代已經很常見，並非發端於明清的八股文。下文的「居諸」也是這個用法。韓愈《符讀書城南》：「豈不旦夕念，為爾惜居諸」。《北魏元凝妃陸順華墓誌銘》：「居諸迭生」。

〔註112〕刪訂，孔子曾經刪訂《詩經》、《尚書》。這是說嚮往孔子的豐功偉績。考《史記·孔子世家》：「古者詩三千餘篇，及至孔子，去其重，取可施於禮義，上採契后稷，中述殷周之盛，至幽厲之缺，始於衽席」。《漢書·藝文志》：「《易》曰：『河出圖，洛出書，聖人則之』。故《書》之所起遠矣，至孔子纂焉，上斷於堯，下訖於秦，凡百篇，而為之序，言其作意」。古文獻有很多類似的記載，不詳錄。

〔註113〕典出《尚書·大禹謨》：「帝念哉，念茲在茲，釋茲在茲」。孔傳：「茲，此；釋，廢也。念此人在此功，廢此人在此罪，言不可誣」。

〔註114〕昧厥嚮往，相當於現代漢語「失去理想、迷失方向」。其嚮往的具體內容是像孔子一樣的功業。

途也。緬〔註115〕肄業於初服〔註116〕，覺此際之口誦心維〔註117〕。夫固舍是而無他屬矣。

明體達用之學〔註118〕，在在〔註119〕關切於方寸〔註120〕，而顧必以沖齡〔註121〕伊始〔註122〕，遂以有為之功力，半坐〔註123〕疾廢於以嬉以遊之際，此則所以可懼也。夫我生之刻勵〔註124〕何盡？而幼稚之光陰難留。故贊修〔註125〕猶俟他年，而敏求〔註126〕已在此日。釋茲在茲〔註127〕，又何敢以偶而怠荒虛度歲月也。

溯好修〔註128〕於髫年，覺此日之殫精竭慮。夫固舍是而無他適〔註129〕矣。雖予生也晚，父兄師長不及策我以學。然雖未嘗策我以學，究未能阻我以學也。望前途而銳進，竭一時之聰明才力畢赴於正心誠意之中，則挾全心以往，

〔註115〕 緬，遙想、遠想。
〔註116〕 服，從事。肄業於初服，是「初服肄業」的倒裝說法。肄，學習、練習的意思。《禮記·曲禮下》：「大夫與士肄」。鄭玄注：「肄，習也」。《史記·劉敬叔孫通列傳》：「令群臣習肄」。《索隱》稱：「肄亦習也，音異」。肄業，修習課業。古人把學習的內容記錄在方板上，這個方板叫做「業」。
〔註117〕 維，通惟，思考。
〔註118〕 古代的學術把「體」和「用」相區別，「體」是本體、實質；「用」是功能、公用。近代洋務運動的先驅張之洞提出過「中學為體，西學為用」的主張，很有名。與張之洞的提法相近似，日本在明治維新時代有「和魂洋才」的口號。
〔註119〕 在在，猶處處、到處。
〔註120〕 方寸，人的心臟。
〔註121〕 沖齡，即少年。
〔註122〕 伊始，開始。伊，語氣詞，無實義。
〔註123〕 坐，這裡的「坐」的意思較特殊，當訓為「乃」，是虛辭。考白居易《別元九後詠所懷》：「同心一人去，坐覺長安空」。坐覺是乃覺的意思；陳子昂《秋日遇荊州府崔兵曹使宴》：「江湖一相許，雲霧坐交歡」。黃庭堅《次韻子瞻禱雪唱和》：「風馬雲車坐相及」。其中的「坐」都是「乃」的意思。
〔註124〕 刻勵，發奮努力。
〔註125〕 贊修，贊和修都是聖人的功業。典出《周易·說卦傳》：「昔者，聖人之作《易》也，幽贊神明而生蓍」。此言「贊」，這是伏羲以及周文王的功業；《論語序說》：「季氏強僭，其臣陽虎作亂專政。故孔子不仕，而退修詩、書、禮、樂，弟子彌眾」。此言「修」，就是編撰儒家經典，這是孔子的功業。
〔註126〕 敏求，典出《論語·述而》：子曰：「我非生而知之者，好古，敏以求之者也」。
〔註127〕 典出《尚書·大禹謨》：「帝念哉，念茲在茲，釋茲在茲」。孔傳：「茲，此；釋，廢也。念此人在此功，廢此人在此罪，言不可誣」。
〔註128〕 好修，喜歡修身養性。
〔註129〕 無他適，沒有其他愛好。

正不必父兄策於前，師長繩於後也。迄於今，時序〔註130〕亦幾遷〔註131〕矣，而撫懷如昨。幼時之居諸尚依依〔註132〕其可接。即予少也，則賤釣弋射御〔註133〕，亦恐荒我之學，究不能役〔註134〕我之志也。

思大道而誕殫〔註135〕一己之心思智慮盡瘁於修齊治平之要，則傾全神以俱往，而釣弋不足紛吾念，射御不能馳吾情也。迄於今，歲亦屢更矣。而回首當年童蒙之頑索，猶耿耿〔註136〕其難忘志學。於此進而歷歷言之。

通譯

聖人自從明確了要有志於學問，其學術基礎就已經奠定。孔子是終身好學而無窮盡之時。他十五歲就立下志向要追求學問，這不就奠定了學問的根基嗎？儒家學者從童年開始讀書，其理想的追求並非侷限於一個方面。在開始打基礎的時候，不能不全神貫注，心無旁騖。

修身沒有終結的時候，卻無不在童年時代就要奠定基礎。我安心地做功課、提高自己的能力，覺得當時雖然年幼，但心中的理想卻常在記憶中，不能忘懷。我現在早已不是十五歲的年齡了，有時冷靜地回想自己以往的歲月，也看一看古聖先賢。我竊歎自己有生以來就懷有無窮的期望，想成就一番遠大的功業，絕不是把自己的發展僅僅侷限於一個方面。全面來看，雖然有的事業難以取得完全的成功，但在開始奮鬥的時候一定要用心培養正確的思想。我怎能忘記我十五歲的時候啊？

十五歲是一個怎樣的歲月呢？那是立志要發奮志學的年齡，這種學問是修身之學，是治人之學。然而各種繁瑣的俗事都要我來承擔，我自己雖然年衰力疲，但卻氣盛不服輸，於是我本來可用於學問的精神就消耗在各種俗事之中，無異於消遣娛樂。這是多麼可惜呀。

〔註130〕時序，歲月、時光。一年中的春夏秋冬的四季變遷是有順序的、有規律的，所以叫「時序」。
〔註131〕幾遷，屢遷。好些變遷。與下文的「屢更」同義。
〔註132〕依依，帶著思慕懷念的心情。《後漢書·章帝紀》：「豈亡克慎肅雍之臣，辟公之相，皆助朕之依依。」李賢注：「依依，思慕之意」。
〔註133〕釣弋射御：釣，釣魚；弋，射鳥；射，打獵；御，乘馬。泛指各種遊樂。
〔註134〕役，支配。
〔註135〕誕殫，語頗生硬。意思是「傾盡所有」。誕，應該訓「大」。殫，用盡、竭盡。
〔註136〕耿耿，煩躁不安、心事重重。典出《詩經·邶風·柏舟》：「彼柏舟，亦汎其流。耿耿不寐，如有隱憂」。《楚辭·遠遊》：「夜耿耿而不寐兮，魂營營而至曙」。洪興祖補注：「耿耿，不安也」。

人生的德業豈能常在？而童年的歲月容易流逝。要取得孔子一樣的功業雖然要有長久的努力，但好古之志卻要在童年時就確立。《尚書》的名言「念茲在茲」說得好啊，我不敢迷失方向，誤入歧途。遙想童年時代的學業，再明察一下現在口誦心惟的聖賢之道，我還是覺得這是唯一正確的道路。

明體達用之學問處處都關係到「心」，不可等閒視之。如果在少年時代就將有為的功力大半消磨在嬉玩遊樂之中，這是多麼可怕的事啊。我雖然會終身勤勉，但童年的時光卻難挽留。所以要取得聖人的業績雖在遙遠的將來，但好古敏求的志向卻必須確立在童年。想起《尚書》中的「釋茲在茲」一語，我又怎敢荒怠童年、虛廢歲月啊。

回想起我在少年時代就立志修身，到今日也算殫精竭慮了。除此外我別無他求。我雖然出生得很晚，離聖人的時代已經很遠，我的父兄師長沒有鞭策我奮力向學。但他們畢竟沒有阻止我求學。我朝著自己的理想精勵銳進，將我的聰明才力全部用於正心誠意的修身之中，我都是聚精會神，並不需要父兄師長嚴厲地鞭策我。時至今日，歲月更替，我的精神還是如同少年時代一樣。我幼時的歲月還歷歷在目，記憶猶新。就算是在我的童年時代，我也不喜歡釣魚、射獵、走馬之類的遊樂，我擔心這些遊樂會妨害的我的學問。不過，這些遊玩之事究竟沒有能左右的志向。

我仰慕聖賢之大道，不惜將自己的一切心思智力都盡瘁於修身齊家治國平天下的學問之中，我總是全力以赴，釣魚射燕之類的遊玩不能轉移我的注意，打獵走馬之類的娛樂不能打動我的心。到如今，也已經過了許多的年月了。我回首當年孩提時代的志向，在心中最難忘的還是當年志學的精神。我在此將這些往事一一向讀者道明。

評析

本文是發揮《論語·為政》子曰：「吾十有五而志於學」這一句話的思想。關鍵詞是十五、志、學。

我國古代的聖人多是教育家、思想家，並非擁有無邊的法力，不同於古代埃及、印度、蘇美爾所崇拜的各種神靈。孔子作為一個聖人，而非神仙，被後世敬重為萬代師表，正因為孔子是一位卓越的教育家和學問家，他自稱在十五歲的時候就立志專研學問，三十歲就能自立門戶，不依傍他人。因此，聖賢之道的一個核心內容就是心無旁騖地追求學問，既不能一味沉溺於實際工作，也不能全靠自己空想思索。《論語·為政》子曰：「學而不思，則罔；思而不學，

則殆。」《論語・衛靈公》子曰：「吾嘗終日不食，終夜不寢，以思，無益，不如學也。」〔註137〕這些話表明孔子甚至認為學很多時候比思更重要。這是中國古文化不同於古印度的佛教文化的地方，因為古印度有一個重要的文化傳統是重視沉思，重視天啟、重視修行，而孔子倡導的儒家文化顯然與此不同。正因為儒家重視學問，所以中國文化始終保持了人文主義的傳統，重視歷史、重視文獻；儒家講的修身完全是入世的、人文的，而絕不是為了求得一種宗教上的解脫。

　　《論語》中孔子非常看重學問。略舉一二例：如《衛靈公》篇記載：「子曰：君子謀道不謀食。耕也，餒在其中矣；學也，祿在其中矣。君子憂道不憂貧」。《季氏》篇記載孔子說：「困而不學，民斯為下矣」。《陽貨》篇稱遊對曰：「昔者偃也聞諸夫子曰：『君子學道則愛人，小人學道則易使也』。」《論語》中孔子強調學問的言論不知凡幾，皆成為後世儒家知識分子的準則。

　　後世學者一般認為孔子的學問功業之所以很偉大，重要原因是孔子在十五歲的時候就立志向學，時間太容易流逝。在《論語・子罕》中：「子在川上曰：逝者如斯夫，不捨晝夜」！這是孔子的歎息。因此學者立志的時間太晚則不行。本文主要發揮的思想就是立志向學必須在少年時代，而且要「望前途而銳進，竭一時之聰明才力畢赴於正心誠意之中，則挾全心以往」。本文還強調學問是自己的事業，不一定非要靠師長的鞭策。作者說：「正不必父兄策於前，師長繩於後也」。作者還說自己一心嚮往聖人之道，不被各種遊樂所干擾，沒有其他特別的愛好和興趣，正所謂「釣弋不足紛吾念，射御不能馳吾情也」。

　　本文反覆強調了一個中心觀念：一個人的功業雖然成就在遙遠的將來，但立志和勤奮卻必須在少年時代就開始。哪怕是到了人生的中晚年，作者也從不後悔少年時代的選擇和決心。

　　本文的思想固然符合聖賢之道，但限於八股文體，行文頗為坳澀，有的文句和語氣簡直似通非通，例如「思大道而誕殫一己之心思智慮盡瘁於修齊治平之要」一句已經很不順暢，下面還緊接著有多說一句：「則挾全心以往」。這與上一句在意思上完全重複，疊床架屋，實在是累贅。另外，「事事默寄於藐躬，而顧必以年哀氣盛，遂以有用之精神半消磨於自暇自逸之中」，這一句的文意

〔註137〕戰國時代的儒家大學者荀子也說：「吾嘗終日而思矣，不如須臾之所學也」。（出《荀子・勸學》）。

也頗費人琢磨。又如，「半坐疾廢於以嬉以遊之際」一句中的「坐」當是「乃」的意思，這樣的用法雖然有例可援，但畢竟比較生疏甚至生硬，足使流暢的文氣受阻。又，如同所有八股文的通病一樣，本文也濫用虛辭。這些文病都不足為法。

四、《甯武子邦》〔註138〕

大夫〔註139〕非僅以愚稱，而愚之所全〔註140〕大矣。蓋武子之智愚因乎時〔註141〕，而其全身以全君〔註142〕，則愚為之也。辟愚〔註143〕者不能及，真愚者亦豈能及乎？

且人臣以身許國，即隨所遭而皆無可自愛之力矣。第〔註144〕臣道之難，非安常為難，而履險為難；亦非履險為難，履險而能出險，俾〔註145〕險仍復於常為尤難。

吾時於甯武子有取〔註146〕焉。夫武子身歷二主〔註147〕，心惟一忠，初〔註148〕何嘗知愚迥異，先後懸殊，而判若兩人哉。然而人情見害斯避。際〔註149〕多難而特立不移反〔註150〕，群以為少見幾〔註151〕之哲〔註152〕。

〔註138〕《論語・公冶長》：「子曰：甯武子，邦有道，則知；邦無道，則愚。其知可及也，其愚不可及也。」《論語集注》：「知，去聲。甯武子，衛大夫，名俞。按春秋傳，武子仕衛，當文公、成公之時。文公有道，而武子無事可見，此其知之可及也。成公無道，至於失國，而武子周旋其閒，盡心竭力，不避艱險。凡其所處，皆智巧之士所深避而不肯為者，而能卒保其身以濟其君，此其愚之不可及也。程子曰：『邦無道能沈晦以免患，故曰不可及也。亦有不當愚者，比干是也』。」
〔註139〕大夫，指甯武子。甯武子是春秋時期的衛國大夫。
〔註140〕全，能夠圓滿地辦成。
〔註141〕智愚因乎時，表現出聰明或愚蠢是根據時機來決定。
〔註142〕這裡的「全」可解釋為「保全、成全」。
〔註143〕辟愚，不會裝傻。
〔註144〕第，只是。吳曾《能改齋漫錄・記詩》：「第不欲為閒言語耳」。
〔註145〕俾，使。
〔註146〕有取，有值得學習的地方。
〔註147〕二主，衛文公、衛成公。
〔註148〕初，本來。
〔註149〕際，面對、遭遇。
〔註150〕光華按，「反」字原卷照片屬下讀，意思難通（「反」字形分明，不會是其他字），還是屬上讀較穩妥。
〔註151〕見幾，察見幾微，能夠洞察隱患。
〔註152〕哲，智慧。

有道則知，無道則愚，人之目武子者然也。吾亦何必不謂其然也。顧有不能無辨者，何也？君臣當瑣尾流離〔註153〕之日，身全而君乃可圖；我思襄牛〔註154〕從行而後，武子固弗有身矣。然使忠不樸〔註155〕、幾不沈〔註156〕，或以過激為招尤〔註157〕，則身且莫保，何有於君〔註158〕？而當日不然也。不知之知，知存於愚，而臣得不辱，主〔註159〕所賴以無憂也。彼一死塞責，而無補於君父之君忠者〔註160〕，愚能若斯與？

國事恒危急存亡之秋，君全而國庶可復。我思納饘賂醫〔註161〕之時，武

〔註153〕 瑣尾流離，典出《詩經‧邶風‧旄丘》：「瑣兮尾兮，流離之子」。毛傳：「瑣尾，少好之貌。流離，鳥也。少好長醜，始而愉樂，終以微弱」。鄭箋云：「衛之諸臣初有小善，終無成功，似以流離也」。《爾雅‧釋訓》：「瑣瑣，小也」。王先謙《詩三家義集疏》稱「尾」是「娓」的通假字，訓「美」。當為可信。但本文作者不是根據毛傳鄭箋來理解《詩經》的這些文句，而是根據朱熹的《詩集傳》來理解。作者沒有注意這裡的「流離」根據漢代學者的解釋是鳥名，而不是顛沛流離。朱熹《詩集傳》稱：「瑣，細；尾，末也。流離，飄散也。……言黎之君臣流離瑣尾，若此其可憐也」。結合《左傳》的相關史事，本文此處的「流離」只有解釋為顛沛流離才能通暢。當時甯武子陪同衛成公受到中原霸主晉文公的審判，已經是階下囚。我們後面的翻譯不是按照《詩經》的原義來翻譯，而是依據本文的實際用法來翻譯。

〔註154〕 襄牛，典出《左傳‧僖公二十八年》：「衛侯請盟，晉人弗許。衛侯欲與楚，國人不欲。故出其君以說於晉。衛侯出居於襄牛」。注：「襄牛，衛地」。

〔註155〕 忠不樸，忠誠而不懂得裝傻。《莊子‧山木》：「其民愚而樸，少私而寡欲」。葛洪《抱朴子‧行品》：「履道素而無欲，時雖移而不變者，樸人也」。

〔註156〕 幾不沈，聰明能夠察見幾微，但不沈著冷靜。沈，沈著冷靜的意思。

〔註157〕 招尤，惹禍。

〔註158〕 何有於君，對國君能有什麼好處呢？這是反問句。

〔註159〕 光華按，原卷照片將「主」屬上讀，當誤，應屬下讀。

〔註160〕 光華按，原卷照片確實如此，沒有誤認。但此句意思不通，原卷抄寫當有訛誤。我重新整理原文如下：而無補於君父，忠君者愚能若斯與？

〔註161〕 納饘賂醫，這是指《左傳‧僖公二十八年》的事情：「衛侯與元咺訟，甯武子為輔，鍼莊子為坐，士榮為大士。衛侯不勝。殺士榮，刖鍼莊子，謂甯俞忠而免之。執衛侯，歸之於京師，置諸深室。甯子職納橐饘焉。元咺歸於衛，立公子瑕」。職，主管；納，出納；橐，據杜預注是裝衣服的布口袋（但洪亮吉《春秋左傳詁》認為橐也是裝糧食的，與衣服無關，批評杜預注；楊伯峻不取洪亮吉之說，但我以為洪亮吉之說更勝，楊伯峻於此取捨未安）；饘，稠粥。據《說文》和《方言》，「饘」訓「糜」（參看楊伯峻《春秋左傳注》修訂本第一冊472～473頁，中華書局，1990年版）。甯武子親自掌管衛侯的衣食，以免衛侯被人謀害。晉文公曾經派醫生用藥毒死衛侯，但甯武子（寧俞）向醫生行賄（也就是本文說的「賂醫」），使衛侯得免一死。

子固惟知有君矣。然使慮不遠、謀不藏，或以事泄而致償〔註162〕，則君且不免，奚有於國？而當則日則又不然也〔註163〕。似愚不愚，愚隱其知，而主得無憂，邦且賴以終保也。

彼輕嘗〔註164〕誤君，而無救於家國之危者，愚可並論與〔註165〕？反是以尚〔註166〕論衛臣，不多〔註167〕武子之行所無事〔註168〕，而多武子之轉敗為功於屯〔註169〕難時也。蓋事以有備〔註170〕而無患，幾以不密而害成。為人臣子，苟非實有盡瘁之力、應變之方，與夫老成持重之識，而當〔註171〕勢猶可為〔註172〕，輒曰「成敗利鈍，非所逆睹」。此皆末世真愚之所藉口〔註173〕，而以視〔註174〕夫用晦而明〔註175〕，盡人回天〔註176〕之愚，其相去為何如也？

〔註162〕 償，失敗，把事情辦壞。

〔註163〕 光華按，此句原卷確實如此。文義不可通，必有抄寫之誤。考《左傳·僖公二十八年》：「天之所置，其可廢乎？《軍志》曰『允當則歸』。」杜預注：「無求過分；《軍志》，兵書」。本文當是利用《左傳》此文中的格言「允當則歸」。因此，我認為原文的「日」當是「歸」的錯字；我重新整理原卷如下：「當則歸，則又不然也」。其中的「當則歸」就是《左傳》「允當則歸」的典故。「當」讀去聲，意思是「正確」。本文這句的意思是說：不一定要遵行《左傳》「允當則歸」的格言，忠臣為了全君保國，有時不得不有所變通，有所權謀。

〔註164〕 輕嘗，輕易實踐。

〔註165〕 這句話的意思是：這種愚蠢難道可與甯武子的大智若愚相提並論嗎？

〔註166〕 尚，上，表示時代遙遠的古代。

〔註167〕 多，讚賞、稱譽。

〔註168〕 行所無事，典出《孟子·離婁下》孟子曰：「天下之言性也，則故而已矣。故者以利為本。所惡於智者，為其鑿也。如智者若禹之行水也，則無惡於智矣。禹之行水也，行其所無事也。如智者亦行其所無事，則智亦大矣」。

〔註169〕 屯，也是「艱難」的意思。

〔註170〕 這個「備」字原卷照片不甚清晰，我經過仔細辨認，確定是「備」字的異體「俻」字。此字見於《字彙》和《康熙字典》等書。

〔註171〕 當，讀平聲，面對。

〔註172〕 勢猶可為，還有可挽回的餘地。

〔註173〕 藉口，藉口。

〔註174〕 視，比較。考《小爾雅·廣言》：「視，比也」。《廣雅·釋言》：「視，比也」。《後漢書·張純傳》：「以純視御史大夫從」。李賢注：「視，比也」。《孟子·萬章下》：「天子之卿受地視侯」。趙氏注：「視，比也」。《禮記·王制》：「天子之三公之田視公侯」。鄭玄注：「視，猶比也」。

〔註175〕 用晦而明，典出《易經·明夷》：「君子以蒞眾，用晦而明」。注：「藏明於內，乃得明也。顯明於外，乃所辟也」。這裡的「用」最好解釋為「因」。

〔註176〕 盡人，竭盡人為的努力；回天，挽回天命。這裡的「回天」就是「回天無術、無力回天」的「回天」。

乃說者〔註177〕謂武子之忠惟在辟患不為，而效可無論〔註178〕，為天下後世所不可及也。

通譯

甯武子並非僅僅因為愚而出名，但他的愚所取得的成就確實很大。甯武子能根據境遇的不同而表現出或智或愚，他首先保全自己，進而保全國君，這都是能愚所致。那些不懂得愚的人是做不到這點的，同時真正愚笨的人也不可能做到這點。

況且人臣以身許國，凡所遭遇，萬事不由人，要想任何時候都能自我保全是何其艱難。只是人臣之道，安常處順不難，履險就很難；其實，履險也不難，履險而能擺脫險境，能夠化險為夷尤其艱難。

我常常能從甯武子身上學到東西。甯武子身歷兩代國君，只有一顆忠心，並無所謂的時智時愚，前後懸殊，判若兩人。但人之常情是見害就迴避。因此，在多難之時而能夠特立獨行、義無反顧，常人都會認為這非明智之舉。天下有道，就表現出聰明才智；天下無道，就大智若愚。常人是這樣來評價甯武子的。我又何嘗不這樣想呢？但有的事卻不能不辨明，這是什麼事呢？當時衛國君臣都顛沛流離、性命可憂，因此，甯武子只有先保全自己，然後才能謀求保全君王。我認為當時甯武子跟隨衛成公出奔到襄牛，已是身無自由。如果甯武子只是忠誠而不懂得裝傻；只是聰明能夠察見幾微，但不沉著冷靜。或者用過激的行為招致禍患，那麼自己的性命都可能不保，又怎能保全國君呢？當時的情景不是如此。甯武子能以不智為智，愚中含智，所以才能自身不受羞辱，國君賴以無災害。如果他當時以死盡忠，卻無益於君父，作為忠臣怎能夠這麼愚蠢呢？

國家常常處於危急存亡之中，只有先保全國君，才有復國的希望。我想起甯武子當時主管國君的膳食，賄賂醫生，他心中只有國君。但如果他思慮不深遠，計謀不隱秘，就有可能因為機密洩露而功敗垂成，那麼國君尚且保不住，又怎能保國呢？雖然《左傳》中說「允當則歸」，也並非完全如此。似愚不愚，愚中含有智慧，國君能夠得以無憂患，國家賴以長存。

〔註177〕說者，評論者。

〔註178〕無論，不必說。陶淵明《桃花源記》：「乃不知有漢，無論魏晉」。杜甫《入衡州》：「無論再纏綣，已是安蒼黃」。

那些輕易冒險的人會害了國君，不能使國家轉危為安，這種愚豈能與甯武子相提並論？評論衛國大臣甯武子，不讚賞他的行若無事，不動聲色；而讚賞他能在危難之時轉敗為勝，化險為夷。事情常常是有備無患，事機不密就會禍害無窮。為人臣子，如果不能鞠躬盡瘁，沒有隨機應變的策略以及老成持重的見識，當事情尚可挽回的時候，動不動就說：「成敗利鈍，難以預料」。這才是真正的愚人的藉口，比起用晦而明、盡人事以挽救危局的甯武子這樣的愚，真有天壤之別。於是，評論者稱讚甯武子的忠表現在避免禍害，不去刻意追求事功，而其成效不言自明。這點為天下後世所不能企及。

評析

《論語‧公冶長》：「子曰：甯武子，邦有道，則知；邦無道，則愚。其知可及也，其愚不可及也」。本文是闡發這一段話的思想。從頭至尾都討論甯武子的智與愚，還將其他人的愚與甯武子的愚相比較。本文鮮明指出：甯武子的愚不是真正的愚，而是《易經》說的「用晦而明」、乃「似愚不愚，愚隱其知」，屬於「不知之知，知存於愚」，其效果是「臣得不辱，主所賴以無憂也」。這種思想雖然是儒家的智慧，其實也暗合道家的哲理，與《老子》的思想原理非常吻合。考今本《老子》二十七章：「雖智大迷，是謂要妙」。意思是雖然有智慧，卻表現得很迷惘糊塗，這是哲人的要妙之處。《老子》二十八章：「故大智不割」。「割」訓「傷缺」。今本《老子》四十一章闡述這層意思最清晰詳明：「上士聞道，勤而行之；中士聞道，若存若亡；下士聞道，大笑之。不笑不足以為道。故建言有之：明道若昧；進道若退；夷道若纇；上德若谷；廣德若不足；建德若偷；質真若渝；大白若辱；大方無隅；大器晚成；大音希聲；大象無形；道隱無名」。這是《老子》哲學的重要智慧，強調不能只看事物的表面現象，而要注意其本質和最終結果。有的表面的愚其實是智慧的一種，也就是古人說的「大智若愚」〔註179〕。《老子》的智慧是非常強調事物的對立面，更考《老子》第四十五章：「大成若缺，其用不弊。大盈若沖，其用不窮。大直若屈，大巧若拙，大辯若訥。靜勝躁，寒勝熱。清靜為天下正」。這段話似乎正足以概括甯武子的智慧和功績。我們從以上引述的《老子》之言也可以看出，儒家思想與道家思想並不總是對立的，而是有不少相通之處。兩家確實有共同的智慧。

〔註179〕蘇東坡《賀歐陽少師致仕啟》：「大勇若怯，大智如愚。」

　　後人常常誤解《論語》「愚不可及」的意思，其實孔子這句話是說甯武子的愚是極大的智慧，非常人所能及。儒家和道家都認為愚有時是智慧的一種很高的境界，這種愚所取得的成就有時非一般的聰明人所能企及。

　　但甯武子還不僅僅是大智若愚而已，他表面上的愚是和忠緊密關聯的。他的愚是為了更有效地盡忠於國君，不僅全身，而且全君，全社稷，是為了力挽狂瀾而忍辱負重，並非屈節媚敵，並非貪生怕死。

　　本文強調指出：有的忠臣缺乏智慧，只能「一死塞責，而無補於君父」；這種頭腦簡單的「忠」真是「愚能若斯與」？儒家思想不僅講「忠」，而且講「智」，反對「輕嘗誤君而無救於家國之危者」的所謂「忠」。孔子也很重視智慧。考《論語·為政》子曰：「由！誨女知之乎？知之為知之，不知為不知，是知也」。最後一個「知」就是「智」的古字；《雍也》篇：「樊遲問知。子曰：『務民之義，敬鬼神而遠之，可謂知矣』。」同篇，子曰：「知者樂水，仁者樂山；知者動，仁者靜；知者樂，仁者壽。」《子罕》篇，子曰：「知者不惑，仁者不憂，勇者不懼。」「智（古作知）」是儒家講究的四德或五德之一，是儒家修身的一種境界。更考《禮記·喪服四制》：「仁義禮知，人道具矣」。《孟子·告子上》：「仁義禮智，非由外鑠我也，我固有之也」〔註180〕。

　　最後，我談及一個與本文相關的學術問題。我最近發現在整部《論語》中，孔子雖然強調「忠」，但孔子說的「忠」是一個很廣泛的範疇，是普通人都應該有的行為規範之一，意思是「盡職盡責、很敬業、有責任心」，在《論語》和《孟子》中常常是「忠信」聯用，並不是專指忠於君王或忠於國家。詳考《論語》在論及「忠」的時候，自始至終沒有一處是指「忠君」。可見孔子並不強調忠君，甚至沒有明確主張要忠君。這是孔子思想歷來被人們忽視的一個重要現象，很值得學者注意。中國文化史上的「忠君」思想不得溯源於孔子，更不能把「愚忠」的思想算在孔子頭上。這是我研究這篇八股文時的一個意外的收穫，特舉以告天下學者。

五、《巧言令色足恭》〔註181〕

〔註180〕　五德之中的另一德是「信」，也有的作「聖」。

〔註181〕　《論語·公冶長》：「子曰：「巧言，令色，足恭，左丘明恥之，丘亦恥之。匿怨而友其人，左丘明恥之，丘亦恥之。」《論語集解》：「孔曰：足恭，便辟貌；左丘明，魯太史。匿怨而友，心內相怨，而外詐親也」《論語集注》稱：「足，將樹反。足，過也。程子曰：『左丘明，古之聞人也』。謝氏曰：『二者之可恥，

計〔註182〕媚人者之術，不一而足也。夫曰言、曰色、曰恭〔註183〕，人所必有也。而即以巧、令、足行之，何其工〔註184〕於媚人乎？且人之矯然自異於世者，必於聲音笑貌之中，自峻〔註185〕乎裁〔註186〕，則大道與偕〔註187〕，雅不願與〔註188〕；弄巧獻媚之人爭其得失，何知道者之鮮其人，而遏情以取

有甚於穿窬也。左丘明恥之，其所養可知矣。夫子自言『丘亦恥之』，蓋竊比老、彭之意。又以深戒學者，使察乎此而立心以直也。」邢氏疏：「此讀『足』如字，謂便習盤辟，其足以為恭也」。（楊樹達《論語疏證》沒有新解；今人楊伯峻《論語譯注》將「足恭」解釋為「十足的恭順」。則是承襲朱子的觀點）。其中最難解的是「足恭」二字，這也出現在其他儒家文獻中。考《大戴禮記・曾子立事》：「達而無守，好名而無體，忿怒而為惡，足恭而口聖，而無常位者，君子弗與也」。據此文也難以斷定「足恭」的確切含義。程樹德《論語集解》詳列眾說，最終也未能明確解釋「足恭」的含義。《漢書・趙敬肅王傳》：「彭祖為人巧佞，卑諂足共，而心刻深」。注：「共讀曰恭」。有的學者認為「足恭」的「足」就是手足的意思，這並非沒有根據。考《禮記・表記》：「子曰：君子不失足於人，不失色於人，不失口於人，是故君子貌足畏也，色足憚也，言足信也。《甫刑》曰：敬忌而罔有擇言在躬。」其中的「足」與「色、口」並舉，一定是手足的足。此言正好對應《論語》的「巧言，令色，足恭」。「足恭」是奔走屈膝，逢迎巴結的意思。我自己採取這種解釋，「足恭」的「足」是手足的意思，朱子訓為「過」，恐無據。但八股文對《四書》的理解是以朱子的《四書章句集注》為準，我們不必對本文作訓詁學上的苛求。

〔註182〕計，概括、統計。

〔註183〕清代漢學家是認為「言、色、足」三者對舉（參看黃式三《論語後案》133 頁，中華書局點校本，2008 年）。本文因為根據朱子的解釋，所以認為是「言、色、恭」三者對舉，實無當於訓詁。因為按照這種理解，「令色」與「足恭」在意思上是很相近的，都是指表面的態度恭順，這就完全沒有並列的必要。

〔註184〕工，擅長、長於、善於。

〔註185〕自峻，自認為了不起、自高自大。

〔註186〕乎裁，這是一個很偏僻的典故。據我考證當是出典於《新序》卷五荀子回答秦昭王輕蔑儒家學派的話，荀子稱：儒家學者能夠「雖窮困凍餧，必不以邪道為食；無置錐之地，而明於持社稷之大計。叫呼而莫之能應，然而通乎裁萬物、養百姓之經紀」。本文的「乎裁」就是荀子說的「通乎裁萬物」的縮略語，正與前面的「自峻」相呼應。另參考《荀子・王制》：「故序四時，裁萬物，兼利天下」。《呂氏春秋・恃君》：「然且猶裁萬物、制禽獸、服狡蟲」。

〔註187〕與偕，這是一個很難的典故（原卷的「與」字是俗體寫法，很難辨認。全文共出現三次）。據我費力考證，應該是出典於《易經・乾》：「亢龍有悔，與時偕極」。注：「與時運俱終極」。「與偕」是「與時偕極」的縮略語。「大道與偕」乃言「大道將盡」。要注意的是本文用的這個典故應該不同於《易經・乾》又曰：「終日乾乾，與時偕行」。注：與天時俱不息。如果將「與偕」比附為「與時偕行」的省略，則義不可通。

〔註188〕願與，這也是很難的一個典故（原卷「願」字是俗體寫法，很難辨認，請讀者參看原卷照片）。據我考證當是出典於《春秋公羊傳・僖公二年》：「荀息進

悅者，用其術之不盡也？

一曰言。夫立言居不朽之三〔註189〕，故裕才能而蓄道德者，往往以言相尚〔註190〕於世。然自人之不能致慎也，鼓如簧之舌，是非任其倒顛，肆其有密〔註191〕之鋒〔註192〕，理義從其變亂。苟自我言之，而人之色怒而能喜，禮慢而加恭；斯已言非無益，而又奚知其如囊之括、如瓶之守〔註193〕也。此機巧〔註194〕之風所由不怠〔註195〕也。

一曰色。夫色溫為思誠〔註196〕之九〔註197〕，故性情正而操守嚴者，往往以色見重於人。然自人之不能輯柔〔註198〕也，假取於仁以自快，行也其多違。莊飾於己以自寬。君子其奚慕？苟自我有色，而言之者色無所詞〔註199〕，恭者無所招侮，斯已色有可嘉，而皇〔註200〕恤乎或大其聲、或令其儀也？此便令〔註201〕之失所由莫挽也。

曰：『虞、郭見與？』獻公揖而進之，遂與之入而謀曰：『吾欲攻郭，則虞救之，攻虞則郭救之，如之何？願與子慮之』。荀息對曰：『君若用臣之謀，則今日取郭，而明日取虞爾，君何憂焉』？《春秋公羊傳·僖公十年》：「里克謂荀息曰：『君殺正而立不正，廢長而立幼，如之何？願與子慮之』。」《春秋公羊傳·成公十五年》：「公子遂謂叔仲惠伯曰：『君幼如之何？願與子慮之』。」本文的「願與」就是「願與子慮之」的縮略語。「雅不願與」的意思「大雅之人不願與之為伍」。

〔註189〕 不朽，典出《左傳·襄公二十四年》：「大上有立德，其次有立功，其次有立言，雖久不廢，此之謂不朽。」這就是三不朽，立言居第三位。

〔註190〕 相尚，在古漢語中有二義，一是相互競爭、相互超越；一是相互推崇。在本文中當以後一義為確當。

〔註191〕 有密，典出賈誼《新書》卷八《道德說》：「德有六美。何謂六美？有德、有道、有仁、有義、有忠、有密。此六者德之美也。──密者德之高也」。

〔註192〕 鋒，詞鋒。這是比喻用法，形容語言犀利猶如刀鋒一樣。

〔註193〕 如囊之括、如瓶之守，這是呼應前面的「有密」一詞。意思是說出口的都是門面話，其真實的思想意圖還收在囊中，裝在瓶子裏。

〔註194〕 機巧，保藏機心、富於心計。

〔註195〕 怠，本來是「鬆弛」的意思；引申為「減弱」。

〔註196〕 思誠，典出《孟子·離婁上》：「是故誠者，天之道也；思誠者，人之道也」。

〔註197〕 色溫，典出《論語·季氏》：「孔子曰：「君子有九思：視思明，聽思聰，色思溫，貌思恭，言思忠，事思敬，疑思問，忿思難，見得思義。」相當於現代漢語的「態度溫和，不給人臉色看」。

〔註198〕 輯柔，和悅、柔順。典出《詩經·大雅·抑》：「視爾友君子，輯柔爾顏，不遐有愆」。毛傳：「輯，和也」。鄭玄箋：「柔，安」。

〔註199〕 色無所詞，沒有在說話中提到「色」。

〔註200〕 皇，遑的通假字。這裡表反問。

〔註201〕 便令，即便佞。善於投機取巧，不講原則。

一曰恭。夫貌恭〔註202〕列五事〔註203〕之首，故秉虛衷〔註204〕而能禮下者，往往以恭見多〔註205〕於眾。然自人之不能淑慎〔註206〕也，卑屈其所自甘〔註207〕，豈占謙謙之吉〔註208〕？勞苦其所不惜，詎守抑抑之箴〔註209〕？苟自有恭而便捷，此覽其多言致飾者，迺〔註210〕其多事，斯已恭堪自慰，而又何尚乎為德之隅、為禮之節也？此過足之愆，此由日滋也。

諧媚半出於性成。當未言、未色、未恭之先，而人已愛增之故〔註211〕，一一已喻其微。則術以客〔註212〕而愈工，時常欲借仁人君子之色笑以自文〔註213〕其非。而計無所施，不得不與孔任〔註214〕尸過〔註215〕，吉士〔註216〕

〔註202〕 貌恭，《論語・季氏》：「孔子曰：「君子有九思：視思明，聽思聰，色思溫，貌思恭」云云。

〔註203〕 五事，典出《尚書・洪範》：「次二曰敬用五事」。孔傳：「五事在身，用之必敬，乃善」。《洪範》又曰：「五事一曰貌（傳：容儀）；二曰言（傳：詞章）；三曰視（傳：觀正視常）；四曰聽（傳：察是非）；五曰思（傳：心慮所行）」。

〔註204〕 虛衷，虛心、虛懷若谷。

〔註205〕 多，讚揚。

〔註206〕 淑慎，典出《詩經・邶風・燕燕》：「終溫且惠，淑慎其身」。毛傳：「惠，順也」。鄭箋云：「溫謂顏色和也；淑，善也」。又，《詩經・大雅・抑》：「淑慎爾止，不愆于儀」。

〔註207〕 《易經・謙》：「《象》曰：謙謙君子，卑以自牧也」。注：「牧，養也」。

〔註208〕 謙謙之吉，典出《易經・謙・初六》：「謙謙君子，用涉大川，吉」。注：「處謙之下，謙之謙者也。能體謙謙，其唯君子。用涉大難，物無害也」。

〔註209〕 抑抑，典出《詩經・賓之初筵》：「其未醉止，威儀抑抑。曰既醉止，威儀抑抑」。毛傳：「抑抑，慎密也」。箴，訓誡、格言。

〔註210〕 迺，音義皆同於「乃」。

〔註211〕 故，詭詐。《荀子・王霸》：「大國之主也，不隆本行，不敬舊法，而好詐故」王先謙《荀子集解》引王念孫說：「故亦詐也」。《淮南子・主術》：「上多故則下多詐」。高誘注：「故，詐」。嵇康《與山巨源絕交書》：「欲降心順俗，則詭故不情」。本文此處可理解為「事端、無事生非」。

〔註212〕 客，這裡指游說之士。戰國時代常常把縱橫家稱作「客」，大多能言善辯，巧言如簧，能以言辭取富貴。從而成為後世很多人追慕的偶像，如蘇秦、張儀等人。

〔註213〕 文，掩飾、包裝。動詞。

〔註214〕 孔任，典出《尚書・皋陶謨》：「何畏乎巧言令色孔壬」？孔穎達疏：「巧言令色為甚佞之人」。光華按，孔，甚、很；任（壬）當為「佞」的通假字。《後漢書・郅惲傳》：「昔虞舜輔堯，四罪咸服，讒言弗庸，孔任不行，故能作股肱」。

〔註215〕 尸過，承擔過錯。尸，承擔、擔當。

〔註216〕 吉士，這裡是典出《尚書・囧命》：「慎簡乃僚，無以巧言令色，便辟側媚，其惟吉士」。注：「當謹慎簡選汝僚屬侍臣，無得用巧言無實，令色無質，便辟足恭，側媚諂諛之人，其惟皆吉良正士」。

相違。詐偽輒開〔註217〕於私智。當將言、將色、將恭之頃，而物理〔註218〕親疏之原，事事已窮其極，則情以過而愈失。

間嘗欲鄙衣冠視聽之尊嚴，以自行其便，而惡無可掩。安得不以罪議《青蠅》〔註219〕、惩參《相鼠》〔註220〕？《禮》曰：「容體正，顏色齊，辭令順」〔註221〕。古君子立身行己，令人仰慕不置〔註222〕者，非恃此乎？不然，人不恥之，誰可恥之？

通譯

細細數一下那些媚人之術，真是不一而足。言、色、恭，這是每個人具有的。而一旦運用巧言、令色、足恭，則在媚人上頗有特效。那些特立獨行、與眾不同的人一定會在音容笑貌之中有所流露，顯示出自己有經天緯地之才。如此，則大道將盡，大雅之人也將羞與為伍。弄巧獻媚之人競相爭其私利，為什麼明達道理的人就那麼少？抑制自己的本性去取悅他人，無所不用其極。

其一是「言」。「立言」在三不朽的功業中居於第三位，所以才高德茂的人往往用「語言」來相互推崇。然而一旦世人不能小心謹慎，巧言如簧，隨意顛倒是非，濫用其巧舌利嘴，導致理義變亂。如果站在我的立場上來說，他人大怒而我笑臉相迎；別人輕慢地對我，但我卻對他更加恭順。這樣的語言技巧並非無益。但誰又能知道他內心深處包藏著怎樣的企圖呢？因此，鉤心鬥角的世風始終難以衰減。

其二是「色」。孔子在《論語》中說「色思溫」，這是九思之一。故性情正而操守嚴者，往往以態度溫和而見重於人。一旦世人不能和悅柔順，表面上以「仁」自居，以圖自我開心。其行為多不能「仁」。面子上偽裝成色溫的仁人

〔註217〕開，產生。
〔註218〕物理，事物的道理和規律。《釋名》卷四《釋言語》：「善，演也。演盡物理也」。《鶡冠子·王鈇》：「願聞其人情物理」。
〔註219〕《詩經·青蠅》：「營營青蠅，止于樊。豈弟君子，無信讒言。營營青蠅，止于棘。讒人罔極，交亂四國。營營青蠅，止于榛。讒人罔極，構我二人」。這是一首抨擊讒言的詩。
〔註220〕《詩經·相鼠》：「相鼠有皮，人而無儀！人而無儀，不死何為？相鼠有齒，人而無止！人而無止，不死何俟？相鼠有體，人而無禮，人而無禮！胡不遄死」？這是一首抨擊做人不懂禮儀、沒有禮貌的詩。語氣甚強烈。
〔註221〕典出《禮記·冠義》：「凡人之所以為人者，禮義也。禮義之始，在於正容體、齊顏色、順辭令。容體正，顏色齊，辭令順，而後禮義備」。
〔註222〕不置，不已、不停止。嵇康《與山巨源絕交書》：「足下若嬲之不置，不過欲為官得人，以益時用耳」。《新唐書·狄仁傑傳》：「仁傑誦書不置」。

來自我陶醉。真正的君子又怎會景慕這種行徑呢？如果我是態度溫恭的人，評論我的人不能從我的表情態度上挑出毛病。我雖然恭順，但不會被人欺侮。這樣對人的態度就很好。哪裏還顧得上聲音是否太大、儀表美不美？因此，投機取巧之風就難以挽回。

其三是「恭」。「貌恭」在《尚書》中列於五事之首，所以虛懷若谷、能夠尊重不如自己的人，這種恭順的態度往往受到大眾的讚揚。一旦世人不能淑慎其身，自甘於低三下四，這難道就能稱作謙謙君子而得吉祥嗎？一個人如果不辭勞苦、巴結逢迎，又怎會嚴守《詩經》「威儀抑抑」的告誡呢？如果一個人能夠足恭而順風順水，那麼在他看來，那些用花言巧語來自我裝扮的人就只不過是勞而少功。這樣恭順帶來的成效可以聊以自慰。這樣的人又怎會去推崇德行、講究禮數呢？「足恭」帶來的危害便會日盛一日地滋生蔓延。

逢迎諂媚的行徑多半出於天性。在未巧言、未令色、未足恭之前，世人就慣於無事生非，添枝加葉。這些都暗示著世道的潛規則。諂媚之術因為說客而愈加精巧，這些人常常藉口仁人君子的色笑而掩飾自己的過錯。一旦無計可施、諂媚之術失靈，他們就不得不承擔巨奸大惡之過，做不成吉士。偽詐之行出於個人的巧智。每當要「巧言、令色、足恭」的時候，世態人情、親疏遠近都已經窮形盡相了。事情越過分就越錯。

有時想要鄙視衣冠的禮儀、蔑棄視聽的尊嚴，以自行其便，其過錯就不可能掩蓋。讒言之罪有如《詩經・青蠅》所抨擊，無禮之過有如《詩經・相鼠》所鞭撻。《禮記・冠義》說得好：「容體正，顏色齊，辭令順」。古代的君子立身行事令人無限仰慕，不正是因為「容體正，顏色齊，辭令順」嗎？如果做不到這樣，任何人都會蔑視他。

評析

本文是發揮《論語・公冶長》：「子曰：「巧言，令色，足恭，左丘明恥之，丘亦恥之。匿怨而友其人，左丘明恥之，丘亦恥之」這段話的思想。儒家思想一直強調修身養性，強調做人的重要原則是「忠信」，明確反對「巧言令色」。類似的表述還見於《論語・學而》：「子曰：「巧言令色，鮮矣仁！」《大戴禮記・曾子立事》：「巧言令色，能小行而篤，難於仁矣。」這樣的觀點其實並非發端於孔子，孔子是承襲了《尚書》的說法。考《尚書・皋陶謨》：「何畏乎巧言令色孔壬？」《尚書・冏命》：「慎簡乃僚，無以巧言令色，便辟側媚，其惟吉士。」今為佞之借，訓諂媚，令色義為諂媚的表情。雖然《尚書》的這兩篇文獻可能

是在戰國時作為儒家教科書廣泛流傳，但不可能是儒家學者偽造的。縱然其中的有些語言帶有戰國時代的色彩，然而猶如司馬遷《史記》慣於用西漢時代的語言來闡釋上古歷史，難道《史記》中關於先秦的記載都是司馬遷憑空虛構的嗎？

本文鮮明指出了「巧言」可以「是非任其倒顛，理義從其變亂。」其危害是「機巧之風所由不怠也」。但作者也注意到「苟自我言之，而人之色怒而能喜，禮慢而加恭，斯已言非無益」。可見作者也認為逆來順受並非完全無益。即使站在現代人的立場來看，逆來順受也是為人處世的一種技巧，有時甚至是顧全大局。至於本文指出的「其如囊之括、如瓶之守」，這更是不能完全否定的。因為這兩句話表明確實有很多語言是不能亂說的，也就是「慎言語」，如同《說苑》中的「金人銘」所告誡的一樣。我們可以說懂得「如囊之括、如瓶之守」，這是一種很重要的人生修養，不能一概加以鄙視。

本文並不抹殺一切「令色」，注意到「夫色溫為思誠之九，故性情正而操守嚴者，往往以色見重於人」。而且指出「恭者無所招侮，斯已色有可嘉」。可知和顏悅色也是必要的，只是「令色」不能與忠信分離，否則就會受到孔子的抨擊。當然，根據我們的研究，「令色」應該訓詁為「佞色」，是諂媚之色，所以孔子很厭惡。前人誤解「令色」很常見，也沒有必要苛求。

「貌恭」在《尚書》中「列五事之首，故秉虛衷而能禮下者，往往以恭見多於眾」。可見有其重要性，並非全是惡劣行徑。但是世人如果利用「足恭」為達到私人企圖的一種技巧，也就是「卑屈其所自甘，有恭而便捷，多言致飾」，那麼就完全違反儒家所倡導的人格理想，其後果是「過足之愆，此由日滋也」。

本文觀察到「諧媚半出於性成」，也就是「諂媚」與天性有關，不能一概歸究為環境的影響。作者注意到人心險惡，「當未言、未色、未恭之先，而人已愛增之故」。這些話都並非無的放矢，是過來人自道甘苦之言。

最後，我們論及本文的兩個觀點：

一是本文從儒家思想出發主張要重視「衣冠視聽之尊嚴」，也就是要重視必需的禮儀形式，不能「自行其便，而惡無可掩」。否則就是「愆參《相鼠》」。這其實是很重要的問題，禮儀雖然是各種形式，但很多時候形式都是不可缺少的，不能一味只講內容或實質；

二是「恥」的問題。儒家很重視「恥」，認為這是一種很重要的修養，是

一種自我的道德約束。本文稱：「古君子立身行己，令人仰慕不置者，非恃此乎？不然，人不恥之，誰可恥之」？這是主張人的立身行己要有羞恥感。孔子說「巧言、令色、足恭，左丘明恥之，丘亦恥之。匿怨而友其人，左丘明恥之，丘亦恥之」。《論語》中孔子論「恥」的言論很多〔註223〕，其實質是用羞恥感來約束人的行為，這是強調人的自我約束，是道德約束和法制約束的補充，應該說是規範人們行為的重要方法。「恥」文化至今在日本還根深蒂固，已經深入日本民族的骨髓，其實是發源於我國的儒家文化。胡錦濤總書記倡導的「八榮八恥」在精神上是儒家「恥」文化的繼承和發揚。只是在現代社會裏，「法」文化可能比「恥」文化更加符合時代的要求，當然「恥」文化也是極端重要的。

〔註223〕據統計「恥」字在《論語》中出現 17 次，在《孟子》中出現 19 次，在《禮記》中出現 23 次，在《左傳》中出現 38 次，在《公羊傳》中出現 13 次，在《詩經》中出現 4 次。